广东省软科学研究计划项目（2017A040403011）资助

新时代河源振兴发展的探索与研究

邱 远　涂华锦　编著

北京理工大学出版社
BEIJING INSTITUTE OF TECHNOLOGY PRESS

作者简介

邱远（1968—），男，龙川县花井村排里人，小名中平，大学教授。1993年7月毕业于华南师范大学，后一直从事体育与健康和客家文化研究，十八大以来开始涉足河源经济社会发展研究，是河源职业技术学院学术委员会主任、河源市科协委员会常委、广东省科协第八届委员会委员。从教26年以来，邱远教授主持或参与30余项国家、省、市级课题研究，获得包括"2008奥林匹克科学大会"等国际、国家、省、市级奖项100余项，公开发表学术论文90余篇，出版了《客家古邑河源传统书院考略》《客家古邑河源传统家训研究与传承》《中国建构运动健康型社会的研究》等专著（教材）10余部，获得了包括广东省第七届教育教学成果奖（高等教育）一等奖等20余项科技、社科、教学成果奖，获得了广东省优秀社会科学普及专家、南粤教坛新秀、南粤优秀教师、河源市"十大杰出青年"、河源市先进工作者等30余项社会荣誉。

涂华锦（1983—），男，广东信宜人，河源职业技术学院讲师，硕士。研究方向为职业教育管理。主持或参与省、市级课题6项，参与编写专著2本，发表职业教育管理相关论文10篇。

版权专有　侵权必究

图书在版编目（CIP）数据

新时代河源振兴发展的探索与研究 / 邱远，涂华锦编著. —北京：北京理工大学出版社，2019.9

ISBN 978-7-5682-7554-5

Ⅰ. ①新… Ⅱ. ①邱… ②涂… Ⅲ. ①农村 – 社会主义建设 – 研究 – 河源市　Ⅳ. ① F327.653

中国版本图书馆 CIP 数据核字（2019）第 202580 号

出版发行 /	北京理工大学出版社有限责任公司
社　　址 /	北京市海淀区中关村南大街 5 号
邮　　编 /	100081
电　　话 /	（010）68914775（总编室）
	（010）82562903（教材售后服务热线）
	（010）68948351（其他图书服务热线）
网　　址 /	http://www.bitpress.com.cn
经　　销 /	全国各地新华书店
印　　刷 /	北京虎彩文化传播有限公司
开　　本 /	710毫米 × 1000毫米　1/16
印　　张 /	10.5
字　　数 /	204 千字
版　　次 /	2019 年 9 月第 1 版　2019 年 9 月第 1 次印刷
定　　价 /	55.00 元

责任编辑 / 徐艳君
文案编辑 / 徐艳君
责任校对 / 周瑞红
责任印制 / 施胜娟

图书出现印装质量问题，请拨打售后服务热线，本社负责调换

序　言

　　乡愁所在，心之所系。河源振兴发展，关乎河源人民的福祉，关乎河源人民的未来，关乎全面小康社会的建成和中华民族伟大复兴"中国梦"的实现，是每一个新老河源人心中的愿景，也是生于斯、长于斯、成于斯的笔者的最大心愿，给予了深切的关注。

　　河源位于广东省东北部、东江中上游，向有"百越首邑""客家古邑"之称，却始终戴着"经济落后""欠发达"地区之帽，至今未脱。2018年，河源市生产总值仅为1 006.00亿元，排在全省21个地级市中的第19位。全市人均地区生产总值为32 530元，仅为全国（64 644元）的50.3%、全省（86 412元）的37.6%。可见，新时代河源的振兴发展，可谓任重而道远。

　　"所当乘者势也，不可失者时也。"走进新时代，踏上新征程，目前，河源振兴最大的问题是经济落后，最深层次的问题是人和思想的落后，最大障碍是体制机制的保守与僵化。这与河源人民最迫切的愿望——过上脱贫奔小康的美好生活、党和国家对河源最殷切的期待——振兴发展是不相称的，甚至可以说落差甚大，令人担忧，这也正是笔者立意探索的初心之举。

　　每求真是，是笔者初心。自党的十八大开始，笔者全面关注河源振兴之道，并在充分调查研究的基础上，撰写了《文化河源视域下客家文化创意产业发展思考》一文刊发在《文化学刊》上。之后，尤其是党的十九大以来，笔者一发不可收，在广东省省级科技计划项目"粤北山区河源'互联网+'科技服务建设"开展研究的基础上，陆续撰写了《略论"广东绿谷"战略下河源绿色经济发展之短》《"广东绿谷"战略背景下河源市绿色经济发展策略研究》《试论新时代河源实践人才工作新思想和新方略》等文章。同时，为充实成果内容，也收录了《乡村振兴战略下粤北山区农业人才培养模式探讨》等三篇与团队成员徐艳、何新安、刘柏青等合作完成的研究论文，期冀为新时代河源振兴发展呐喊鼓劲、出谋献策，或者提供参考和借鉴。

　　察势者智，顺势者赢。走进己亥年，肩负"广东省绿色发展示范区和融入粤港澳大湾区生态排头兵"重任的河源，其提效破局愈发艰巨而迫切，已经到了思想再解放、改革再出发、工作再落实，从而再塑发展信心，开辟河源改革新篇章的关键历史节点和黄金机遇期。因此，吹响深化改革再出发的集结号和动员令，为新时代河源的振兴发展提供新思想、新路径和新动力，刻不容缓。

"万物得其本者生，百事得其道者成。"正因如此，笔者在多年耕耘和积累的基础上，基于粤北山区河源"互联网+"科技服务建设的研究，形成了《新时代河源振兴发展的探索与研究》新成果，提供了新时代如何奋力开创河源振兴发展新局面，搭建最具优势的生态核心竞争力体系平台，在绿色发展上谋求具有最鲜明底色的高质量发展，实现农村农业现代化，同时搭上粤港澳大湾区建设的"快车"，从而奏响河源振兴发展最强音等新理念、新方案和新路径，并期成梨枣，成我立言之德。

"上士闻道，勤而行之。"可惜由于笔者才浅学疏，不谙深道，仓促成就，甚有错漏和不足，不胜惶恐，尊请同识之士赐教指正为盼！

是为序。

编著者

2019 年 5 月 15 日

目　　录

第一章　新时代河源振兴发展的背景 …………………………………… 001
第二章　新时代河源经济社会发展概况 ………………………………… 006
第三章　新时代河源振兴发展的新思想新理念 ………………………… 013
　第一节　新语言、新时代 ………………………………………………… 013
　第二节　习近平新时代中国特色社会主义思想的学习之道 …………… 016
　第三节　关于习近平总书记对广东工作的重要批示精神河源化的思考 … 018
　第四节　广东在新征程上砥砺前行的深度思考 ………………………… 020
　第五节　新时代中国特色社会主义赋予河源实践的新命题 …………… 026
　第六节　新时代"选人用人"要在八小时之外下足功夫 ……………… 030
　第七节　思想再解放、改革再深入、工作再落实的
　　　　　河源意义与启示 ………………………………………………… 032
　第八节　新时代河源改革再深入的逻辑与命题 ………………………… 036
第四章　新时代河源振兴发展的研究 …………………………………… 041
　第一节　新时代河源实现率先振兴发展的路径探讨 …………………… 041
　第二节　新时代河源融入粤港澳大湾区的逻辑和路径 ………………… 045
　第三节　河源全域全面融入粤港澳大湾区建设存在的主要问题及
　　　　　其对策研究 ……………………………………………………… 050
　第四节　"广东绿谷"战略背景下河源绿色经济发展策略研究 ……… 055
　第五节　论新时代建设创新型河源的新路径 …………………………… 060
　第六节　略论"广东绿谷"战略下河源绿色经济发展之短 …………… 067
　第七节　谋划构筑河源特色的哲学社会科学实践体系 ………………… 073
　第八节　文化河源视域下客家文化创意产业发展思考 ………………… 076
第五章　新时代河源乡村全面振兴发展的研究 ………………………… 081
　第一节　新时代河源乡村全面振兴发展的体系及其建构 ……………… 081
　第二节　新时代河源乡村振兴实践的路径研究 ………………………… 088
　第三节　乡村振兴战略下粤北山区农业人才培养模式探讨 …………… 096
　第四节　深度做好河源乡村振兴发展的产业文章 ……………………… 100
　第五节　河源乡村振兴的关键在于振兴农村教育 ……………………… 104
　第六节　河源农村学校体育教师之补缺研究 …………………………… 109

第六章　新时代河源振兴发展的人才战略及其实践 ………………………… 114
　第一节　试论新时代河源实践人才工作的新思想和新方略 ………… 114
　第二节　河源市科技人才培养的实践及其成效 ……………………… 122
　第三节　高职院校"政园企校"协同育人、协同创新科技
　　　　　人才培养模式及其创新实践 ………………………………… 127
　第四节　以河源职业技术学院为例，探索地方高职院校产
　　　　　教融合发展模式 ………………………………………………… 134
　第五节　"互联网+"背景下高职校企精准对接研究与实践………… 140
　第六节　新时代高职院校"双师型"教师队伍建设的有效路径 ……… 143
　第七节　职业能力视域下高职院校工科专业"双师型"
　　　　　教师队伍建设的三重路径 …………………………………… 149

参考文献……………………………………………………………………… 154

第一章
新时代河源振兴发展的背景

时光荏苒,一晃河源建市已经是三十一前的事,而立之年悄然而至。而今迈步跨入新时代,在全面建成小康社会与实现中华民族伟大复兴的"中国梦"的历史大潮下,在广东举全省之力推进粤港澳大湾区建设、加快构建"一核一带一区"新格局、扎实推进乡村振兴的当口,河源振兴再一次迎来了难得的历史机遇和挑战,其宏大的背景及气场,催人发奋。

一、党的十八大与新发展理念

2012年11月8日,党的十八大在北京召开。会上提出了必须实现的"八大任务":一是科学发展观是中国特色社会主义体系最新成果,是党必须长期坚持的指导思想;二是转变经济发展方式取得重大进展,小康社会目标实现,居民收入比2010年翻一番;三是大力推进生态文明建设,把生态文明建设放在突出地位,融入经济建设、政治建设、文化建设、社会建设各方面和全过程,扭转生态环境恶化趋势;四是坚持和完善农村基本经营制度,促进农业转移人口市民化,推动城乡发展一体化;五是要把制度建设摆在突出位置,坚持推进政治体制改革,发展更加广泛、更加充分、更加健全的人民民主;六是健全基层党组织领导的充满活力的基层群众自治机制,完善基层民主制度,建立健全权力运行制约和监督体系;七是把科技创新摆在国家发展全局的核心位置,实施创新驱动发展战略,更加注重协同创新;八是着力解决制约经济持续健康发展的重大结构性问题,深化经济体制改革,推进经济结构战略性调整,全面提高开放型经济水平。从十八大的核心内涵和重要精神上探讨,这是一次十分重要的大会,是处在世情、国情、党情继续发生深刻变化,是我国面临的发展机遇和风险挑战前所未有,是在全面建设小康社会的关键时期和深化改革开放、加快转变经济发展方式的攻坚时期的定标、定向会,对继续全面建设小康社会、加快推进社会主义现代化、开创中国特色社会主义事业新局面具有历史意义和深远作用。

回顾十八大至十九大期间的五年,党和国家面对世界经济复苏乏力、局部冲突和动荡频发、全球性问题加剧的外部环境、我国经济发展进入新常态等一系列深刻变化,取得了改革开放和社会主义现代化建设的历史性成就。一是坚定不移贯彻新发展理念,坚决端正发展观念、转变发展方式,发展质量和效益不断提升,经济建设取得重大成就,稳居世界第二,对世界经济增长贡献率超过百分之三十。二是蹄疾步稳推进全面深化改革,坚决破除各方面体制机制弊端,全面深化改革取得重大突破,国家治理体系和治理能力现代化水平明显提高,全社会发展活力和创新活力明显增强。三是积极发展社会主义民主政治,推进全面依法治国,民主法治建设迈出重大步伐,行政体制改革、司法体制改革、权力运行制约和监督体系建设有效实施。四是中国特色社会主义和中国梦深入人心,社会主义核心价值观和中华优秀传统文化广泛弘扬,群众性精神文明创建活动扎实开展,思想文化建设取得重大进展,文化自信得到彰显,国家文化软实力和中华文化影响力大幅提升。五是深入贯彻以人民为中心的发展思想,一大批惠民举措落地实施,人民获得感显著增强,人民生活不断改善。社会治理体系更加完善,社会大局保持稳定,国家安全全面加强。六是大力度推进生态文明建设,贯彻绿色发展理念的自觉性和主动性显著增强,忽视生态环境保护的状况明显改变,生态文明建设成效显著,成为全球生态文明建设的重要参与者、贡献者、引领者。七是着眼于实现中国梦强军梦,制定新形势下军事战略方针,全力推进国防和军队现代化,强军兴军开创新局面,人民军队在中国特色强军之路上迈出坚定步伐。八是全面准确贯彻"一国两制"方针,港澳台工作取得新进展。九是全面推进中国特色大国外交,形成全方位、多层次、立体化的外交布局,为我国发展营造了良好的外部条件,全方位外交布局深入展开,我国的国际影响力、感召力、塑造力进一步提高,为世界和平与发展作出新的重大贡献。十是增强政治意识、大局意识、核心意识、看齐意识,坚决维护党中央权威和集中统一领导,严明党的政治纪律和政治规矩,层层落实管党治党政治责任,全面从严治党成效卓著。

审视党的十八大以来五年间所取得的历史成就,不难看出,以习近平同志为核心的党中央毫不动摇坚持和发展中国特色社会主义,勇于实践、善于创新,深化对共产党执政规律、社会主义建设规律、人类社会发展规律的认识,破解海量的发展难题,厚植可持续的发展优势,牢固树立并切实贯彻创新、协调、绿色、开放、共享的发展理念,形成一系列治国理政新理念新思想新战略,为在新的历史条件下深化改革开放、加快推进社会主义现代化提供了科学理论指导和行动指南。

二、党的十九大与新时代

2017年10月18日,党的第十九次全国代表大会在北京隆重召开。正如十九大报告中指出,尽管十八大以来的五年的成就是全方位的、开创性的,五年来的变革是深层次的、根本性的,而且解决了许多长期想解决而没有解决的难题,办成了许多过去想办而没有办成的大事,推动党和国家事业发生历史性变革。但是我们必须清醒看到,中国特色社会主义建设还存在许多不足,也面临不少困难和挑战。一是发展不平衡不充分的一些突出问题尚未解决,发展质量和效益还不高，创新能力不够强，实体经济水平有待提高，生态环境保护任重道远；二是民生领域还有不少短板，脱贫攻坚任务艰巨，城乡区域发展和收入分配差距依然较大，群众在就业、教育、医疗、居住、养老等方面面临不少难题；三是社会文明水平尚需提高；四是社会矛盾和问题交织叠加，全面依法治国任务依然繁重，国家治理体系和治理能力有待加强；五是意识形态领域斗争依然复杂，国家安全面临新情况；六是一些改革部署和重大政策措施需要进一步落实；七是党的建设方面还存在不少薄弱环节。所以面对这些问题和挑战，党和国家必须着力加以解决。

因此，党的十九大基于中国特色社会主义进入新时代，我国社会主要矛盾已经转化为人民日益增长的美好生活需要和不平衡不充分的发展之间的矛盾的基本判断，以及实现中华民族伟大复兴的中国梦，提出了新时代中国特色社会主义思想和基本方略。一是坚持党对一切工作的领导；二是坚持以人民为中心；三是坚持全面深化改革；四是坚持新发展理念；五是坚持人民当家作主；六是坚持全面依法治国；七是坚持社会主义核心价值体系；八是坚持在发展中保障和改善民生；九是坚持人与自然和谐共生；十是坚持总体国家安全观；十一是坚持党对人民军队的绝对领导；十二是坚持"一国两制"和推进祖国统一；十三是坚持推动构建人类命运共同体；十四是坚持全面从严治党。与此同时，提出了决胜全面建成小康社会，开启全面建设社会主义现代化国家新征程的基本路径：一是贯彻新发展理念，建设现代化经济体系；二是健全人民当家作主制度体系，发展社会主义民主政治；三是坚定文化自信，推动社会主义文化繁荣兴盛；四是提高保障和改善民生水平，加强和创新社会治理；五是加快生态文明体制改革，建设美丽中国；六是坚持走中国特色强军之路，全面推进国防和军队现代化；七是坚持"一国两制"，推进祖国统一；八是坚持和平发展道路，推动构建人类命运共同体；九是坚定不移全面从严治党，不断提高党的执政能力和领导水平。

纵观党的十九大报告和十九大以来一年多的伟大实践，经济、政治、社会、文化、生态五大领域整体发力、协同发展、体系发展，深化供给侧结构性改革、加快建设创新型国家、实施乡村振兴战略、实施区域协调发展战略、深化依法治国实践、推动文化事业和文化产业发展、优先发展教育事业、实施健康中国战略、坚决打赢脱贫攻坚战、推进绿色发展、加大生态系统保护力度等，取得了新的成就，中国特色社会主义迈上新的台阶，走进新的阶段。

三、新时代广东新征程

2019年2月18日，中共中央、国务院印发了《粤港澳大湾区发展规划纲要》，其中指出：打造粤港澳大湾区，建设世界级城市群，有利于丰富"一国两制"实践内涵，进一步密切内地与港澳交流合作，为港澳经济社会发展以及港澳同胞到内地发展提供更多机会，保持港澳长期繁荣稳定；有利于贯彻落实新发展理念，深入推进供给侧结构性改革，加快培育发展新动能、实现创新驱动发展，为我国经济创新力和竞争力不断增强提供支撑；有利于进一步深化改革、扩大开放，建立与国际接轨的开放型经济新体制，建设高水平参与国际经济合作新平台；有利于推进"一带一路"建设，通过区域双向开放，构筑丝绸之路经济带和21世纪海上丝绸之路对接融汇的重要支撑区。总而言之，建设粤港澳大湾区，既是新时代推动形成全面开放新格局的新尝试，也是推动"一国两制"事业发展的新实践。提出了建设国际科技创新中心、加快基础设施互联互通、构建具有国际竞争力的现代产业体系、推进生态文明建设、建设宜居宜业宜游的优质生活圈、紧密合作共同参与"一带一路"建设、共建粤港澳合作发展平台七大重要举措。

在十八大以来的宏大背景中，在我国经济社会发展迈入新时代新常态的复杂环境和严峻挑战下，党和国家要求广东"在构建推动经济高质量发展体制机制、建设现代化经济体系、形成全面开放新格局、营造共建共治共享社会治理格局上走在全国前列"（简称"四个走在全国前列"）。同时要求广东当好"广东既是向世界展示我国改革开放成就的重要窗口，也是国际社会观察我国改革开放的重要窗口"（简称"两个重要窗口"）。对此，党和国家进一步对广东提出了殷殷重托，要求广东"认真贯彻习近平新时代中国特色社会主义思想和党的十九大精神，贯彻落实好党中央决策部署，推动思想再解放、改革再深入、工作再落实"。

广东省委省政府积极响应党和国家要求广东实现"四个走在全国前列"、当好"两个重要窗口"以及推进粤港澳大湾区建设的实践的工作要求，一是广东省委十二届四次全会审议通过了《中共广东省委关于深入学习贯彻落实习近平总书记重要讲话精神奋力实现"四个走在全国前列"的决定》，进一步明确了广东全面深入学习贯彻总书记重要讲话精神、实现"四个走在全国前列"、当好"两个重要窗口"的目标要求、任务举措，为开创广东工作新局面统一了思想、指明了方向、凝聚了力量。二是广东省委十二届四次全会创新性地提出了以功能区为引领的广东区域发展新战略，实施构建"一核一带一区"区域发展格局为重点，加快推动区域协调发展实施，推动高质量发展，形成由珠三角核心区、沿海经济带、北部生态发展区构成的区域发展新格局，这一全新的区域发展战略将广东区域发展格局明确为三大板块，各自实现差异化的功能定位和区域发展策略：以广州、深圳为主引擎推进珠三角核心区深度一体化；重点打造粤东粤西沿海产业，与珠三角沿海地区串珠成链，形成沿海经济带；把粤北山区建设成为生态发展区，以生态优先和绿色发展为引领，在高水平保护中实现高质量发展。三是广东省委召开十二届五次全会，作出全面部署，广东高质量完成机构改革任务，为实现"四个走在全国前列"、当好"两个重要窗口"提供体制机制保障。

2018年8月28日至29日，广东省委书记李希到河源市，深入农村、企业、学校、文化场所和水源保护地，就深入学习贯彻习近平新时代中国特色社会主义思想和党的十九大精神，认真贯彻落实习近平总书记参加十三届全国人大一次会议广东代表团审议时重要讲话精神和对广东工作一系列重要指示精神，推动党中央各项决策部署及省委十二届四次全会工作部署落地落实进行调研。李希强调，河源要深入学习贯彻习近平新时代中国特色社会主义思想和党的十九大精神，紧紧抓住粤港澳大湾区建设、绿色发展、构建"一核一带一区"区域发展新格局、实施乡村振兴战略等重大机遇，充分发挥后发优势和生态特色，把后发地区的巨大潜能迸发出来，努力建设广东省绿色发展示范区，争当融入粤港澳大湾区的生态排头兵，走出生态河源、现代河源相得益彰的发展新路。一要持续深入学习贯彻习近平总书记重要讲话精神，推动学习贯彻往深里走、往实里走、往心里走，切实用习近平新时代中国特色社会主义思想统揽河源一切工作，不断开创改革发展新局面。二要认真贯彻落实习近平生态文明思想，坚定践行"绿水青山就是金山银山"的理念，正确把握生态环境保护和经济发展的辩证统一关系，以绿色化为主攻方向做好产业文章，保护好河源的一江清水、青山翠岭，打造全域旅游河源样本，在高水平保护中实现高质量发展。三要全面对接粤港澳大湾区建设，加快推进交通基础设施建设，全面提升城市功能，高标准推进产业园区建设，实现集中、集约、高效发展。四要大力实施乡村振兴战略，加强农村基层党组织建设，擦亮现代农业"金字招牌"，推进美丽宜居乡村建设，坚决打赢脱贫攻坚战，加快建设农民群众安居乐业的美丽家园。五要扎实推进全面从严治党，始终把政治建设摆在首位，坚决全面彻底肃清李嘉、万庆良恶劣影响，抓好中央巡视组反馈意见整改落实工作，大力提振干事创业精气神，为河源改革发展提供坚强政治保证和组织保证。

第二章
新时代河源经济社会发展概况

2018年，河源在振兴发展中谋篇布局，进一步挖掘河源"区"的本质、"核"的特质，在构建"一核一带一区"区域发展新格局中，大力推进生态河源、现代河源建设，建设"广东省绿色发展示范区"，争当"融入粤港澳大湾区的生态排头兵"，并且开始形成"虹吸效应"；持续开展的"1.3.6.9.12"系列经贸活动，有力推动招商引资的新机制开始破题、新体系加快建设，一批央企总部、知名民企签约落户河源；地区生产总值突破千亿大关、农民人均可支配收入首超全国平均水平……河源用一系列实打实的数字，为广东区域协调发展作出了努力，也为河源振兴发展奠定了坚实的基础。

一、基本概况

河源是一座年轻的城市，于1988年1月经国务院批准成立，至今仅有31年。它位于广东省东北部、东江中上游，东接梅州，东南接汕尾，西邻韶关，南连惠州，北与江西省交界，总面积1.58万平方公里。

河源市目前辖2区5县，即源城区、江东新区和东源县、和平县、龙川县、紫金县、连平县。全市现设有99个乡镇，1个民族乡，4个街道办事处，1 251个村委会和155个社区居委会。

河源之域，为古龙川之壤，源远流长，是客家人最早聚居的纯客家地区，地方方言为客家话，故向有"百越首邑"和"客家古邑"之称。2018年年底，河源全市户籍总人口为372.76万人，常住人口309.39万人，其中非农业人口83.02万人。全市有50个民族，汉族人口占绝大多数，少数民族中人口较多的是畲族。

河源市治设在源城区东埔，距惠州97公里，距广州、深圳、香港均为200公里左右。京九铁路、广梅汕铁路纵贯市区，在龙川设有华南地区较大的铁路编组站；205国道、105国道、河惠高速公路、粤赣高速公路、河梅高速公路贯通全市；东江航道可通惠州、东莞、广州，水、陆交通十分便利。河源是京九铁路入粤的第一市，又是广东沿海地区与内地的接合部，具有接纳多方面经济辐射的良好条件，也是珠江三角洲地区与江西、长江三角洲地区商品交流的重要通道。

2018年，全市人均地区生产总值为32 530元，仅为全国（64 644元）的50.3%、全省（86 412元）的37.6%，按平均汇率折算为4 916美元。

二、农业

河源是广东省典型的农业大市，但大而不强。2018年，农林牧渔业总产值168.64亿元，比上年增长4.3%；其中，农业产值97.48亿元，增长5.0%；林业产值29.14亿元，增长5.0%；牧业产值34.42亿元，增长2.2%；渔业产值4.82亿元，增长1.7%；农林牧渔服务业产值2.78亿元，增长6.2%。

全市种植以粮食作物、经济作物、蔬菜、水果、茶叶五大种类为主。畜牧业以养猪、牛、鸡为主。水产养殖以养鱼为主。2018年全年粮食种植面积为13.04万公顷，比上年减少2 049.47公顷；糖料种植面积861公顷，比上年增加2.9公顷；油料种植面积2.29万公顷，增加186.82公顷；蔬菜种植面积3.50万公顷，增加1 609.91公顷。全年粮食总产量77.48万吨，其中稻谷产量73.76万吨，减少0.7%；糖料产量6.41万吨，增长0.6%；花生产量7.31万吨，增长3.7%；蔬菜产量71.04万吨，增长5.5%；水果产量41.61万吨，增长6.9%；茶叶产量6 018吨，增长9.3%。全年肉类总产量13.50万吨，增长1.2%。全年水产品总产量4.26万吨，增长1.9%。

全市现有实施"公司＋农户＋基地"经营模式的市级以上农业龙头企业212家，辐射带动农户16.2万户。

三、工业

河源的工业发展一向薄弱，生产规模不大，工业经济结构不良。传统工业以电力、建材、矿产、森工等重工业和资源型工业为主体，主要产品有铁矿、钨精矿、锡精矿、铅精矿、锌精矿、稀土氧化物、萤石矿、合成氨、塑料、纸张、服装、水泥、木材及木制品、中成药等。近年来逐步形成以矿产冶金业、食品饮料业、机械制造业、纺织服装业、建材业、电子电器制造业、制药业、电力生产供应业、塑料制品业等行业为主体的工业体系。走进新时代，河源产业结构优化趋势明显，初步构建以新电子、新材料、新能源、新医药产业为主导的现代产业体系。2018年全年实现全社会工业增加值331.50亿元，比上年增长7.3%。全市共有规模以上工业企业617家，比上年减少6家，其中年产值超10亿元的21家，实现规模以上工业增加值300.02亿元，比上年增长7.8%，其中，民营企业工业增加值173.77亿元，增长9.1%。分所有制类型看，国有企业工业增加值0.82亿元，增长73.2%；集体企业工业增加值0.13亿元，增长4.3%；股份制企业工业增加值178.22亿元，增长8.6%；外商及港澳台商投资企业工业增加值118.22亿元，增长5.3%；其他经济类型企业工业增加值2.62亿元，增长26.4%。分轻重工业看，轻工业增加值80.99亿元，增长10.1%；重工业增加值219.03亿元，增长6.6%。分企业规模看，大型企业工业增加值119.49亿元，增长10.1%，中型企业工业增加值67.40亿元，增长13.0%，小型企业工业增加值110.10亿元，增长 2.9%，微型企业工业增加值 3.02 亿元，下降 11.5%。

2018 年全市规模以上工业经济效益综合指数 215.02%，比上年提高 13.4 个百分点。资产负债率 53.25%，下降 1.9 个百分点；资本保值增值率 103.69%，下降 1.1 个百分点；流动资产周转次数 2.79 次；成本费用利润率 4.19%，下降 0.7 个百分点；全员劳动生产率 18.96 万元/人年，增长 17.8%；产品销售率 97.55%，下降 0.5 个百分点。实现主营业务收入 1 261.83 亿元，增长 4.5%，利润总额 50.42 亿元，下降 9.6%。

2018 年全市工业园区规模以上工业企业 521 家，比上年增加 12 家；实现工业增加值 252.41 亿元，比上年增长 8.9%，增速比全市规模以上工业企业高出 1.1 个百分点；实现入库税收 24.76 亿元，比上年增长 10.4%。

四、对外经济

进入二十一世纪以来，河源市进一步积极探索借外发展之路，发展开放型经济，推进传统出口产业改造升级，培育以技术、品牌、质量、服务为核心的出口竞争新优势，培育一批竞争优势大、带动能力强的出口基地龙头企业。提高一般贸易比重，扩大服务贸易规模，创新加工贸易模式，提升商品出口竞争力。积极扩大先进技术、关键设备、重要零部件等进口，合理增加一般消费品进口，加大重要物资储备进口。加快"走出去"步伐，发挥骨干企业引领作用，开拓东盟、非洲、南美等新兴市场。创新和完善多种贸易平台，提高贸易便利化水平。加快发展电子口岸，提高通关效率。尤其是"十三五"以来，通过支持传统加工贸易振兴复苏、新型产业快速发展、积极落实国家减免税政策等举措促进开放型经济发展，进一步夯实外贸增长的基础。2018 年全年进出口总额 270.6 亿元，比上年增长 3.9%，其中出口总额 215.3 亿元，增长 10.2%。在出口总值中，河源对美国、中国香港、欧盟（28 国）、日本、东盟（10 国）、中国台湾的出口总额为 172.8 亿元，占全市出口总额的比重达 80.3%。

2018 年年末，全市工商登记在册的外商及港澳台商投资企业 2 150 家，比上年增加 646 家。全年签订利用外商直接投资项目 636 个，合同利用外商直接投资 134 159 万美元，比上年增长 95.9%；实际利用外商直接投资 9 619 万美元，比上年下降 7.6%。

五、教育和科学技术

教育是河源的主要短板之一。由于存在教育体系不完善、学位数量不足、质量不高、发展不协调等问题，河源整体的教育水平长期徘徊在广东省的倒数之列，与珠三角地区差距巨大。近年来，河源坚持教育优先发展战略，深化教育领域综合改革，落实"立德树人"根本任务，促进城乡教育优质均衡发展，全面提高教育质量，基本实现教育现代化。积极发展学前教育，大力提升义务教育发展水平，健全农村留守儿童关爱服务体系，保障留守儿童同等接受良好教育。2018年全市共有幼儿园561所，在园幼儿12.21万人，学前教育幼儿入园率98.21%，比上年提高1.52个百分点；小学364所，在校学生30.76万人，学龄人口入学率达100%；普通中学141所，其中，初级中学112所，高级中学19所，完全中学10所；一贯制学校52所，其中，九年一贯制学校49所，十二年一贯制学校3所。初中在校学生12.74万人，初中学龄人口入学率100%，高中在校学生6.25万人，比上年增加1 494人，高中阶段教育毛入学率由上年的94.7%提高至95.13%；本市各类中等职业教育在校生2.13万人，技工学校在校生7 925人；全市普通高等教育招生4 463人，在校生12 070人，分别比上年增长2.4%和0.4%。

科学技术也是河源市的主要短板之一，对此，近年来河源市积极采取了多种举措。一是构建多元化创新体系，实施企业创新能力提升计划，重点培育一批科技型企业，支持骨干企业创建国家高新技术企业和国家级、省级创新企业，推进工程技术研究中心、重点实验室、博士后工作站、工业设计中心等建设。二是实施开放性创新战略，支持企业加强与港澳台等创新资源密集区域的科技合作，引导本地企业和域外科研机构共建中试基地、重点实验室、院士工作站等。三是加强科技创新能力建设。以市生产力促进中心、市科技信息中心、市产业技术交易服务平台和国家级高新区创业服务中心为载体，做大做强"广东省手机生产基地""广东省光伏产业基地""新一代移动通信终端制造产业基地""北斗科技应用基地"等创新平台。2018年全市共组织实施国家级、省级各类科技计划项目8项；省级工程技术研究开发中心87个，其中本年新增6个；全年专利申请受理量达到5 308件，其中专利申请授权量2 530件，分别比上年增长43.73%和35.58%；高新技术企业141家，本年新增43家。新认定省级企业重点实验室2家，新认定省级新型研发机构2家，新组建市级工程技术研究中心28家，市级农业科技创新中心21家，9家企业自建研发机构完成备案登记，规模以上工业企业建有研发机构比例预计达25%以上，主营业务收入5亿元以上工业企业的研发机构实现全覆盖。

六、资源与环境

河源市总面积为1.58万平方公里，地势由北向南倾斜，周边形状似不规则的四边形，市境最东为龙川县铁场镇，最西为连平的陂头镇，最北为龙川的上坪镇，最南为紫金的上义镇。地貌包括山地、丘陵、平原，其中山地面积为83.88公顷，占53%，丘陵面积占36%，谷地和平原面积只占11%，是典型的山区市。

河源市较大的山脉有九连山脉、缺牙山山脉、牛皮嶂山脉、莲花山支脉，海拔在1 000米以上的山峰有126座，其中连平县79座，紫金县16座，东源县15座，和平县10座，龙川县6座。连平县境内的黄牛石顶，海拔1 430米，为全市最高峰，第二高峰为龙川县境内的七目嶂，海拔1 318米，第三高峰为和平县的风吹蝴蝶，海拔1 272米。河源市境内第一大河流为东江，其次为新丰江。东江发源于江西省寻乌县桠髻钵山和安远县三百山，全长562公里，流经河源市内龙川、和平、东源、源城和紫金等县区，境内河段长193.6公里。新丰江发源于新丰县小镇崖婆石，全长163公里，自河源市境西北注入新丰江水库，新丰江大坝以下到东江汇合处9公里，经市区流入东江，市境内河段长84.1公里。

河源市有丰富的自然资源。2018年全市水资源总量125.61亿立方米，其中东江干流水质保持在国家地表水Ⅱ类标准，新丰江、枫树坝两大水库水质保持国家地表水Ⅰ类标准，全市饮用水源水质达标率100%。龙川矿泉水是珍贵优质的天然矿泉水，年流量30多万吨。一类地表饮用水资源是河源市最丰富的资源之一。位于河源市境内的新丰江水库是华南地区库容量最大的水库，水质优良，水库总集雨面积为5 734平方公里，湖水水面363.8平方公里，总库容量为139亿立方米，是供应香港、深圳、东莞、惠州等地的主要水源。河源的水能资源丰富，水力发电量占广东水力发电量的20%。全省水电装机容量最大的新丰江水电厂和装机容量第二大的枫树坝水电厂分别建在市区和龙川县。

河源矿产资源丰富，全市发现矿种56个，矿产处498处，有铁矿、萤石矿、稀土矿、钨矿、铝矿等。其中已探明的矿藏有36种，已探明储藏量大且有开采价值的有20余种，其中铁矿、萤石矿、稀土矿等储量居广东省首位。大顶铁矿是全省第一大露天富铁矿；和平稀土矿是全省储量最大且最有工业开采价值的稀土矿；河源萤石矿是全省重要的萤石出口矿产品产地。此外，钨矿、铝矿品位高，藏量大；大理石、花岗石、石灰石、钾长石易于开采。

河源市有丰富的动植物资源，自然植被主要生长在山地丘陵地区，以次生林为主，但在市区桂山、东源县蝉子顶、和平县风吹蝴蝶、龙川县七目嶂、连平县黄牛石顶及万绿湖周边山脉等高山、远山地带，可见常绿阔叶林，主要是黎树、枫树、樟树、山乌桕、鸭脚木、大芭蕉和各种藤本植物等。陆生脊椎动物种类168种，其中有水鹿、苏门羚及白鹇等国家二级保护动物。植物种类有193科793种，境内主要野生植物有树木类、山竹类、经济林类、花草类、中草药类五大类。历史上以松树多、松香多闻名全省。

河源市是广东省重点林业基地之一，具有发展种植经济林的天然优势。全市拥有林业用地122.1万公顷，占全市土地总面积的78.3%，占全省山地面积的11.25%。2008年，全市林地面积达到107.6万公顷，活立木蓄积量4 359万立方米。至2008年，全市已种生态公益林面积42.25万公顷。此外，全市还引种发展优质石硖龙眼、红芽肉桂、中国台湾白粉梅、美国加州蜜桃、速生丰产林与优质果木新品种3 000公顷。

河源旅游资源非常丰富，全市最为著名的风景区是国家AAAA级旅游景区万绿湖和桂山。万绿湖是华南地区最大的人工湖，被称为"南国大湖""北回归线上的绿洲",它距离市区仅9公里,湖内风光秀丽,碧波荡漾,360多个孤山独岛,星罗棋布,点缀湖中。风景区内还有神奇的天然石洞,有"观音望海""仙人洗面""铁扇公主"和"双龙跃海""仙人磨豆腐""铁扇关门锁金牛"等著名景点;牛肚山古墓(清直隶总督颜检墓)、覆船嶂的倒插竹、茅山的磨刀石、炉顶山的神奇滴水等,也是游人的好去处。新丰江库区是一个天然植物园,整个库区山林面积122 667公顷,其中阔叶林42 000公顷,是广东省北回归线上最大的常绿阔叶林带,活立木总蓄积量359.13万立方米。库区内野生动物资源丰富,仅在大叶山保护区就发现野生动物146种。1976年大叶山被国家确定为珍贵动植物自然保护区。新丰江库区的"水中家族"也很庞大,仅鱼类就有70多种,库区辽阔的水面是个很有潜力的淡水养殖场。1984年,省政府批准新丰江水库为对外开放旅游区后,游客越来越多,海内外游客络绎不绝前来游览、观光、采风。

河源历史悠久,文化遗存丰富,境内有不少文物古迹、旅游胜地,如龟峰塔、九连山、镜花缘、霍山、南越王赵佗故居遗址、越王井、越王庙、孔庙、圣迹苍岩、黄龙岩、东江画廊、正相塔、正相寺、文天祥二女墓、越王山旅游风景区、孙中山祖居孙屋排、苏区苏维埃旧址、苏家围、南园古村等。主要土特产有埔前三黄胡须鸡、河源蛋卷、新丰江水库野生桂花鱼、霸王花米排粉、万绿宝酸萝卜、东源板栗、老隆牛筋糕、忠信火蒜、上坪鹰嘴蜜桃、和平猕猴桃、紫金春甜橘、辣椒酱、竹壳茶等。

客家文化内容丰富,包括客家精神、客家民俗、客家方言、客家传说、客家文艺等,是岭南文化的重要组成部分。河源市紫金花朝戏、和平采茶戏被誉为"岭南奇葩"。河源市客家山歌,蜚声中外。河源市龙川杂技团曾多次获国家调演节目奖。

七、小结

河源市是一个建市仅31年的年轻城市,经过全市人民的艰苦创业、开拓拼搏,各项经济社会事业取得较大发展。但是,与发达地区相比,河源仍属于广东省经济欠发达地区,基础差,底子薄,经济总量小,截至2016年,仍然有省定贫困村255个,建档贫困人口39 760户、109 313人。尤其存在发展不平衡、不充分、质量不高、结构性不足等严重问题:一是产业基础仍然薄弱。传统低端产业占比大,高质量大项目、好项目不多,缺乏高新技术产业和产业集群。新业态新模式等新动能有待进一步培育。二是工业提速增效压力大。规模以上工业增加值增速低于年度目标5.7个百分点。工业投资增速低于同期房地产投资13.4个百分点。受去产能政策、环保整治和市场因素等影响,规模以上企业减产面达24.2%。三是打赢脱贫攻坚战仍然任务艰巨。尽管贫困人口持续减少,贫困村集体经济进一步增强,扶贫政策全面落实,但是县域经济发展仍然滞后。各县区经济规模总体偏小，个别县生产总值仍未破百亿。主要经济指标绝对值大小不一、增速差异明显，工业增加值增速最快和最慢的园区之间相差12倍。四是"三农"欠账多。村居环境脏乱差现象普遍，农村生产生活配套有待完善。农业现代化水平不高，新型农业经营主体数量较少，有影响力的农业品牌不多。农民收入水平明显偏低，贫困人口稳定脱贫机制仍不健全。五是城市配套不够完善。城区部分学校大班额现象依然存在，优质学位依然紧张。优质医疗资源短缺，医疗服务水平有待提高。道路承载能力不足、交通秩序不优，行车难、停车难问题突出。六是部分领域风险因素不容忽视。安全生产工作存在不少薄弱环节，高危行业和易发事故的领域多、潜在风险大。食品药品制假隐蔽化、售假网络化，事故防控难度加大。七是环境保护力度有待加大。污水处理设施不足，垃圾处理能力不强，城市建成区黑臭水体整治不彻底。部分矿山环境治理和生态修复滞后。八是政府职能转变和作风建设还有差距。政务服务水平不高，投资营商环境亟待改善。一些干部干事创业精气神不足，攻坚克难的创新办法不多。当前，河源的改革已进入深水区，各种新的矛盾凸显，这些问题需要在解放思想中反思，在改革再出发中解决，在高效发展中克服，在再落实中增效。这样，才能在新时代习近平中国特色社会主义思想的指引和引导下，更加奋发向上，科学发展，把河源市建设得更加美好，助力推动全面小康社会的建成和中华民族伟大复兴"中国梦"的实现。

第三章
新时代河源振兴发展的新思想新理念

第一节　新语言、新时代

一、新语言

新语言意味着新时代的到来。

2017年10月18日上午，中国共产党第十九次全国代表大会在北京隆重召开，习近平代表第十八届中央委员会向大会作报告，笔者感受最为深刻的是报告中反复出现新语言、新表达和新语境，这就是通篇直抵人心的"习语"，使人沐浴在新时代的风口。

笔者认为，十九大报告是我党历史上最为接地气的报告：用普通百姓的语言，用广大民众听得懂的话语，用国民感同身受的传统元素，直抵百姓心底，准确把握并反映百姓所思、所求、所盼、所忧，并力求在文字表述上更加鲜活，用词直白生动，语言风格更平易朴实。如"中国共产党人的初心和使命，就是为中国人民谋幸福，为中华民族谋复兴""我国社会主要矛盾已经转化为人民日益增长的美好生活需要和不平衡不充分的发展之间的矛盾""中华民族迎来了从站起来、富起来到强起来的伟大飞跃""中华民族伟大复兴，绝不是轻轻松松、敲锣打鼓就能实现的""把发展硬道理更多体现在增进人民福祉上""决不能'新官不理旧账'""推进海绵城市建设，使城市既有'面子'、更有'里子'""让科研人员不再为杂事琐事分心劳神""使小企业铺天盖地、大企业顶天立地""绿水青山就是金山银山""打赢蓝天保卫战""房子是用来住的，不是用来炒的""让全体人民住有所居""中国开放的大门不会关闭，只会越开越大""有事好商量，众人的事情由众人商量，是人民民主的真谛""党始终同人民想在一起、干在一起""人民群众反对什么、痛恨什么，我们就要坚决防范和纠正什么""中国梦是我们这一代的，更是青年一代的"等，不一而足。

在通篇直抵人心的新语言中，报告始终聚焦中国特色社会主义、现代化强国、共同富裕、民族复兴、世界舞台五个关键词，而诸多"新"提法意味着更上一层楼的挑战，比如"让全体人民住有所居""让科研人员不再为杂事琐事分心劳神"，"人民群众反对什么、痛恨什么，我们就要坚决防范和纠正什么""决不能'新官不理旧账'"等，无不凸显了党和国家领导人对过去五年来中国经济发展的认可与制度自信。回顾和总结过去波澜壮阔的五年，这是有充分的底气的：第一，中国稳居世界第二大经济体，对世界经济贡献率超过30%，一带一路、亚投行、G20峰会、金砖国家领导人峰会等展现国际影响力，体现了过去五年经济领域的重要成就。第二，中国在全球竞争力方面也有明显提升。十年间，中国出口份额占比从2006年的8.1%上升至2016年的14.3%。相比之下，主要发达国家表现黯淡，美国出口全球占比基本稳定在9%左右，德国、日本份额甚至出现下降。第三，中国消费市场释放潜力，即将成为全球最大的零售市场。十年前中国的市场份额仅有1万亿美元，是美国市场份额的四分之一，而去年中国的零售市场已经约5万亿美元，接近美国市场份额，而考虑到今年美元贬值和中国零售市场增长态势，预计今年中国将成为全球第一零售市场。第四，中国经济新动能的出现。近几年，中国高铁、移动支付、共享经济以及网购被称为中国的"新四大发明"，这些中国发展的领先领域就很好地诠释了这一判断。一方面，中国对于基建投资的投入全球领先，截至2016年年底，中国高铁里程达到2.3万公里，占世界高铁总里程的60%以上。而互联网、大数据、人工智能的发展速度也是全球领先，中国移动支付占比77%，高于美、德、日等发达国家，在中高端消费、共享经济等领域已产生新的增长点。

十九大报告通篇说了我们老百姓最想听到的话、讲了我们老百姓最想知道的事、描绘了我们老百姓最想了解的中国的未来以及最为憧憬的美好生活，确实令人耳目一新。通篇报告千言万语集中到一点就是，跟着党中央，我们的日子会一天比一天好，党和国家会一天比一天强大，伟大复兴的中国梦不再遥远。

二、新时代

新语言昭示着新时代。中国的新时代正踏着十九大报告的新语言悄然走来。所谓新时代，用十九大报告中的"习语"来描绘，就是我国正走进决胜全面建成小康社会、打造中国特色社会主义、实现中华民族伟大复兴的中国梦、实现人民对美好生活的向往，迈向社会主义中级阶段的宏大时代。

正如瑞穗证券原董事总经理、首席经济学家沈建光撰文所言："未来中国经济政策可能会更加注重收入分配问题、环境问题以及房地产问题的解决，这是迈向社会主义中级阶段的新要求。"

在迈向社会主义中级阶段的号角下，是基于习近平总书记十九大报告最引人注目的首次提出的"我国社会主要矛盾已经转化为人民日益增长的美好生活需要和不平衡不充分的发展之间的矛盾"的历史性判断。"社会主义初级阶段主要矛盾是人民日益增长的物质文化需要同落后的社会生产之间的矛盾"的提法在此前维持了36年，是在1981年的十一届六中全会上提出的。比照发现，我国国民需求方面已经出现了重大转变，从单纯的物质追求到美好生活，供给侧方面则从落后生产到不平衡发展，创新驱动从不充分发展走到充分发展的节点，体现了更加注重促进公平，更加注重增长的质量，更加注重全民普惠，或将是未来经济方面的施政要义。

首先，收入分配是不平衡产生的原因之一。近年来，中国基尼系数的不断攀升一直伴随着我国经济的发展，但这种状况不可持续。十九大报告强调未来将更加注重鼓励勤劳守法致富，扩大中等收入群体，增加低收入者收入，调节过高收入，取缔非法收入。在笔者看来，这些举措便是为了调节当前收入差距过大造成的矛盾。

其次，注重绿色发展，解决发展不充分的问题。大城市病与环境污染问题是全民关切的焦点，也一直是近两年国家政策的重要着力点，造成这一问题背后的原因在于以往粗放型发展过度透支了资源环境的可承受范围，十九大报告中强调了"推进绿色发展、着力解决突出环境问题、加大生态系统保护力度"等，体现了未来对于环保的重视程度与力度会更强。而京津冀一体化，特别是雄安新区建设或将成为打造新的增长模式的一个重要突破口。

再次，房地产长效机制的建立。过去十年中国房地产市场的几轮大涨都加剧了分配不公，而自去年以来，政府对房地产市场调控的态度是非常明确的。十九大报告提到"坚持房子是用来住的、不是用来炒的定位，加快建立多主体供给、多渠道保障、租购并举的住房制度，让全体人民住有所居。"可以预计，未来房地产长效机制的推出会加快，房产税也将配合财税改革有望加快落地。

最后，为全球经济发展提供新方案。"推动经济全球化朝着更加开放、包容、普惠、平衡、共赢的方向发展。"这是习近平在报告中着重提到的，而中国也正是这么做的。中国与全球化智库主任王辉耀认为："'中国方案'的选择直接指向人类命运共同体，在现阶段则体现为推动全球化的新方案。在全球化新形势下，中国的选择是坚定不移地维护世界和平、促进共同发展、打造伙伴关系、支持多边主义。包容普惠的新型全球化将最终超脱于现阶段'全球化'与'逆全球化'以及全球主义与国家主义、民粹主义之间的冲突，通过打造有竞争力的经济关系、社会关系，在全球范围形成新的、更有效率、更加公平的资源配置关系和投入产出关系。"

在新时代起风的前夜，笔者认为，我国未来社会经济政策方面可能会更加注重公平正义、民主法治。经济政策方面可能会更加注重收入分配问题、环境问题以及房地产问题的解决。在全球治理体系中，无私提供"中国模式""中国倡议""中国方案"，推动人类命运共同体建设，共同创造人类的美好未来。对此，我们要做的有以下几点：一是抓住我国人均生产率还有很大的提升空间；二是抓住我国城市化进程中带来的巨大的市场需求；三是抓住我国推进"健康中国建设"带来的全民、全生命周期巨大的产业发展空间；四是抓住我国中西部基础建设设施依然存在的巨大的发展空间；五是抓住我国在产业升级、产品技术含量、工艺和品牌附加值等方面依然存在的很大的提升空间；六是抓住我国"一带一路"战略贯通欧洲、亚洲、非洲三大洲经济融合带来的巨大发展空间。

凡此种种，是从量到质巨变的中国迈向社会主义中级阶段的新要求。

当然，在一个可见的未来时期，我国需谨防"明斯基时刻""修昔底德陷阱"和"中等收入陷阱"等。正如中国人民银行行长周小川在十九大间隙的一个会议上表示："如果经济中的顺周期因素太多，使这个周期波动被巨大地放大，在繁荣的时期过于乐观，也会造成矛盾的积累，到一定时候就会出现所谓'明斯基时刻'，这种瞬间的剧烈调整，是我们要重点防止的。"

总之，十九大报告通篇采用新语言勾画了未来五年甚至三十年的施政纲领和蓝图，新时代正悄然走来，而新时代对我国经济发展提出了新的要求，不但更加注重国际规则的制定与发挥全球影响力，还要从以往过度追求经济发展速度，向更高质量的增长以及更加平衡的分配转变，更加重视社会公平正义、民主法治，引领中国向社会主义中级阶段即小康社会迈进。

第二节 习近平新时代中国特色社会主义思想的学习之道

2017年10月18日，党的十九大在北京召开，大会提出了"习近平新时代中国特色社会主义思想"。2018年3月11日，习近平新时代中国特色社会主义思想载入宪法。习近平新时代中国特色社会主义思想，用八个"明确"清晰阐明，用十四项基本方略进行具体谋划，吸引着想透过中国找寻未来方向的世界目光，代表着马克思主义中国化的最新成果，是新时代党员和领导干部的学习之基、干事之南和成事之道。

一、为什么学？

学习是为了解决问题，提高本领。学而后能识，没有学习就不可能生成有意义的认知。我们首先要充分认识用习近平新时代中国特色社会主义思想武装全党的重大意义，唯有通过学习才能通达。一是只有深入学习贯彻这一思想，才能帮助广大党员干部群众牢固树立"四个意识"、切实坚定"四个自信"，以良好的精神状态和无畏的奋斗姿态把新时代中国特色社会主义不断推动向前。二是只有深入学习贯彻这一思想，才能坚定实现"两个一百年"宏伟目标的信心，增强攻关克难的决心和勇气，不忘初心，创造新的历史性业绩。三是只有深入学习贯彻这一思想，才能切实增强党要管党、从严治党的自觉性，增强执政能力和领导水平，增强拒腐防变和抵御风险的能力，引导广大党员干部群众信党、护党和爱党，坚定不移跟党走。四是只有深入学习贯彻这一思想，才能有效提升马克思主义水平和政治理论素养，提高干事创业的专业化能力，更好地适应新时代，更好地担负新的重要职责。

二、学什么?

学习之道,除了识学,关键要明白究竟需要学什么。学能把握而后能用,我们不搞清楚究竟要学什么,就不可能真正做到学懂弄通做实。我们要在领会基本内容的同时,学以深刻把握习近平新时代中国特色社会主义思想的精髓。一要通过深入学习,切实解决好"为了谁、依靠谁、我是谁"的问题,学以为民谋幸福。二要通过深入学习,以坚定的信念信心,承担起历史使命,学以为民族谋复兴。三要通过深入学习,进一步推动中国发展,为世界创造机遇,实现构建人类命运共同体的伟大使命,学以为世界作贡献。

三、如何学?

学习有道,方法为之。学习不讲方法,不掌握正确的方法,就不可能真正做到深悟透到达。我们要切实把习近平新时代中国特色社会主义思想学深悟透,以助力中华民族伟大复兴中国梦的实现。一要学真。读原著、学原文、悟原理。学习必须有一种"学到底"的精神,必须有一种反复读的恒心,必须把学习和思考结合起来,研机析理、学通弄透。二要学深。全面学、贯通学、深入学。深刻把握"八个明确"和"十四个坚持"的基本内容、基本观点以及内在逻辑和历史逻辑,做到知其言更知其义,知其然更知其所以然,真正在深层次上提高思想理论水平。三要学透。带着信念学、带着感情学、带着使命学。理想信念的坚定,来自理论的坚定。通过学到达"石可破也,而不可夺坚;丹可磨也,而不可夺赤"。

四、如何做?

学习之道,在于"学思做"以通达。我们要多措并举抓好习近平新时代中国特色社会主义思想学习教育,才能真正做到效果、效益、高效皆为我所得。一要大力加强党内集中教育和经常性教育,推动党员干部真正学有所思、学有所悟、学有所获。二要突出抓好领导干部这个"关键少数",努力做到学而信、学而思、学而行。三要切实强化各类各级教育培训工作。加强师资建设,改进教育培训方式方法,不断增强教育培训的吸引力和说服力。四要持续深化宣传研究阐释。五要扎实开展基层理论宣讲。

五、如何转化?

"为学之实,固在践履。"我们要大力推动习近平新时代中国特色社会主义思想学习教育不断取得新成效,在转化中实现我们的梦想。一学以强信。学习教育成效体现在提高政治站位、坚定维护核心上。切实讲政治,转化为心中有党、心中有民、心中有责、为民造福的根本政治担当。二学以强能。学习教育成效要体现在增强过硬本领、推动实际工作上。切实把学习成果转化为做好本职工作、推动事业发展的生动实践。三学以恒干。学习教育成效要体现在凝心聚力、不懈奋斗上。要切实转化为"逆水行舟用力撑，一篙松劲退千寻"的实干态度和精神，奋力走好新时代的长征路。

第三节　关于习近平总书记对广东工作的重要批示精神河源化的思考

一、习近平总书记对广东工作的重要批示及其背景

1. 习近平总书记对广东工作的重要批示

2017年4月4日，习近平总书记对广东工作做出重要批示：希望广东坚持党的领导、坚持中国特色社会主义、坚持新发展理念、坚持改革开放，为全国推进供给侧结构性改革、实施创新驱动发展战略、构建开放型经济新体制提供支撑，努力在全面建成小康社会、加快建设社会主义现代化新征程上走在前列。简称："四个坚持""三个支撑""两个走在前列"。

2. 习近平总书记对广东工作重要批示的背景

（1）大背景：中国梦的提出

2012年11月29日，习近平同志在参观《复兴之路》展览时说："每个人都有理想和追求，都有自己的梦想。我以为，实现中华民族伟大复兴就是中华民族近代以来最伟大的梦想。这个梦想，凝聚了几代中国人的夙愿，体现了中华民族和中国人民的整体利益，是每一个中华儿女的共同期盼。"

什么是中国梦？实现中华民族伟大复兴是中华民族近代以来最伟大的梦想。在中国共产党成立一百年时全面建成小康社会，这是中国梦的第一个宏伟目标；在中华人民共和国成立一百年时建成富强民主文明和谐的社会主义现代化国家，这是中国梦的第二个宏伟目标。中国梦第一个阶段的标志性成果：全面建成小康社会和"健康中国"建设。

（2）小背景：对广东工作曾提出"三个定位、两个率先"要求

2012年12月7日至11日，中共中央总书记习近平来到广东考察。这也是习近平总书记在党的十八大之后地方考察的第一站。考察期间，习近平总书记对广东提出"三个定位、两个率先"的殷切期望，要求广东努力成为发展中国特色社会主义的排头兵、深化改革开放的先行地、探索科学发展的试验区，为率先全面建成小康社会、率先基本实现社会主义现代化而奋斗。这是对广东改革开放长期走在全国前列的充分肯定，更是对广东广大干部群众的巨大鼓舞和有力鞭策。

3. 广东如何落实习近平总书记对广东工作的重要批示的精神

目前我国正处于世界格局深刻调整的关键阶段，处在决胜全面小康社会的

关键阶段，处在中国经济转型升级的关键阶段，处在跨越中等收入陷阱的关键阶段，处在实现中华民族伟大复兴中国梦的关键阶段。正因如此，作为敢为人先的广东人，作为改革开放排头兵的广东，一是要深刻把握习近平总书记重要批示的精神实质，切实把思想和行动统一到总书记重要批示要求上来，确保各项事业沿着正确方向前进。二是要以总书记重要批示为总纲，谋划推动广东工作，进一步厘清发展思路、完善发展战略、制定发展举措。在新的历史时期，再次在全国起到示范的作用、引擎的作用和思想引领的作用。

二、习近平总书记重要批示精神河源化的实践

1. 落实重要批示精神的河源化实践的思想基础与保障

河源化实践，就是落实习近平总书记重要批示的具体化和行动化，践行的思想基础与保障来自习近平总书记的治国理政思想，即习近平总书记治国理政的新理念新思想新战略。

（1）统筹推进"五位一体"总体布局

"五位一体"是十八大报告的"新提法"之一。经济建设、政治建设、文化建设、社会建设、生态文明建设——着眼于全面建成小康社会、实现社会主义现代化和中华民族伟大复兴，党的十八大报告对推进中国特色社会主义事业作出"五位一体"总体布局。

"五位一体"总体布局是一个有机整体，其中经济建设是根本，政治建设是保证，文化建设是灵魂，社会建设是条件，生态文明建设是基础。

（2）坚持"五大发展"是发展的新理念

中国共产党第十八届中央委员会第五次全体会议，于2015年10月26日至29日在北京举行。全会强调，实现"十三五"时期发展目标，破解发展难题，厚植发展优势，必须牢固树立并切实贯彻创新、协调、绿色、开放、共享的发展理念。

2016年3月5日，习近平总书记在参加上海代表团审议时强调，在五大发展理念中，创新发展理念是方向、是钥匙，要瞄准世界科技前沿，全面提升自主创新能力，力争在基础科技领域作出大的创新，在关键核心技术领域取得大的突破。同时，创新发展居于首要位置，是引领发展的第一动力。

（3）"四个全面"战略布局是我国发展的新战略

党的十八大以来，以习近平同志为核心的党中央从坚持和发展中国特色社会主义全局出发，提出并形成了"四个全面"战略布局。这是协调推进我国全方位发展的新战略。这个新战略，既有战略目标，又有战略举措，每一个"全面"都具有重大战略意义。全面建成小康社会是我们的战略目标，全面深化改革、全面依法治国、全面从严治党是三大战略举措。

（4）四个意识

2016年1月29日召开的中共中央政治局会议，首次公开提出"增强政治意

识、大局意识、核心意识、看齐意识"。这是党在新的历史时期决战全面建成小康社会的新要求,也是落实全面从严治党战略的根本保证。

2. 河源化实践的当下背景

2017年河源市政府工作报告全文(2017年1月6日)提出:到2021年,地区生产总值突破1 500亿元,地方一般公共预算收入突破120亿元,居民人均可支配收入2.6万元。初步建成珠江东岸绿色新兴产业集聚地、粤北赣南区域性综合交通枢纽、岭南健康休闲旅游名城和现代生态山水园林城市。

实现上述目标,我们要紧密结合市第七次党代会的战略部署,始终坚持"一二三四五"工作思路:

突出一条主线。突出以供给侧结构性改革为主线,瞄准短板做加法,瞄准过剩做减法,瞄准创新做乘法,瞄准放活做除法,推动"三去一降一补"取得实质性进展,深入推进产业结构调整和转型升级,大力发展实体经济。

实施"两大战略"、打好"两大战役"。深入实施创新驱动发展战略和全面融入深莞惠(3+2)经济圈,加快形成以创新为主要引领和支撑的经济体系和发展模式,加快推进新旧动能转换,着力构建创新型经济格局。突出打好产业发展大会战和精准脱贫攻坚战,以加快与深圳产业共建为切入点,以实施"四个倍增"计划为着力点,以精准扶贫为落脚点,加快河源发展,全面建成小康。

紧扣"三大抓手"。始终紧紧扣住交通基础设施建设、产业园区扩能增效、中心城区提质扩容不放松,充分发挥交通基础设施的先导作用、产业的支撑作用、城市的承载作用,为加快振兴发展奠定坚实基础。

着力做到"四个提升"。以项目建设为抓手、以改革创新为动力、以生态优势为依托、以改善民生为根本,着力提升项目建设、改革创新、生态保护和改善民生的工作水平,全力推进河源各项事业协调发展。

加快推进"五个一体化"。加强深河合作,主动对接深圳"东进"战略,实施河源"南融"行动,加快推进与深、莞、惠在新兴产业、交通运输、生态农业、环境保护和社会事业的"五个一体化"建设,有效借智借力,全面提升河源综合竞争力。

第四节　广东在新征程上砥砺前行的深度思考

一、背景

中国共产党广东省第十二次代表大会于2017年5月26日在广州闭幕,这是一次深入贯彻习近平总书记系列重要讲话精神和治国理政新理念新思想新战略的大会,生成了广东省第十二次党代会精神。广东省第十二次党代会精神,是在更高起点和更高要求下的再争先、再创辉煌的奋力精神，是新时期争先精神、实干精神、担当精神、开拓精神和创新精神的广东实践，背后有着深刻而宏大的国家背景。

简单地说，当前中国在发展中面临的突出问题，从国际视野看有四个：一是国际斗争，主要形式有舆论战、意识形态战和金融战。金融战争从来就没有消停过。"二战"后以美元为中心的国际货币体系——"布雷顿森林体系"确立以来，以美国为主的西方世界牢牢把住金融的话语权和金融霸权，美元的霸主地位随之确立。之后，"放水"和"剪羊毛"成为西方转嫁危机、攫取发展中国家发展成果的最简单最直接最有效的手段，这对地球村中的国家可谓惨痛教训。二是民生问题。所谓的民生问题，简单地说，是"经济结构不合理和粗放型经济增长方式还没有根本改变，城乡、区域、经济社会发展不够协调，人口资源环境压力加大，就业、社会保障、教育、医疗等民生问题比较突出。"有学者把民生问题总结为"新三座大山"：住房是其中最大的一座大山，其次是医疗、养老，再次是教育这座大山。此外也有学者把食品安全称为第四座大山。三是腐败问题。这是事关民心得失聚散、国泰民安兴盛的根本问题。四是与周边国家的领土争端问题。此问题由来已久，可谓错综复杂，和平解决非久久为功不可。特别值得警惕的是，我国与周边国家和地区的领土争端背后一直有美国的魅影。

对此，广东作为我国改革开放的"先行者"和"排头兵"，要兑现"四个坚持、三个支撑、两个走在前列"的目标要求，助力中华民族的伟大复兴中国梦的实现，需要广东的新智慧和新力量，需要践行新时期的广东精神，需要广东在奋力实现党中央提出的"两个一百年"奋斗目标中作出更大贡献和担负更大的作用，这既是广东责无旁贷的担当，也是义不容辞的责任和重托。

二、成绩与问题

对于广东的每一个领导和干部来说，必须对我省经济社会发展的成就与不足保持清醒的认识，唯有如此，才能够知不足而后勇方渐长。

1. 成绩

（1）统筹稳增长调结构成效突出，综合实力显著增强。全省地区生产总值从5.32万亿元增加到7.95万亿元，年均增长8.0%，总量连续28年居全国首位；地方一般公共预算收入从5 515亿元增加到10 390亿元，成为全国首个地方一般公共预算收入超万亿元的省份。产业结构实现标志性转变，三次产业结构从5.0∶49.1∶45.9调整为4.7∶43.2∶52.1，现代产业占据主导地位，先进制造业增加值占规模以上工业增加值比重达49.3%，现代服务业增加值占服务业增加值比重达61.7%，互联网新业态蓬勃发展，主营业务收入超千亿元的大型骨干企业由7家增加到23家，世界500强企业由3家增加到9家。

（2）实施创新驱动发展战略取得重大进展。把创新驱动发展作为核心战略，推动发展方式转变和发展动力转换迈出坚实步伐，国家科技产业创新中心建设实现良好开局。全省研发经费占地区生产总值比重从1.96%提高到2.52%，技术自给率达71%。国家级高新技术企业从5 452家增加到19 857家，跃居全国首位；全省专利授权量居全国首位；高技术制造业增加值占规模以上工业增加值比重从21.9%提高到27.6%。

（3）推动粤东西北地区振兴发展实现新跨越。把区域协调发展摆在突出位置，实施"三大抓手"和对口帮扶，加快粤东西北地区发展。交通建设突飞猛进，实现县县通高速，全省高速公路通车总里程达7 673公里，跃居全国第一，其中新增里程2 624公里，大部分位于粤东西北地区，粤东西北地区交通条件发生根本性改变。产业共建成效初显，一批优质项目落地，省级产业园规模以上工业增加值年均增长21.9%。粤东西北地级市中心城区扩容提质扎实推进，城市发展新格局初步形成。珠三角地区对口帮扶粤东西北地区工作机制逐步完善，形成全面对接、共同发展的良好态势。

（4）全面深化改革开放扎实推进。党的十八届三中全会以来承接国家改革试点任务103项，数量居全国前列，供给侧结构性改革系统推进，行政审批制度、投资体制、司法体制、纪检体制等重大改革扎实推进，广东自贸试验区改革创新等经验在全国复制推广。

（5）改善生态环境质量取得明显成效。珠三角大气PM2.5浓度在国家三大重点防控区中率先整体达标，全省城乡居民饮用水安全得到有效保障，解决环境历史遗留问题取得突破性进展。超额完成国家下达的节能减排目标任务，单位地区生产总值能耗处于全国第二低位。新一轮绿化广东大行动持续推进，森林覆盖率提高到58.98%。

（6）保障和改善民生取得丰硕成果。居民人均可支配收入突破3万元，城镇新增就业五年累计794万人。民生保障投入大幅增长，城乡低保、农村特困供养等多项底线民生保障水平跃居全国前列。省贫困线以下148万贫困人口实现脱贫。

（7）维护社会稳定工作上了大台阶。切实维护国家政治安全，主动排查化解社会矛盾纠纷，集中开展基层突出问题专项治理。发挥法治的引领规范作用，严厉打击刑事犯罪，社会大局和谐稳定。全省信访总量持续下降，群体性事件明显减少；刑事案件立案数量比2013年下降30.4%，社会治安状况持续向好；安全生产形势稳定好转，人民群众安全感明显增强。

（8）从严管党治党开创新局面。党的群众路线教育实践活动、"三严三实"专题教育、"两学一做"学习教育扎实开展，广大党员"四个意识"明显增强。腐败增量有效遏制、存量明显减少，党风政风明显好转，政治生态明显净化。"裸官"、巡视监督实现全覆盖。

2. 问题

我省的经济社会发展的成就是突出的，但毋庸置疑，发展中的一些深层次、结构性问题仍未得到根本解决，砥砺前行的道路上还存在许多困难和挑战。

一是产业结构调整和转型升级任务艰巨。产业整体水平不高，低端产业仍占较大比重，新产业还不能挑起经济发展的大梁；经济发展方式仍较粗放，部分核心技术、关键零部件和重大装备受制于人；资源环境约束趋紧，部分地区水污染等环境问题比较严重。

二是区域发展不协调仍是最突出问题。粤东西北地区产业基础薄弱、内生发展动力不强的状况尚未根本改变；城镇化水平较低，中心城区辐射带动力较弱，县域经济落后。

三是农村发展严重滞后。农业经济效益不高，农民持续增收难度加大，土地确权等农村基础工作进展缓慢，农村基础设施欠账较多，村居环境脏乱差现象突出。

四是民生社会事业存在不少短板。教育、医疗、文化、体育等公共服务规模不足、水平不高，城乡区域间资源配置不均衡，服务水平差异大；社会保障全省统筹不足，社会救助和社会福利体系不完善。

五是社会矛盾纠纷仍然高发多发。涉农涉地、涉劳资、涉环保等领域矛盾依然突出，特定利益群体诉求解决难度大，各类新型违法犯罪不断出现，公共安全、食品安全、生产安全还存在不少风险隐患。

六是营商环境优势相对弱化。市场经济体系不够完善，部分基础性、关键性改革不到位，政务服务不够规范，营商成本偏高，对人才等高端要素吸引力减弱，企业和群众办事难问题仍然突出。

七是基层治理问题较多。城乡基层多年累积的问题没有得到根本解决，发展过程中新旧矛盾交织叠加，社会矛盾容易激化。一些基层干部脱离群众，侵犯群众利益行为时有发生。部分基层组织软弱涣散，基础工作薄弱，法治化水平不高。

八是全面从严治党任重道远。一些地方管党治党主体责任不落实，一些党组织政治功能弱化，政治核心作用没有充分发挥出来。部分领导干部担当意识不强，干事创业精气神不足，为官不为现象一定程度存在。反腐败斗争压倒性态势仍需巩固，少数干部在反腐高压态势下仍然不收敛不收手。对这些问题，我们必须高度重视，采取有力措施加以解决。

概言之，广东的短板在哪里？一是"问喘"于民的体制机制不完善。所谓"问喘"识民艰。党的十八大报告强调："全党同志一定要坚持问政于民、问需于民、问计于民，从人民伟大实践中汲取智慧和力量。"二是城乡社区治理体制机制滞后。总的来看，广东已经搭建起较为完整的社会治理改革制度机制运行框架，但是，城乡社区职能行政性倾向严重，社区精英领导能力尚未发挥应有的作用，社区服务质量提升的空间大。三是区域发展失衡。广东省社会科学院研究员游霭琼指出："区域发展不平衡一直是广东发展的最大软肋，也是广东率先建成全面小康社会需要解决的重中之重。"因此，只有实现真正的区域协调发展，广东才能释放出最大的发展活力，转型升级才能步入快车道。四是海洋战略缺失。广东是海洋大省，海洋资源条件优异，海洋经济发展也不断加速，根据《2016年中国海洋经济统计公报》的数据统计，珠江三角洲地区海洋生产总值达到15 895亿元。但是，由于缺乏国家层面一以贯之的海洋战略思想的支撑，海权困局成为阻碍广东从海洋大省向海洋强省转变的核心问题。五是现代性综合性法制化反腐长效机制不完备。正如党中央明确指出的，当下滋生腐败的土壤依然存在，反腐败形势依然严峻复杂，一些不正之风和腐败问题影响恶劣、亟待解决。六是绿色生态发展存在短板和漏洞。正如2017年4月13日中央第四环境保护督察组督察广东省情况反馈指出：2013年以来，广东省环境保护工作虽然取得明显成效，但随着工业化、城镇化进程加快，产业结构调整任务更加繁重，有效治理难度加大，环境保护推进落实存在薄弱环节，部分地区水污染问题、环境问题突出，环境质量与中央要求和群众期盼仍有差距。

三、思考与启示

总的来讲，新时期的广东要有家国一体的担当，站在"和平与发展"和"构建人类命运共同体"的世界视野，以"习近平治国理政思想"为指导，统筹推进"五位一体"总体布局、协调推进"四个全面"战略布局，面向未来，对准根本问题和核心难题，狠补短板，以争先、实干、担当、开拓和创新等新时期的广东精神，再次扬帆起航，砥砺前行，率先树立道路自信、理论自信、制度自信和文化自信，为实现"四个坚持、三个支撑、两个走在前列"目标要求贡献智慧和力量。

1. 立足"四个坚持"，贡献科学思想和理论

树立"先胜后战"的思想。以"四个坚持"为思想和价值观先导，围绕社会主义核心价值观的落地，打造社会主义核心价值观的入心入脑的传播体系和教育实践体系，造就广东特色的道路自信、理论自信、制度自信和文化自信，为中华民族的伟大复兴中国梦的实现提供中国思想和中国理论。这样，广东作为先行者的实践才能立足于不败之地，达到孙子所说的："昔之善战者，先为不可胜，以待敌之可胜。不可胜在己，可胜在敌。"

2. 奋力"三个支撑"，贡献发展路径

牢固树立"发展第一"的思想，以"三个支撑"为推手，一以贯之，对焦发展、民生和腐败难题，在全国范围内率先全面推进"健康中国"建设，率先全面建成小康社会，奠定"两个走在前列"的基础。

首先是发展问题。进入21世纪头十年后，广东经济下滑明显，地区生产总值增速也不断减慢，如何破解区域发展不平衡这个最大难题，成为当务之急。促进粤东西北振兴发展，要实施工业化、信息化、城镇化、农业现代化和绿色化的"组合拳"战略，建设与珠三角紧密衔接的特色产业体系，抢抓"互联网+"机

遇促进信息化加快发展，突出抓好户籍人口城镇化，以城乡一体化支撑农业现代化，扎实推进污染治理和生态修复、生态建设，促进绿色低碳循环发展。对此，区域协调发展应当通过市场化为导向的全面深化改革，让市场决定效率，让政府主导公平，最终实现区域经济发展均衡化与基本公共服务均等化，实现均衡化与均等化的良性互动与统一，广东才能筑起全面小康社会坚实的基础。此外，广东也要警惕新的"三座大山"的破坏力，即房地产的泡沫化、制造业的空心化和地方债务的崩溃，同样需要通过市场化为导向的全面深化改革，预防经济发展逐步走向全面溃败。至于绿色发展，广东要深入学习领会习近平总书记重要批示指示精神，牢固树立创新、协调、绿色、开放、共享的发展理念，打好大气、水、土壤污染防治"三大战役"，系统、科学推进水污染防治工作，实现珠三角、粤东西北绿色生态环境一体化，加快补齐生态环境短板。

其次是民生问题。民生问题是永恒话题，关键要对焦民生的"新三座大山"（即上学难、买房难、看病难）和食品安全问题，广东必须拿出百分之二百的决心和魄力，严厉督促检查地方各级政府对当前各项中央政策的执行落实情况，要把民生问题作为地方政府政绩考核的第一要素，完善好政府服务群众的"最后一厘米"。特别是当前的保障房建设和分配、医疗改革上要严肃查处出现的各种违规、违纪行为，要让其他有可能发生问题的单位和个人因违规、违纪行为所遭受的严重惩罚而不敢越雷池一步。

最后是腐败问题。腐败是一种丑恶的社会现象，究其根源在于缺乏整体设计、系统规划、全员监督和高压处罚。要根治腐败，赢得人民的同舟共济，首先要以从严治党为逻辑起点，从政治、经济、文化、社会各方面，建立"不敢——不想——不能"腐的制度体系和长效工作机制，夯实反腐倡廉的社会基础；其次要于执行层面上着手，对现有该履行监督职责的部门先进行教育和调整，完善反腐机构设置，实现对公务人员的全覆盖和全天候监督；最后，要从杜绝群众身边的"微腐败"着手，突出党章党规和纪律的严肃严明作用，树立一丝一毫都有规矩的意识，使得风清气正。

3. 盯牢"两个走在前列"，贡献发展范式

广东要以"两个走在前列"为根本目标，通过"率先全面建成小康社会"和"率先实现社会主义现代化"，检验、拓宽和提升"习近平治国理政思想"，为全国发展大局提供示范和参照，加快中国特色社会主义理论体系和世界话语体系的确立，为实现中华民族伟大复兴的中国梦提供发展范式。

4. 融入"一带一路"倡议，贡献睦邻之道

"一带一路"不仅仅关乎经贸，正如普林斯顿大学教授、2008年诺贝尔经济学奖获得者保罗·克鲁格曼（Paul Krugman）所说："你当然可以将一带一路看作一种战略性的贸易政策，同时也可以看作一种战略性的战略政策。"可见，"一带一路"倡议体现了"构建人类命运共同体"的世界胸怀，与邻为善，与邻谋和，

与邻树道。广东要发挥毗邻港澳的区位优势和历史悠久的侨省地位，无缝融入"一带一路"，并以"粤港澳大湾区"建设为推手，共谋发展，协调发展，共建共享，为中华民族伟大复兴的中国梦创造和谐的周边环境。就国家层面而言，我们与周边国家领土争端问题的解决必须牢记孙子所说的："兵者，国之大事，死生之地，存亡之道，不可不察也。"及"上兵伐谋，其次伐交，其次伐兵，其下攻城。"

第五节　新时代中国特色社会主义赋予河源实践的新命题

在吹响迈向社会主义中级阶段的号角后，十九大报告始终聚焦"中国特色社会主义""现代化强国""共同富裕""民族复兴""世界舞台"五个关键词，围绕关键词生成的诸多"新"提法，意味着国家和社会发展更上一层楼的挑战。其中习近平总书记十九大报告最引人注目地提出了"中国特色社会主义进入了新时代""决胜全面建成小康社会""社会主要矛盾已经转化为人民日益增长的美好生活需要和不平衡不充分的发展之间的矛盾""坚定不移走好新时代的中国特色社会主义道路"等历史性判断，为这些具有里程碑意义的新挑战作了最到位和最好的诠释。如何结合河源实际，正视河源改革开放以来经济社会发展的"长短""痛痒"和"沉疴"，深入学习领会习近平总书记提出的这一系列重大判断，是新时代风口下河源经济社会发展的重大新课题，需要全体河源人的头脑风暴，彻底转变思想和改变观念，为河源迈向新时代提供新的实践思想与理念，推动十九大精神转化为河源率先振兴的强大动力。

一、中国特色社会主义进入了新时代

习近平总书记在十九大报告中，基于对当代中国社会发展呈现出的新的阶段性变化及其特点的科学分析，提出了一个极其重大的判断，那就是：中国特色社会主义进入了新时代。所谓新时代，用十九大报告中的"习语"来描绘，就是我国正走进决胜全面建成小康社会、打造中国特色社会主义、实现中华民族伟大复兴的中国梦、实现人民对美好生活的向往、迈向社会主义中级阶段的宏大时代。可见，新时代是对我国发展所处历史方位的全新判断。

如何深入学习和全面把握"新时代"的深刻内涵，是对河源实践的一个事关全局的新课题：一是"新时代"的旗帜和道路是什么？二是"新时代"的奋斗目标是什么？三是"新时代"的中心任务是什么？四是"新时代"的走向是什么？五是"新时代"河源的角色、定位是什么？笔者认为，对接新时代的高要求和新要求，河源务必做好"四个坚持"：一要坚持社会主义核心价值体系，培育形成率先振兴河源的精气神；二要坚持在发展中改善民生，在改善民生中加强普惠发

展,打造人民的幸福"心城";三要坚持人与自然和谐共生,高标准高要求全方位推进具有河源特色的全领域覆盖的生态文明建设;四要始终坚持集聚人心,以磅礴的群众之力奋力推动河源脱贫奔康、率先振兴、同步实现现代化,为全面建成小康社会、建成富强民主文明和谐美丽的社会主义现代化强国作出河源应有的贡献。

二、决胜全面建成小康社会

习近平总书记在十九大报告中指出:"从现在到二〇二〇年,是全面建成小康社会决胜期。"对于决胜全面建成小康社会的重大意义,毋庸置疑,这是实现中华民族伟大复兴的关键一步,也是开启全面建设社会主义现代化国家新征程的前提和基础。

决胜全面建成小康社会不可回避和必须关切的首要问题是社会主要矛盾的转化。党的十九大报告明确指出,"中国特色社会主义进入新时代,我国社会主要矛盾已经转化为人民日益增长的美好生活需要和不平衡不充分的发展之间的矛盾"。这对我国社会主要矛盾转化作出了新时代重大的科学论断,是关系全局的历史性变化,对党和国家工作提出了许多新要求,必须深刻认识,准确把握。对河源而言,未来寻求"河源方案"的思路,必然是以这一判断为基础,牢牢抓住主要矛盾,对准中心任务,不断总结经验和教训,深刻反思人才短缺之痛、产业发展之短、现代农业发展之痒、社会文化发展滞后之病等,深挖"河源智慧",多面向、多领域地深度探索,实现补短板之道,贡献率先振兴的"河源模式"。全面建成小康社会的核心在于"全面"。如何做到全面发展?全面发展就是要推进平衡发展、充分发展和普惠发展,逐步实现全体人民共同富裕,这是全面建成小康社会的中心任务,事关全面建成小康社会的成败,需要河源智慧。从另一角度看,全面发展就是要补齐不平衡、不充分、不普惠的短板,使之成为各个领域向纵深突破、向高阶攀升的重要取向,尤其是人才匮乏、创新不足、驱动乏力、民生痛点、区域差异必将成为重点的补短板领域。结合当下现实,新时代河源发展的总体战略布局要做到"四个并重":一是要奋力发展和普惠发展并重,二是补短发展和优势发展并重,三是创新发展和绿色发展并重,四是内生发展和开放发展并重。

习近平总书记指出,实现全面建成小康社会奋斗目标,仍然要把发展作为第一要务,努力使发展达到一个新水平。可见,全面建成小康社会的根本要靠"发展"。对于后发河源来说,发展是第一要务。笔者认为,未来一个时期河源务必要聚精会神打好"五个攻坚战",即打好人才战、产业战、脱贫战、生态战和融合战。

一是打好人才战。人才匮乏是河源第一短板,河源最为紧缺的第一是人才,第二是人才,第三还是人才。河源为什么缺人才?原因有三:培养跟不上,留不住,引进难。缺乏人才是造成经济社会落后的第一原因,道理非常简单,人落后社会经济发展必然落后。没有人才的河源没有理由能够顺利地走进新时代,没有高层次人才的河源没有理由能够在社会经济方面实现率先振兴发展。河源要痛定思痛,摒弃陈规陋俗,着眼长远,实施"搭平台,提待遇,重使用,给激励,供保障"的一体化策略。一是构筑人才培养洼地,打造高层次人才集聚高地,布局"中专—高职—本科"人才培养体系,实施"政行企校"四方联动培养人才的长远战略;二是举全市之力内培外引,软硬结合,既筑巢引凤,又筑巢育龙,不拘一格,标本兼治,摆脱人才困境;三是主动发挥人才是第一资源的根本作用,实施"政行企校"四方联动使用人才和人尽其才的工作部署,搭建服务平台,提供组织保障和激励,服务一线企业,服务实体经济,服务社会发展,把科学技术是第一生产力、人才是第一资源、创新是第一动力的作用有机联系起来,加快形成具有河源特色的以创新创业为主要引领和支撑的开放型的经济体系和发展模式。

二是打好产业战。产业之短是河源发展的最大屏障。迄今为止,河源还没有形成具有核心竞争力的支柱型、支撑性大产业,更加缺乏战略性新兴产业、朝阳产业和智慧化产业的发展布局。"五县二区"主导产业缺乏主体、主线和关联,既没有量,更缺乏质,呈现零敲碎打、碎片化、散状分布;缺乏深度关联,不成体系,不成规模;更缺乏高新技术和核心技术,没有竞争力,更没有引领和示范作用,不可长久。当下要务,要基于长远之计思考河源的产业规划和布局,学会深刻反思,反思为什么"灯塔盆地国家现代农业示范区"的平台作用没有得到充分的发挥,"示范"不起来?为什么挂了国家牌子的"河源国家高新区"在新一轮新旧经济转换的冲击下,出现了严重"空心化"的现象?多年过去了,为什么"万绿河源"还是没有能够建构起绿色大发展的新体系?基于上述反省和思考,怎样做才能形成绿色、可持续、高成长和充满活力的支柱产业和核心产业?新时代可以预见的不负河源重托的产业,一定是基于河源生态、河源资源、河源优势和河源人文禀赋相结合形成、衍生或拓展的特色产业,比如"水产业+""石英产业+""稀土产业+""硬质合金产业+""健康+产业""现代服务业+""现代生态农业+互联网+双创""休闲旅游业+""文创+产业"等,加快产业的集聚和带动上下游产业的集合,形成全域、高附加值产业链,打造新产业、新业态、新模式的"三新经济",实现河源跨越式振兴发展,摆脱后发地区"越发展越落后"的困境,防范停滞发展的风险。

三是打好脱贫战。精准脱贫是河源当下的首要任务之一,没有脱贫就没有河源的全面小康社会,这是既严峻又残酷的现实。怎样做才能实现精准脱贫?并且从此脱贫不返贫?这是值得每一个河源人深思的话题,也是政府的必修课。总结当下的脱贫成果,笔者认为,精准脱贫总的思路,就是要结合当地情况和比较优势潜力,实施市县统筹、标本兼治、长短结合的"一镇一产""一村一品"和"一户一策"的长效策略,实现从此脱贫、共同富裕的目的。

四是打好生态战。优良的生态环境是河源新时代发展的第一宝贵资源,是河源实现充分发展消除不平衡发展的兜底利器,更是全体河源人向往美好幸福生活的底气。彻底打破"身在福中不知福"的惰性思维,彻底转变"熟视无睹或视而不见"不作为的惯性懒政,要以建构"幸福河源"和"健康河源"为抓手,以"万绿河源""文化河源"为响应品牌,借力打造我市绿色大发展的新体系,建构"金山银山"与"绿水青山"良性促进的长效体制机制,短期内实现绿色协调发展的最大红利,奠定决胜全面建成小康社会的重要基石。

五是打好融合战。融合战也是机遇战,没有打好融合战,河源很可能错失最为难得的发展机遇,迟滞走进新时代的发展脚步。因此,河源要全面对接粤港澳大湾区的国家战略和"一带一路"倡议,主动、自觉、坚定、具体地接受粤港澳大湾区的辐射和带动,瞄准港澳和东南亚侨民多、乡贤多的传统优势,穿针引线,搭桥铺路,大力推动开放型经济要素集聚,形成基于大湾区经济的河源开放型发展的经济战略大格局。

三、坚定不移走好新时代的中国特色社会主义道路

党的十九大报告明确指出,"我们走中国特色社会主义道路,具有无比广阔的时代舞台,具有无比深厚的历史底蕴,具有无比强大的前进定力。"如何坚定不移走好新时代的中国特色社会主义道路?这是对河源实践提出的又一重要命题。面对新命题,在新的历史时期,河源要做的就是不断开辟中国特色社会主义发展新内涵新境界,打造幸福河源、安康河源和文化河源。古语云"人无信不立"。归根结底,就是要坚定"四个自信",坚定信心,凝结民心,民有所呼,我必有应,使"民信之矣",建构"大道之行,天下为公"的治理境界。从工作实践的视界看,要根据新时期群众工作的新特点新要求,比如健康新需求、食安新需求、文化精神新需求、健身休闲新需求等,既要"视民如伤",又要"问喘于民",认真谋划、全面落实改革发展的各项具体措施,不断创新工作方法,拓展工作领域,提高工作本领。简单地说,就是要提升现代社会的治理能力和水平,牢固树立"专业的人做专业的事""专业的事由专业人做"的核心理念,当好"五个示范"。一要在发展现代都市经济中当好示范,加快城市要素集聚,完善并提升城市功能,着重在发展现代服务业上下功夫。二要在规划引领上当好示范,坚持高标准、高质量规划和全要素全过程协同,以系统观念和人本意识建设和管理城市。三要在打造营商环境上当好示范,以广州、深圳为标杆,借鉴惠州的崛起经验,打造与珠三角同等水平的营商环境,形成地缘吸引力。四要在社会治理上当好示范,引进现代治理理念,以民为本,专业化管治,深刻把握"城市是用来宜居、宜业和养人的,而不是埋地雷、挖墙脚、种戾气的"的底线要求,又好又快促进社会平安和谐稳定。五要在文化振兴方面当好示范。对于文化在一个国家、一个民族生存发展中的地位和作用,习近平总书记在十九大报告中讲得

非常清楚，并明确指出："文化是一个国家、一个民族的灵魂。文化兴国运兴，文化强民族强。"从某种意义上讲，河源的文化璀璨而厚重，其根脉在"赵佗"，源起于"赵佗文化"。因此，要下功夫擦亮"赵佗文化"品牌，传承优秀传统客家文化的正能量，以"赵佗文化"为魂打造河源新老客家人的精神家园，实现文化自信，推动河源的文化繁荣兴盛。

"功崇惟志，业广惟勤。"唯有实干，新时代赋予河源实践的新命题才有源源不绝的动力，落后的经济社会发展才能凤凰涅槃，浴火重生。简言之，新时代河源实践一是要基于"中国特色社会主义进入了新时代"的高要求和新要求，做好"五个坚持"，不忘初心，不负使命；二是在"决胜全面建成小康社会"的进程中，战略布局要做到"四个并重"（奋力发展和普惠发展并重、补短发展和优势发展并重、创新发展和绿色发展并重、内生发展和开放发展并重），打好"五个攻坚战"（人才战、产业战、脱贫战、生态战和融合战）；三是在坚定不移走好新时代的中国特色社会主义道路上，当好"五个示范"，建构现代河源、生态河源和文化河源，为不断开辟中国特色社会主义发展新内涵新境界作出河源贡献。

第六节　新时代"选人用人"要在八小时之外下足功夫

一、新时代选人用人的导向和遵循的原则

选人用人是组织工作的重要内容，表面上看似容易，实质上最为敏感和困难，事关"民服"这个最大的民心问题，即所谓的"举直错诸枉，则民服；举枉错诸直，则民不服"。"突出政治标准选拔干部"，这是习近平总书记在党的十九大报告中提出的新要求。这一要求，体现了组织路线为政治路线服务的根本原则，具有鲜明导向性和现实针对性，确保造就一支想干事、肯干事、会干事、干成事的干部队伍。同时，习近平总书记在全国组织工作会议上也强调指出："贯彻新时代的组织路线，建设忠诚干净担当的高素质干部队伍是关键。"忠诚干净担当，是对新时代选人用人规律的深刻揭示，体现了党员干部做人做事做官的高度统一，理应成为选人用人遵循的根本原则。

二、选人用人存在的问题与后果

选人用人是党的核心问题。党的十八大以来，把突出政治标准选拔干部，选出忠诚干净担当干部作为鲜明的用人导向，选人用人的状况和风气明显好转，加以政风反腐和实施"八项规定"的助力，党员干部"对党忠诚、清正廉洁、夙夜在公"的精神面貌正在形成。但在现实中，我们也要无比清醒地看到，党员干部的现状与新时代的新要求，与党中央明确要求树立四个意识、坚定四个自信、做

到两个维护等，与广大百姓的期望和对美好生活的向往还存在较大的差距，选人用人还存在一些亟待解决的顽疾。

选人用人首先存在严重的结构性问题：重八小时轻八小时之外、重能力轻品德、重关系轻实绩，导致选人用人不全面、不正确、不到位，偏差大。其次是操作层面存在形式主义、官僚主义、本位主义、好人主义和拿来主义五种主义，导致选人用人流于表面、应付了事、走过场，最终结果是选不对人、用不准人、用不好人，用了小人、用了庸人，甚至了用坏人、用了两面人。对此，现实中我们不难看到以下几种干部：一些党员干部对党不忠诚、恶习难改，甚至搞"假忠诚"，政治上蜕变为"两面人"；一些党员干部"七个有之"集于一身，影响恶劣；一些党员干部把党风廉政规定当耳旁风，你说你的、我行我素，甚至不收敛不收手；一些领导干部为官不为，只想当官不想干事，只想揽权不想担责，只想出彩不想出力。以上四种类型的党员干部，是全面建成小康社会和实现中国梦的障碍和绊脚石，是精准选人用人时必须坚决规避的人员。

三、选人用人新理念新思路

"突出政治标准选拔干部"，选出忠诚干净担当的干部，前提和基础是把干部的政治表现考准考实。但是，政治素质属于人的内在品质，具有隐蔽性、潜伏性，难以具体化和量化，不易把握，要准确识别和评价无疑是相当困难的一件事，尤其在新的社会环境中更是如此。可见，选人用人也要与时俱进，转变观念，同步走进"3D"时代，走进大数据时代。

推进"政治考准考实"的工作目标，必须改进并完善考察工作的理念思路、程序步骤、方式方法，特别是把八小时之外纳入考察日程，通过面谈、家访、社区访、暗访等，实施立体考察，擦亮多双"眼睛"，下足功夫，避免失真，是确保精准科学选人用人的根本保证。孔子曰："视其所以，观其所由，察其所安，人焉廋哉？人焉廋哉？"所以，基于严格的政治标准，建构考准考实的长效机制，以事实说话、动态跟踪、他己结合、内外结合，能够多层次、多角度、多渠道、全方位地考察了解干部，还原其政治素质、品德修养和人格风范，这是目前组织工作的一项重要内容。

精准选人用人首先要坚持"四个原则"：一是一以贯之坚持从群众中来、到群众中去的群众路线这一最大原则；二是坚持采取全方位、多角度、立体式考察相结合的原则；三是坚持"听其言"和"观其行"有机结合的原则；四是坚持定性判断与用事实说话相结合的原则。

精准选人用人其次要建构"专业化"工作机制，多渠道综合印证干部各方面的表现，切实做好"四个走进"：一要走进干部的工作圈，经常性、近距离、有原则地接触干部，观察干部对履职中重大问题的思考，以识其见识见解；观察干部在工作圈中对待名利的态度，以识其境界格局；尤其观察干部处理复杂问题的能力和担当，以识其综合素质。二要走进干部的生活圈，尤其要走进干部的家庭生活，观察干部的家庭关系、生活方式、生活情趣和生活习惯，以及为人处世方式等，以识其基本的道德修养、道德品质和道德情怀。三要走进干部的社交圈，看干部交往的对象、交往的透明度、交往的适度和交往的境界，听取多方面意见特别是知情人意见，以识干部的人品、纪律意识和真实形象。四要走进干部周边的群众圈，在"民意闲谈中"，观察干部在周边群众中的口碑和评价，观察干部对群众的感情，以识其禀性情怀，还原其本真面目。

精准选人用人还必须配套"量化"考核机制，因为，干部选拔任用必须坚持德才兼备的标准，德为先，才也不容缺失。"才"的量化考核已经比较成熟，是一个易量化，亦容易具体化的考核指标，通过具体工作经历、工作实绩就能够以"量表"赋分，客观地得出"才"的结论。

四、小结

"选人用人"既要在八小时内着力，更应该在八小时之外下足功夫，能够最大限度甄别个性鲜明、有魄力、能干事，但也容易得罪人的干部，用事实为他们说话，敢于为他们说公道话，大胆使用，使得这类干部"有耻且格"，避免出现"民免而无耻"的恶劣现象，避免让好干部既流汗流血又要流泪的恶劣现象。当然，突出政治标准为干部"画像"，把考察范围从八小时以内扩展到八小时以外，让干部从"纸里的人"变成鲜活的社会化的人，确保思想政治硬、综合素质高、业务能力强的干部得到任用，这是初心，不容有失。

第七节　思想再解放、改革再深入、 工作再落实的河源意义与启示

在河源新一轮振兴发展面临切实难题陷入困顿之际，习近平总书记时隔六年再赴广东考察调研，发表了"推动思想再解放、改革再深入、工作再落实"等重要讲话，释放了一系列重要信号，向全世界宣示了中国的决心，展现了中国的信心，再次吹响了深化改革再出发的集结号和动员令，恰逢其时地为新时代河源的振兴发展提供了新思想、新路径和新动力。

一、思想再解放、改革再深入、工作再落实的河源意义

1. 荡涤旧思维，激活新思想

思想是行动的先导，思想解放的程度，决定改革的深度和广度。没有新思想，就没有新改革新作为，发展就会停滞落后。新时代的河源振兴发展存在致命短板，首要表现在思想方面的保守僵化落后，安于现状，不思进取，缺乏深入思考，缺少创新意识，缺乏奋斗意识。身处百年未有之大发展大变革大调整的新时

代，保守僵化的思想亟须得到扭转改变，否则，改革再深入、工作再落实就是一句空话。在此迫切之际，恰逢习近平总书记发表了"推动思想再解放"的重要讲话，为河源打开了荡涤旧思维、激活新思想的大门。对于河源来说，"放管服"改革需要新思想新思维的支撑，乡村振兴发展需要大量的人才支撑，高质量的发展需要订制体系化的产业支撑，教育科技卫生更是需要建构体系化的人才培养与使用的体制机制，等等，诸多核心问题的破局和推进解决，思想再解放是唯一的出路。思想再解放是激活新思想的根本之道，只有创新思想、创新思维、创新思维方式、创新工作方法，才能审时度势，不因循守旧，根据地方的现实状况，开展科学的发展探索，解决新时代的新问题、新矛盾。

2. 重拾信心，开辟改革新路径

信心堪比黄金之贵，没有信心就没有改革的再出发，更不可能取得新成效，事业的发展就会在原地打转转，就可能在左顾右盼中丧失难得的新机遇。新时代的河源振兴发展存在的短板，除思想之外，还有发展的信心不足。总是人云亦云，说多做少，安于跟班，不敢创新，畏于担当，左顾右盼，不敢涉水，畏于跋山，所谓为了"保险"起见，导致天天喊改革，改革总在原地踏步，不见真章，不见落地。习近平总书记视察广东向世界宣示改革再出发、将改革开放进行到底的坚定决心，为河源重拾信心，开辟改革新路径进一步指明前进方向，提供了根本方针。对于河源来说，身处一个经济、社会、政治、文化和生态"五位一体"全面整体协同发展的历史新时期，只有树立必成的信心，进一步深化改革，加快步入深水区，比如彻底解决科教文卫领域的人才问题，建构"只跑一次、一站式服务、一窗办结"的政务体系，建构"双精准""选人用人"体系，打破制约乡村振兴发展的治理难题、土地资源流转难题等，才能打破关键领域和关键环节的坚冰，打开新局面，释放社会主义市场经济的体制优势，才能呼应百姓的更高期待，释放更大的改革效应。

3. 重塑新愿景，实干再出发

"为学之实，固在践履""知之而不行，虽敦必困"。坚持学习先行，坚持思想先导，坚持理论联系实际，坚持学以致用，坚持实干兴业，是学习贯彻习近平总书记视察广东发表的"推动思想再解放、改革再深入、工作再落实"的重要讲话之根本的应有之义和必然之要求，也是河源人重塑新愿景、实干再出发的动员令和冲锋号。新时代的河源振兴发展存在的短板——愿景不明，工作总落在表面，结果是空谈误国，不进则退，发展滞后。对于河源来说，身处一个科技革命喷薄而出、日新月异的新时代，如果对"创造性毁灭"的经济现象、数字时代社会与管理现象和"互联网+"新经济现象等，视而不见、听而不闻、闻而不动，不充分运用创造性做法打开新局面，对革命性的方式方法失去敏感，不在实干中寻求新的社会管理，就会失去经济社会发展新的战略机遇，必然会落后于这个时代。正可谓"九层之台，起于累土"。所有的新思想、新路径、新方案、新举措，无论大小，只有在实干中才能得以实施和实现，成大事而成就河源新发展的大格局。反之，空谈干不成事，还会误事碍事，耽误地方的发展。假以时日，夯实了干事创业的愿景，建构起完善的"为政之要，莫先于用人"的新体制，一旦形成"人人干实事、事事为人民"的社会氛围和社会文化，河源的振兴发展自然是水到渠成，也是"工作再落实"绘就的一幅可望亦可即的美好图景。

二、新启示

"思深方益远，谋定而后动。"针对目前河源普遍存在的"思想保守落后、改革跟在后面、工作落在表面"等短板，河源应该走"以才布信、以业兴干、鼎制促干"的新路子，实施"三大优先"举措，优先解决人才问题，优先订制产业，优先完善实干机制，才能走出一条发展的康庄大道，实现又好又快振兴发展，交出习近平总书记视察广东发出殷殷嘱托的满意答卷。

1. 优先解决人才问题

人才，是让河源走出发展困境的关键一招。人无信不立，事无人不成。"以才布信"就是要基于人才问题的有效解决，破除陈旧的思想观念，激活新思想，广布发展信心。目前，河源担负着建设广东省绿色发展的示范区和融入粤港澳大湾区的生态排头兵的中心任务，又处在现代河源、生态河源和乡村振兴发展建设等攻坚克难的关键时期，但是人才的高度匮缺已经显露无人可用、无人堪用、丧失信心的端倪，失去人才支撑的攻坚克难犹如清谈而不可能实现。

人才问题一天不解决，河源的发展就会遭受最大的制约。对河源来说，建构现代人才体系既是当务之急，也是长远之策。破除束缚人才发展的思想观念和体制机制障碍，解放和增强人才活力，形成具有河源特色和较强竞争力的人才制度优势，优先解决人才问题，无疑是现实选择，更是唯一出路，河源人必须牢牢铭记。对此，一要建立爱人才、信人才、用人才、厚人才、护人才"五位一体"的现代人才文化，打造全社会高看人才一眼的浓厚氛围，夯实土壤；二要建立政府、行业、企业、院校"四位一体"的现代人才立体混合培养体系，立足自身优势，造就最大特色；三要建立培养、引进、使用、激励、服务"五位一体"的现代人才战略体系，最大限度实现制度红利。

河源要通过"一文化二体系"的建构，显著改善人才成长成才环境，显著改善人才创新创业的平台质量，使人才数量质量获得大幅提升，初步建成具有河源特色和比较优势的人才高地，基本形成人才发展与实现"两个河源"愿景相适应的良性互动格局，为加快建设现代河源和生态河源提供有力的人才智力支撑。同时，打破思想保守落后的困局，激活新思想，再造发展信心。

2. 优先订制产业

有业才有干，业优要素聚。"以业兴干"就是要立足地方资源禀赋和优势，通过优化产业、优化产业结构、挖掘产业潜力、集成新兴产业等，形成生产要素的磁吸效应，做大做强支柱产业，拓宽和延展主要产业，积累和做大经济蛋糕。产业是支撑经济发展的基础，也是经济发展的核心。产业旺，则百业兴，经济强，就能够引得凤凰落户、资本追捧、技术升级，就能够形成良性循环的实干平台和格局。

河源的经济之所以停滞落后，主要是产业弱、小、散、低的结果。长期以来，河源社会缺乏坚定明晰的、一以贯之的主导产业和主体发展战略，没有运用好产业比较优势、扩散效应、关联效应以及需求收入、生产率上升率等理论指导，规划滞后、政策不连贯、扶持力度小，脱离地方实际，三心二意，形成今天"虽千帆竞发，但无一是龙头，更无航母"的产业格局，缺乏规模和效益，对经济社会建设的支撑力度不足。事实上，基于河源的自然禀赋和传统基础，河源是有条件有基础做成多个领域的龙头产业或航母产业的，关键是缺乏战略部署和人才支撑。因此，优先订制产业是当下河源必须下大力气做好的大事和要事。

一是下大力气做好产业规划。"磨刀不误砍柴工"，产业规划对地方经济发展具有不可取代的重要作用，一定要顶层参与，寻求理论水平高、掌握国内产业发展现状及趋势的专家团队去做。专家团队则必须通过摸清家底、梳理论证、厘清优劣、科学甄选、配套政策、人才导入等，因地制宜科学订制河源的主导产业和产业布局，这是优先订制产业的第一步，来不得半点含糊。二是下大力气挖掘主导产业。河源的优势主要在于钨、铁、石英、高岭土等矿产资源，以及水资源等生态禀赋。运用好产业比较优势、扩散效应、关联效应以及需求收入、生产率上升率等理论，优先把硬质合金制造、石英玻璃制造、陶瓷、康养、旅游、水产、油茶、茶、猕猴桃、板栗、鹰嘴蜜桃、百香果、腐竹、果酒产业14个产业列入主导产业。三是下大力气做好产业配套。四是下大力气做好营商环境建设。

3. 优先完善实干机制

事是干出来的，干事的人是需要精神和激励的。"鼎制促干"就是要通过创新体制机制，以实干为王，优先建立完善的"反向倒逼＋正向激励"一体化机制，为干部干事创业供给高质量的发展愿景和通道，成为继打破陈旧思想、再造信心的又一激发内生动力的倍增利器。

反向倒逼机制是鞭策干部真抓实干的有效机制，也是改革开放的一个重要机制。正如习近平总书记所指出的："改革是由问题倒逼而产生，又在不断解决问题中得以深化。"实施反向倒逼机制，就是要以问题和结果为导向，把责任落实、问题解决、目标实现与否作为强力约束，倒逼干部转变作风、解决问题、推进工作，不仅要干得好还要干得快，干出成效实效。运用倒逼机制进一步深化改革开放，是我国改革开放和经济社会得以快速发展的重要法宝，也是各级干部勇于自我革命的重要体现。新时代河源的全面深化改革，要走出一条现代河源与生态河源相得益彰的新路子，唯有继续用好倒逼机制，科学问责，激发担当，按照党中央对全面深化改革的顶层设计，对标绿色发展示范区和融入粤港澳大湾区是生态排头兵的中心工作，以钉钉子精神抓好改革落实，实现绿色生态与现代融合发展。

正向激励机制是激发干部真抓实干的内生机制，是改革开放再出发的一个重要机制。正向激励就是要正面强化并引导干部改革创新和干事创业，充分调动和激发干部的内心愿景和工作的主动性创造性，让那些实绩突出的优秀干部脱颖而出，充分体现"有为就有位"的干部选用原则，打造良好的政治生态。党的十八大以来，习近平总书记反复强调党员干部要敢于担当，实干兴邦，各级党组织要健全激励机制和容错纠错机制，给干事者鼓劲，为担当者撑腰。凝心聚力是新时代河源振兴发展工作再落实的当务之急。用一贤人则群贤必至，见贤思齐就会蔚然成风，因此，完善正向激励机制，极尽可能发掘正向激励机制的制度红利，为所有干部提供通道、精神和动力，把人心凝集起来，把力量整合起来，上下同心，聚焦中心工作，才有可能干成大事，实现振兴发展。

总之，反向倒逼给压力，正向激励生内力。只有优先建构起完善正向激励＋反向倒逼一体化促干机制，才能"保护干事者、支持担当者、惩戒坏事者"，才能让真抓实干蔚然成风，才能让河源的振兴发展不空转、不悬空。

第八节　新时代河源改革再深入的逻辑与命题

一、新时代河源改革再深入的时代背景

投子成局，改革面向未来。2018年是我国改革开放40周年。回顾和梳理发现，从1978年到2018年，我国的各个方面都发生了翻天覆地的巨大变化，积累形成了四十年量级的改革成果。改革开放的实质是伟大的制度创新，它不但解放了思想，秉承了实事求是的发展逻辑，自我觉醒地融入地球村大家庭，还实现了综合国力和影响力的历史性突破。放眼世界，再也难以搜寻到第二个可以与之媲美的发展具象或实体。这是改革再深入的最大背景。事实上，早在党的十九大至2018年"两会"期间，围绕高质量发展的总要求，新一轮改革大潮已经酝酿发酵，一系列重大改革开放措施纷至沓来，涵盖了党的建设、经济金融体系、监管体制、政府机构等方面，初步形成方兴未艾之态势，汇成了四十年量级的改革再出发之洪流。这是改革再深入的最大的现实背景。2018年10月22日至25日，习近平总书记时隔六年再赴广东考察调研，发表了"高举新时代改革开放旗帜""把改革开放不断推向深入""中国改革开放永不停步""推动思想再解放、改革再深入、工作再落实"等重要讲话，有针对性地寄语广东，对广东提出了在深化改革开放、推动高质量发展、提高发展平衡性和协调性、加强党的领导和党的建设4个方面的工作要求，吹响了以新担当新作为把改革开放不断推向深入的动员令和冲锋号，这是改革再深入的再动员和最新动员。当然，改革再深入不会是一帆风顺的，正如习近平总书记在庆祝改革开放40周年大会报告里

指出，改革开放每一步都不是轻而易举的，未来必定会面临这样那样的风险挑战，甚至会遇到难以想象的惊涛骇浪。广东是改革开放的排头兵、先行地、实验区。对于河源来说，置身于努力实现"四个走在全国前列"的广东大地，面对习近平总书记的殷殷嘱托，面对新一轮改革浪潮，一个基础性问题亟待解答：什么是在更高起点、更高层次、更高目标上的深化改革？它的基本逻辑是什么？它是如何实施的？唯有厘清这一问题，才能准确把握和进一步推动本轮改革的河源实践，才有可能在新一轮的深化改革中谋得先机，才有可能在新一轮的深化改革中培育信心，激发内生动力，才有可能在新一轮的振兴发展中快步追赶发达地区的脚步。

二、新时代河源改革再深入的基本逻辑与考量

改革之路，四十不惑。历经四十年量级的改革，我国已经走出了一条基于中国而成于中国的具有中国特色的社会主义的道路，以及基于历史中国和现实中国的具有中国自身理论、实践和话语的发展道路。比如，我国初步形成了混合经济体制，即社会主义市场经济，这种体制有国家层面、中间层面和民间层面等"三层市场"或"三个市场"，三层市场调节补充、优势互补、共生发展、相得益彰，最大的优势是能够预防大的经济危机。再如，我国初步形成了混合制度，即中国特色社会主义制度，这种制度吸纳了西方很多民主的要素，形成了独具中国特色的决策、执行、监察"三权"分工合作的模式，这种混合制度最显著的优点是能够集中力量为民谋利。混合经济和混合制度的初步形成，造就了新时代中国特色的社会主义，奠定了我国新时代实现"两个一百年"奋斗目标的制度模式，这也是河源改革再深入的前提和保障。

改革之诺，河源之路。十九大报告指出，我国经济已由高速增长阶段转向高质量发展阶段。这个论断为新一轮的河源深化改革提供了根本的理论依据和核心要义，"两个提高"即提高全要素生产率和提高人民福祉是高质量发展的核心途径和核心目的。2018年10月22日至25日，习近平总书记在广东考察调研发表了"高举新时代改革开放旗帜""把改革开放不断推向深入""中国改革开放永不停步""推动思想再解放、改革再深入、工作再落实"等重要讲话，再次把深化改革开放、高质量发展、区域协调发展等对标于焦点，对标"两个提高"的本质。从这一视角看本轮深化改革，它必须是大综合改革，在全要素生产率的每一个关键发力点发力，综合运用经济金融体系改革、监管体制改革、政府机构改革等多重工具，形成整体性、系统性和协同性的"全体系改革"，建构经济社会发展的新格局。同时，新一轮的深化改革需要坚持正确的改革方法论，因为方法决定做法，方法决定成败。从这个意义上讲，改革方法一是要一以贯之坚持以人民为中心的改革立场，确立人民至上、人民幸福的观点，在改革的各个阶段、全部过程、所有结果都基于人民立场。二是要一以贯之坚持以问题为导向的改革。问题是改革的导向，改革源于问题，改革的目的是解决问题。三是要一以贯之坚持中国特色社会主义的改革定力。改革是要改出治理体系和治理能力的现代化，改革是为了人民和人民的幸福，为了建构中国特色社会主义的话语体系。四是要一以贯之坚持以战略谋划优先的顶层设计。既然是顶层设计，改革就必须避免"碎片化"倾向，不能头痛医头、脚痛医脚，也不能单枪匹马、单打独斗。五是要一以贯之坚持整体协同的系统改革，攻坚期和深水区的改革，必然是高难度的改革和打破利益固化藩篱的深度改革，对此，推进改革，既要痛下决心、坚定信心，又要系统谋划、权衡考量、协同各方，避免陷入两难局面和大震动。可见，习近平总书记在广东考察调研的重要讲话精神，以及新一轮的深化改革需要坚持正确的改革方法论，是河源新一轮高质量、深水区改革的基本逻辑，也是新时代河源改革再深入的基本考量。

三、新时代河源改革再深入的思考与路径

唯改革兴，唯深入盛。进入深水区和攻坚期的改革，是打破利益固化藩篱，甚至触动众者奶酪的高难度改革，是从根本上医治沉疴痼疾和体制机制弊端的深层次变革。从宏观上审视，河源今后的深化改革应着力在人心坐标、制度坐标和物质坐标三个维度之间的科学配置和边界尺度效应的考量上精准设计和科学施策，在继续解放思想、解放生产力、发展生产力、延揽人才、促进社会公平和实现共同富裕上狠下功夫，坚决摒弃"民营经济离场论""新公私合营论""无限政府论""市场经济不适论""无为政府论"等偏离或违背经济社会发展规律的悖论。

1. 加快建设法治政府

在"依宪治国"和建设"法治国家"的基础上，党的十九大更进一步提出要建设"法治社会"。法治政府的本质内涵是一切依法履政。法，是政府的根本遵循，也是政府的最大的约束。法治（Rule of law）是市场经济运行的基础，也是建设强社会的基础。唯有加快建立法治政府，才能建成职能科学、权责法定、执法严明、公开公正、廉洁高效、守法诚信的高效政府，才能充分发挥市场作用，进一步营造亲清、诚信的营商环境，实现公平竞争，保障市场经济运行的长治久安，才能依法放手发展民营经济，扶植民营企业，进一步做大做强经济蛋糕，才能营造与民营经济贡献相匹配的地位与环境，给企业予"自己人"永久的"定心丸"，才能够实现大社会小政府的终极目标，实现政府、社会、专业监督监管的最有效配置，做强社会，奠定社会现代化的基石。建设法治政府是长期的系统工程，必须久久为功。一是要根据河源实际，加快立法，完善地方性法规，配套相关制度；二是要加快搭建"互联网+法治政府"综合信息与管理服务平台，依托平台加快推动法治建设、文化建设和宣传监督；三是要加快推进"放管服"改革，以简政放权为核心内涵，实施全面意义上的证照分离、管办分离、负面清单制度等措施，做好行政审批做的"减法"、市场监管做的"加法"和公共服务做

的"乘法";四是要加快建完善的督察考核制度和长效工作机制,建立"社会+专业+政府"的监管机制,全面覆盖和实施人民监督员制度。

2. 加快建设数字政府

数字政府的本质内涵是高效和精准。数字政府建设是一项系统性工程,需要革新理念、统筹规划、强化创新,运用"互联网+"、云计算、大数据等信息技术手段,创新行政管理方式和政府服务模式,提高政府工作效率和服务质量,塑造协同、精细、智慧、善治的数字政府。数字政府的重大意义在于,唯有建成数字政府,才能够精准掌控区域内金融交易、商贸活动、企业运行,提高各层次的调控能力;才能够根据社会管理的需要,精准管理人口、交通、市政、安全、网络等重点社会管理领域;才能够高质量改善公共服务,提高政府公共服务数字化、网络化、智能化的应用水平;才能够根据综合监管的需要,构建部门协同联动、线上线下一体的综合监管模式,提高事前预防、事中监管和事后处置能力。

3. 加快建立"三型"政府

所谓"三型"政府,就是指基于新时代改革要求建立学习型、创新型和服务型政府。在加快建设法治政府和建设数字政府的同时,必须匹配建立"三型"政府,才能够实现人心坐标、制度坐标和物质坐标三个维度之间的动态稳度,才有利于提高政府的效率、充分发挥市场的作用和达到人心社会高度的公信力。对此,一是要瞄准新一轮的政府结构改革。树立整体政府观,以整合、协同方式获得更高政府活动效率,提高整体效能,增强整体合力,推进整体政府建设,优化行政运行机制,克服治理碎片化问题,克服治理的最后一公里问题。二是要瞄准人才体制机制的根本性改革。深入学习和内化《关于深化人才发展体制机制改革的意见》,在人才发展体制机制的重要领域和环节上取得突破性进展,实施体制机制大创新,突出地方特色,构建联动机制,改进人才管理方式,提升人才公共服务能力,建立与粤港澳大湾区人才管理体系接轨的人才管理体制机制。尤其要着力在人才的"培养、引进、保障、评价、激励"五个方面下功夫,深入推进以保障评价激励引进为核心的人才体制机制改革创新,充分释放各类人才的创新创造活力,为"两个河源"建设提供强有力的人才支撑。三是要瞄准供给侧改革和收入分配改革,进一步加大力度,并坚持减税,认真减轻企业负担,稳企业,稳就业,直至达到供给创造需求。四是要瞄准共建共享的基层社会治理。从社会治理的规律看,政府理应是有限的政府,一个什么都管的政府,肯定什么都管不好。而且治理是一个漫长的过程,政府的监管只是这一过程中的最后一环,承担必须承担的最后责任。因此,必须转变观念,逐步建立"社会监管+专业监管+政府监管"三位一体的监管体系,让媒体、企业和专业团体成长起来,成为社会治理的生力军,政府则专注于其应当管理的领域,真正实现社会治理的共建共享,推进社会现代化建设,实现和谐社会。五是要瞄准预算管理建设,加强预算管理,逐步实现财政平衡,真正促进"动能转换",并在企业创新和培育居民消费能力上下功夫。六是要瞄准生态服务功能及其拓展。生态服务功能是稀缺资源，是河源立足于自身资源禀赋优势，唯一具有潜力大、可发掘、可持续、能做强、长效益的区域特色朝阳产业。要立足广东，对准粤港澳大湾区，辐射全国，建构完整和完善的生态服务体系，建立碳汇、康养、农旅、文创等综合大平台，实施生态服务兴市的大战略，开拓具有河源特色的生态服务大市场。

4. 全面实施数字乡村战略

没有数字乡村，就没有乡村的振兴。实现乡村振兴，实施数字乡村战略，是河源锁定发展定位、方向、路径和实现率先振兴发展的关键一环，不容错失。所谓的数字乡村战略，即推进数字乡村建设，要以数据链带动和提升农业产业链、供应链和价值链，支撑农业转型升级和高质量发展，建立起农民生产与市民消费的有效对接机制，促进小农户与现代农业发展有机衔接，走出一条中国特色、数据驱动的农业农村现代化道路。三农兴，河源兴。数字乡村战略理应是河源实施乡村振兴的最有利、最好的抓手和平台。2018年1号文件部署实施数字乡村战略，其内容涵盖多个方面，依次是加快农村地区宽带网络和第四代移动通信网络覆盖，推动远程医疗、远程教育等应用普及等，重大行动包括打好脱贫攻坚战三年行动计划、实施农村环境治理整治三年行动等；重大工程包括发展高端农机装备制作、建设现代化农产品冷链仓储物流、深入开展电子商务进农村等。对此，河源新时代的农业产业一定要突破传统农林牧渔第一产业的发展格局，推进"三产"融合、高度重视打造"三品"（品种、品质和品牌）和创新"三化"（规模化、标准化、信息化）的实现路径，构建起与河源实际和资源禀赋匹配的一二三产相融合的现代农业体系，助力实现乡村振兴。

四、小结

置身于努力实现"四个走在全国前列"的广东大地，面对习近平总书记时隔六年再次视察广东的殷殷嘱托，河源理应更加坚定改革的信心和决心，遵循发展定律，抓住机遇，瞄准挑战，锚定"一核一带一区"区域发展定位，激发内生动力，实施全局性的大综合改革，在继续解放生产力、发展生产力、延揽人才、促进社会公平和实现共同富裕上狠下功夫，综合运用经济金融体系改革、监管体制改革、政府机构改革等多重工具，加快建设法治政府，加快建设数字政府，加快建立"三型"政府，全面实施数字乡村战略，形成整体性、系统性和协同性的"全体系改革"，在新一轮的深化改革浪潮中谋得先机，重构河源经济社会高质量发展的新格局。

第四章
新时代河源振兴发展的研究

第一节　新时代河源实现率先振兴发展的路径探讨

一、审视目前河源振兴发展的现状与存在的不足

河源是广东省最不发达的地区之一，也是发展最不充分的地区之一，在全国范围内也是比较落后的区域。2017 年，河源市实现地区生产总值仅为 952.12 亿元，位列全省倒数第三，人均地区生产总值为 30 853 元，只相当于全省平均水平（81 089 元）的 38.0%，全国平均水平（59 660 元）的 51.7%。在广东地区，河源经济社会发展落后是长期性和累积性的，无论是 1988 年建市前还是建市后 30 年的今天，都处在全面落后的窘境，与国家提出的 2020 年全面建成小康社会和广东省提出的 2018 年提前实现全面建成小康社会的要求差距越来越大，困局之势堪忧。

基于长期的观察和梳理研判，河源发展的困局，并非偶然，有其内在的逻辑联系与规律。在区域发展的基础条件、社会经济结构、人文地理空间和历史时空等众多复杂的因素中，基于新时代的视角审视，河源主要存在吸引力不强、科创力水平低下、内源力流失、服务力懈怠消极、生活力不高"五力"不足的根本问题。

为此，对标对表新时代赋予河源发展的中心任务，深度扫描和分析"五力"不足问题，深入思考并建构颠覆性的破解之道，基于解放思想和思想再解放，或许可以为建构具有河源特色的振兴发展战略体系、政策体系、人才体系和政务体系等提供思考，进而为造就广东省最优质的生活圈、生态圈和绿色发展的示范区提供创新路径，完成好新时代交付的答卷。

二、驱动河源振兴发展必备的"五力"问题与分析

1. 吸引力

吸引力是一个地区综合实力外溢传播的重要方面，是所在地区发展的金字招牌和无价的无形资产，也是最有效的无形广告。如何打造和积淀吸引力，源源不

断地虹吸人才、技术、产业和资本,提高经济社会的造血能力,是河源当下最为紧迫的新课题。自然河源是广东省内最有吸引力的地区之一,保持原生态样式,无论是水质甲天下的万绿湖水和青山湖水、全年几乎优良的空气质量、遍布五县二区的地热温泉,还是广东首屈一指的丰富的石英、瓷土、铁、钨、稀土等矿产资源等,都能够吸引外界眼球的关注乃至极大的羡慕。但仅此而已,并没有转化为吸引人口人才的优势和资本产业的优势,没有能够形成支柱产业和优势产业,也就没有能够蜕变为金山银山、富民强市。

社会河源则存在全方位的不足,政策红利、人文红利、激励机制、人才红利、主导产业、营商环境、创新创业等几乎全面滞后,导致经济社会发展在广东地区长期处在后无追兵的窘境。尤其是作为区域中心城市的河源,其建设与管理服务成为最大短板,尤其是宜业、宜学、宜医均存在较大的不足之处,缺乏区域中心城市应有的头雁作用和辐射作用,几乎没有形成外溢效应。

2. 科创力

科创力是指科技创新能力,是企业、人才、产业引得进、留得下、高成长、高积累的核心竞争力,是一个地区经济社会可持续高质量发展的关键。河源科创力的严重不足是河源产业成长慢、壮大不起来、效能差、成不了气候的核心短板,是人才既留不住也引不进用不好的恶性循环的叠加后果,是身为河源人不愿意触及的最大痛点,沉疴已久。以2017年度数据为例,全市没有一个省级以上的科技领军人才,没有一个省级以上的优秀科研团队,全市组织实施的国家、省级各类科技计划项目仅有33项,省级工程技术研究开发中心81个,全年专利申请授权量1866件,关键核心技术储备为零,高新技术企业仅有102家……

河源科创力的严重不足,一是高层次科创人才稀少和人才队伍的稀缺;二是科创制度体系一直没有建立起来;三是科创要素平台少、项目少、资本小、技术市场空白;四是组织、实施、评价、运用、激励和保护机制没有有效建立;五是社会环境与氛围异化使然。人才是第一资源,科技是第一生产力,创新是引领发展的第一动力,没有人才就谈不上科创力,没有科创力就不可能有高质量的发展。河源的落后与科创力的严重不足高度关联,科创力充盈与否也是开启可持续发展不可或缺的要素,必须基于顶层思维,痛下决心,解放思想,破釜沉舟,充分运用不同层次杠杆的撬动原理,把科创力的建设摆到优先位置。

3. 内源力

内源力又称内生动力,是在自身需求的基础上产生的一种内部推动力,是一个地区能够实现又好又快发展的动力所在,是区域社会及其群体观念、政策、环境、队伍、管理、执行和服务等能否形成社会体系合力的整体彰显。失去内源力也就失去主观能动力,就会陷入倦怠、懈怠、畏难、消极和不作为陷阱,高质量的经济社会文化的发展也就成为一句空话。河源的落后归根结底是内源力长期严重不足的后果,也是拖拽新时代振兴发展的最大障碍。

内源力严重不足,一是整体社会自信心严重不足。河源经济社会一直以来处在广东省的后进区域,1988年建市后虽几经努力却与珠三角发达地区的差距越拉越大,逐渐丧失信心,安于现状。二是整体社会"等靠要"思想严重。信心的流失,导致主动奋斗思想的消极和退缩,"我要奋斗"异化为乞丐行为,"等靠要"成为主流,更成为借口。三是缺乏良好的平台和通道。由于缺少合适的平台、强有力的政策支持和浓厚的社会氛围,导致想干事的没有通道干、能干事的没有条件干、能干成事的没有平台干,其严重后果是抱残守缺、惰性成习。四是整体社会干事创业的奋斗氛围比较尴尬。想干事的不如不干事的、能干事的不如喊口号的、干成事的不如溜须拍马的,这种恶劣现象比较严重,导致社会上优劣不分、良莠不分,甚至逆淘汰、劣币驱逐良币,严重挫伤干事创业者的积极性和奋斗的事业观。

4. 服务力

服务力是指政府和行政部门服务经济社会的能力。服务力要素主要由人才队伍、观念、平台、制度环境、执行力等构成。高效高质的服务是区域经济社会又好又快发展的前提和保障,是区域施政治理公信力的基础,是良好营商环境的保障。

河源的服务力不足,在于没有能够建立起高效公正的服务型政府,一是缺少一支高素质、意识强、有担当、能力强、有情怀的专业型队伍。二是缺乏服务型政府具有的现代治理的理念、平台和制度环境。三是缺乏服务型政府应有的现代治理的长效机制。比如,现有的治理队伍既缺乏头雁型的拔尖人才,又缺乏善于理解执行的专业转型优秀人才,大部分人还停留在官本位、政府本位和权力本位的思想,导致现代治理放不下、管不好、服不了,经济发展、社会建设和营商环境长期滞后,实现社会公共利益的最大化成为一句空话。简言之,服务力的建构就是人才的建构和思想的建构,要把专业化精细化优秀人才队伍的建构摆在第一位,只有高素质的人才队伍建立起来了,才能带来先进的思想观念,才能够设计出优良的生态型制度环境和建设现代的服务平台,这样,距离建立起有限政府、责任政府、法治政府、有效政府就不远了,服务力的极大提升也就水到渠成。

5. 生活力

生活力是区域社会宜居、宜学、宜商、宜游、宜业、宜医的"六宜"便利和舒适程度,是人与人、人与社会、人与自然之间的生态、生态文明关系的总和,是区域社会吸引力的基础。

河源的生活力比珠三角发达地区在某些方面还是具备明显的优势的。优良的生态环境的宜居、宜游,基础设施比较完善,因此具备较强的自然优势,同时客家地区长期形成的淳朴、热情、好客的民风,都为打造优质的生活圈奠定了基础。但是,我们必须清醒地看到,无论是宜学,还是宜业、宜医都是比较大的短板，短板不补齐，打造优质生活圈便无从谈起。生活力的建设，是基于生态的一个整体和系统的协同建设，必须把生态摆在第一位，把绿色发展放在中心位置，把宜居、宜学、宜商、宜游、宜业、宜医融为一体，突出顶层设计，突出整体，突出系统，突出协同，突出人文关怀，突出核心价值观，嵌入经济社会方方面面的规律和法则。

综上所述，河源存在的"五力"不足问题，其背后深层次的原因是活力驱动不足、高质量创新成长不足、主观能动性生成不足、保驾护航体制机制不足和扎根家乡的精神和思想不足，必须引起高度的关注乃至警惕。

三、构筑河源"五位一体"活力地区的立体路径与综合改革

要实现比粤东西北同类同质地区的先行发展，河源必须打破跟随发展思维模式和传统路径依赖，不断解放思想，全力补上"五力"不足的短板，打造吸引力强劲、科创力先进、内源力活跃、服务力领先、生活力一流"五位一体"的活力地区，走出一条绿色生态与现代融合发展的新路子。

1. **强化中心城市建设，强力实施"四大"综合建设工程，构筑现代支撑**

一是思想建设。解放思想，不仅是认识问题，更是实践问题，只有知行合一，才有可能开辟高质量发展的新路径。在操作的层面上，要优先建立"河源市绿色和生态创新发展研究院（室）"，为思想大解放奠定智囊和元基础。二是优质生活圈基础设施建设。按照"宜居、宜学、宜商、宜游、宜业、宜医"的方向，问计百姓，建成15分钟社区生活圈，提升居民便利感和归属感。尤其要把综合交通体系、综合政务体系、综合休闲娱乐运动体系摆在突出位置。三是高效管理与优质服务建设，社区实施网格化综合管理，建构整体性、先进性、高效性、安全性合一的服务体系，提升居民的体验感和满意度。四是再造优质营商服务环境，基于法治、制度和体系的完善，问计企业和乡贤，最大限度调动主观能动性，破解市场、政策、用地、制度、融资、税费、风险等难题。

2. **为乡村振兴发展注入新动能，实现农业现代化，构筑河源振兴发展的新一极**

一是建立健全城乡融合发展体制机制和政策体系，坚持农业现代化和农村现代化一体设计、一并推进，在土地政策、资金投入、要素配置、公共服务、干部配备等方面优先配置。二是优先实施管治人才、农技人才、电商人才、文教卫人才"四种人才"下乡工程，梯度推进，配套培养，奠定乡村振兴最为关键的刚性的人才要求。三是实施本土人才和乡贤能人回流乡村工程，牢固树立并坚持人才是第一资源的理念，最大限度采用政策红利和感情管理两大法宝，撬动人口和人才的回流，带动资本的回流，助力产业振兴。四是实施"三个综合体"建设，开辟乡村振兴"农村治理综合体建设、农村民生综合体建设、农村田园综合体建设"新路径，实现体系化建设，打造美丽乡村，造福农民。五是谋划和壮大乡村

集体经济，奠定乡村振兴可持续发展的钱袋子。

3. 用足用好对口帮扶和上位政策，构筑或孵化生成新的人才基地、支柱产业和经济高质量发展平台

对口帮扶是广东省委省政府的一项重要的扶贫开发政策，是培育贫困地区内生发展动力和发展能力的良机，要"借智生慧、借机生蛋、融合发展"。一是合作建立和共同经营 1~2 所农林类、医疗卫生类、教育类本科院校；二是合作建立和共同经营 1 个区域性产业科技创新中心和 3 个现代农业产业园、现代服务业产业园和先进制造业产业园；三是争取特殊政策，合作建立和共同运营 1 个综合保税区，探索促进经济高质量发展的新路径。

4. 开发并进一步强化政策红利，集聚人口人才资源，夯实构筑未来河源的核心要素

基于"有效市场"和"有为政府"的相互支持辅助，才能共同促进经济健康发展的理念，要在制定地方性政策上下足功夫，成立政策研究室，制定比珠三角发达地区更加有利的制度：一是要转变观念，打破亦步亦趋的跟随发展思维模式，跳出消极、懈怠和退缩的思想陷阱，不走依赖传统路径的老路，破釜沉舟，敢于为先，敢于创新，基于顶层思维，建构比珠三角发达地区更加先进或富有地方特色的制度以及科学合理的战略部署，发挥政策先导的最大愿景。二是深入研究"放管服"政策，最大限度利用好"简政放权、放管结合、优化服务"政策内涵，实施最简约的行政流程，构建全域全程最大便利化的一站式、一窗口、跑一次的政务服务体系，倍增管理和服务质量，营造最高效的政务和营商环境。三要大兴识才爱才敬才用才之风，对准建构现代河源和生态河源所需，构建最有利的高层次人才培养和引进体系政策，一揽子解决外来人口及其家属、子女上学、就业、医疗、养老问题，并且要通过源源不断的红利政策吸引更多的企业、公司、人才和乡贤，让每一个人才和回归乡贤都有优越感和归属感，不断汇聚人才资源，转化为潜在的创新驱动发展的中坚力量和后发优势。

第二节　新时代河源融入粤港澳大湾区的逻辑和路径

一、河源融入粤港澳大湾区的背景和意义

2018 年 11 月，党和国家作出重大决策，明确要求以香港、澳门、广州、深圳为中心引领粤港澳大湾区建设。2019 年 2 月，中共中央、国务院更是紧锣密鼓地正式印发了《粤港澳大湾区发展规划纲要》，拉开了粤港澳大湾区作为我国建设世界级城市群和参与全球竞争的重要空间载体的大帷幕，走上思想再解放、改革再出发、工作再落实的重要征程。

从国家层面看，经过了 40 年的高速增长之后，我国进入经济发展、社会建

设和文明建设新常态的叠加期，迈进了实现中国梦的关键档期，因此，基于转型升级、换挡发展和高质量发展的理念，推动供给侧结构性改革和新开放需要的区域经济领头羊的新引领和新向标的建设。正是在国际国内的双重需求和双重压力的严峻挑战下，推进粤港澳大湾区建设备受瞩目和期待。为此，随着《粤港澳大湾区发展规划纲要》的公开发布，推进粤港澳大湾区建设已经上升为国家的重大战略，是新时代推动形成全面开放新格局和高质量发展的新举措。

从地区上来看，推进粤港澳大湾区的建设对于广东的改革开放再出发与经济发展再上新台阶具有全局意义和巩固广东排头兵的新时期的作用。过往的发展经验表明，港澳因素以及粤港澳的合作是撬动广东思想解放和深度改革开放的一个重要杠杆，是广东对照世界先进经济体发展经验的立体窗口，更是加快自身经济发展、社会建设和文明建设的助推器。在40年改革开放的量级下走进新时代，在党和国家要求广东"四个走在全国前列"、当好"两个重要窗口"的关键档期，推进粤港澳大湾区的建设，既可以成为推进广东改革开放再深入再实践的一个重要战略平台，也是对广东生态文明建设提出的新要求，更是促进广东发展方式向更高层次转变的黄金契机。

从河源视角看，《粤港澳大湾区发展规划纲要》没有从地理位置的格局上把河源纳入其中，粤港澳大湾区发展貌似与己无关，但其实不然。广东省委省政府站在生态位的高度，高度重视河源的发展，基于"一核一带一区"区域发展的新格局，明确要求河源要建设成为广东省绿色发展的示范区和融入粤港澳大湾区的生态排头兵。这与河源自身提出的建设生态河源和现代河源"两个河源"的发展新路是高度一致的，也是河源自有的。河源市作为广东省东北部一个典型的农业地区，农业人口占比78.6%，达到287.2万人。2018年，全市实现农林牧渔业总产值168.86亿元，其中，农业产值增长5.1%，农林牧渔业服务业产值增长6.4%，农村居民人均可支配收入首超全国平均水平，为2019年提效破局奠定了良好基础。河源新时代站在生态位的责任和担当上，需要在以生态河源为"本"和现代河源为"魂"的基础上，主动谋划，科学布局，协同创新，深度融入粤港澳大湾区的建设，内生生态河源、现代河源高质量发展的新优势和新动能，这既是困难重重的挑战，更是难得的历史发展机遇。

二、河源融入粤港澳大湾区的理念和思路

河源建市31年，社会经济发展长期徘徊在广东地区倒数位置，几乎处在后无追兵的境地，其背后是有深层次的原因的。河源之所以落后，成为广东省欠发达地区之一，除了没有很好抓住国家前几轮的改革开放的绝佳发展机遇期，最根本的原因是人的思想落后和观念僵化。笔者在另文中曾指出："河源经济社会发展为什么会如此落后？归根结底，河源的落后，在于人才的落后，在于人才的稀缺和思想的僵化。但凡落后的地方，制约发展的最根本的因素，是人，是固守、

刻板和僵化的思想，不肯开放和包容的心态，以及相互制约宁可内耗的心理，经济落后反倒不是最重要的原因。"对此，笔者在另文中也认为："思想再解放是激活新思想的根本之道，只有创新思想、创新思维、创新思维方式、创新工作方法，才能审时度势，不因循守旧，根据地方的现实状况，开展科学的发展探索，解决新时代的新问题、新矛盾。"因此，破解河源振兴发展的困局或难题首先要把解放思想、转变观念摆在首位并且在发展过程中一以贯之，坚持不动摇、不松懈、不懈怠。

推进粤港澳大湾区建设已经成为国家的重要战略，是新时代新常态下推动我国经济社会形成全面开放新格局和高质量发展的新举措和新实验。《粤港澳大湾区发展规划纲要》明确提出，推进粤港澳大湾区建设需要七大重要举措并举，分别是：建设国际科技创新中心、加快基础设施互联互通、构建具有国际竞争力的现代产业体系、推进生态文明建设、建设宜居宜业宜游的优质生活圈、紧密合作共同参与"一带一路"建设、共建粤港澳合作发展平台。基于创新、协调、绿色、开放和共享的新发展理念，进一步结合《粤港澳大湾区发展规划纲要》的基本原则、战略定位、发展目标、空间布局等规划的要义看，河源似乎能够为推进粤港澳大湾区建设提供的有效资源、资本、人才、技术和服务不多，可供选择的余地不大，但细细考量，其实不然。基于河源当下的发展基础、水平、本土优势和比较优势，有机结合"两个河源"的建设，河源可以在基础设施互联互通、生态文明建设、优质生活圈建设、农业科创等方面，为推进粤港澳大湾区建设作出应有的努力和贡献，同时也为河源实现振兴发展和乡村振兴发展培育机遇、拓展空间、夯实内涵。

思想决定行动、源于学习。河源要融入粤港澳大湾区的发展，不但要抢抓难得的历史性发展机遇，还要下决心破解体制机制等重重困难，必须置思想解放或理念再造于首位，只有思想上完全通了，理念上彻底捋顺了，才会有下一步融入粤港澳大湾区的行动通畅。尤其是广大党员和领导干部，务必要掀起新一轮的思想大解放和改革再深入大讨论的头脑风暴，通过大学习、深调研和大辩论来破旧立新、生新拔篱，重塑和树立基于创新、协调、绿色、开放和共享的发展新思想和新理念。

理念导向实践、服务于实践。河源融入粤港澳大湾区的发展需要树立什么样的新思想或新思维呢？研究认为：河源融入粤港澳大湾区的关键词是"服务"，唯有"服务"才能打通融入粤港澳大湾区的大道，唯有"服务"才能站在历史高位设计融入粤港澳大湾区的路径。河源要以服务自觉和高质量服务来融入粤港澳大湾区，以服务促发展、以服务促改革、以服务促创新、以服务促内生动力，为推进粤港澳大湾区建设源源不断提供高质量和高效益的本土优势和比较优势服务，比如健康、绿色、有机的食品服务、高品质生产服务、现代产业服务、现代服务业服务、优质休闲康养服务等，树起河源服务粤港澳大湾区发展的品牌和旗帜，也进一步激发和内生建设"两个河源"的新动能、新愿景，实现服务生新肌、服务生新力、服务生新局。

三、河源融入粤港澳大湾区的具体路径

1. 现代农业生态产业的融入

为粤港澳大湾区提供丰富和充裕的健康、绿色、有机的农副产品，成为粤港澳大湾区的"健康大厨房"，服务粤港澳大湾区千家万户的优质生活的需要。

现代农业产业体系是多层次、复合型的产业体系，包括农产品产业体系、多功能产业体系和现代农业支撑产业体系等。作为一个综合系统，至少集合食物保障、原料供给、资源开发、生态保护、经济发展、文化传承、市场服务等产业于一体。把生态文明理念全面融入现代农业发展，以粤港澳大湾区千家万户的消费升级，以及"身体健康、心情愉快，生有所养、老有所乐"的幸福生活的基本诉求，倒逼现代农业产业生态链建设，多链条构建现代农业生态圈，建构"园区+协会+企业+合作社+农户"五位一体新模式，致力于建设规模化、集约化、生态化、智能化的有机蔬菜产业园、有机稻米产业园、有机鱼养殖产业园、有机特色水果产业园等，通过先进科技改变农业发展方式，发展优质精品农产品，实现中高端农产品的有效供给、高效供给，实现经济效益、生态效益、社会效益协调发展，走产出高效、产品安全、资源节约、环境友好的现代生态农业可持续发展之路，既助力乡村振兴发展，又为推进粤港澳大湾区建设提供优质生活资料。

制约打造粤港澳大湾区"健康大厨房"的主要问题是农业技术人才的高度匮乏、发展现代生态农业的制度体系不完善。对此，河源一要下大力气精准引进高层次农业科技人才，在此基础上，优化培养和配置本地的中高层次农业科技人才，形成一支能够上山下乡、一心一意服务乡村产业振兴的农业科技人才队伍；二要建构市、县、镇、村一体化的综合平台，依托国家或省市现代农业示范园区的建设，加强对现代农业生态产业的研究和实验，实施关键技术的必要储备，比如化肥减施、绿色防控、稻虾鱼共作、林下套种养禽等。三要探索结合当地资源禀赋和实际的具体模式，因地制宜，科学高效，比如"生态田园+生态家园+生态涵养"的生态保育型生态农业开发模式、"生态种植+生态节水+循环利用"的果园清洁型生态农业建设模式等。四要建构具有河源特色的完善的现代生态农业的制度体系，破除土地流转制度障碍、破除人才流转障碍、破除农业科技成果转化体制机制障碍、破除不平等的服务供给制度等。

2. 优质休闲康养产业的融入

为粤港澳大湾区提供优良的生态屏障和优质的生态文明资源，成为粤港澳大湾区的"后花园"，服务粤港澳大湾区千家万户的休闲旅游和健康养生的需要。

绿色发展和生态文明建设是新时代河源振兴发展的主战场，优质休闲康养产业是河源振兴发展乃至乡村振兴发展的主阵地之一，也是河源高质量可持续发展的兜底性保障和长远之道。在乡村振兴发展实施中，要基于河源丰富的生态资

源、文化资源和本土特色资源，大力发展休闲康养产业，将其打造成为战略性支柱产业，为乡村振兴注入强劲动力，也助力河源振兴发展。

打造融入粤港澳大湾区的"后花园"，河源一要基于"后花园"的定位，摸清家底、厘清资源、分类梳理，基于生态资源禀赋和绿色发展条件确定发展目标、内容和选择发展模式，制定"一张蓝图汇到底"的规划体系，形成执行规划的法律法规文件。二要对标"后花园"，厘清发展思路，按照生态优先绿色发展的生态优良、风景宜人、人文优秀、风土清明的格局，实施基于绿水青山的绿色发展和生态文明型发展战略，将生态涵养发展作为清晰的核心定位，兼顾自然美、内涵美和修饰美，按照"量化、细化、具体化、项目化"的要求塑造多样性、多元化、不同层次的"花园"，实现吸引力的倍增效应。三要对表"后花园"落地实干。河源要以绿水青山、两湖湿地、两河湿地、古森林、古村落、古驿道、温泉、乡村民宿等，形成村村成片、镇镇相连、县县相通的"山水林田湖草"综合体、连片的现代农业产业园综合体、风景名胜联合体，相互依托，相互补充，相得益彰，集腋成裘，形成集生态农业、休闲农业、文化体验、乡村旅游等为一体的"现代农业＋生态旅游"集散地，实现两个转变：一是实现从观光旅游向休闲养生旅游的转变；二是实现从景点旅游向全域旅游的转变。

3. 现代高端制造业和生产性服务业的融入

为粤港澳大湾区高端制造业提供优质建设用地、生产资源和劳动力资源，成为粤港澳大湾区高端制造业的"飞地"和"优质原料仓库"，深度服务粤港澳大湾区的高端制造业发展。

"飞地经济"是一种区域经济合作模式的新发展和新延展，它是基于两个相互独立、经济发展存在落差的区域通过跨空间的行政管理和经济开发，打破原有行政区划限制，实现两地资源互补、经济协调发展的一种方式。根据河源的资源优势和本土比较优势，可以选择集约用地型、优势互补型、产业梯度转移型等方式开发"飞地经济"，实施飞入地管理型、飞出地管理型或两地共管型等模式，实现深度服务粤港澳大湾区的高端制造业发展的目标。基于"飞地经济"的发展前景，"飞地经济"将是助推河源振兴发展的重要引擎，也是帮助河源实现高质量发展的重要手段。

对于河源来说，要实现深度融入粤港澳大湾区，同时还要实现高质量发展，"飞地经济"模式是必然的选择之一，前提条件是要解决三大瓶颈：投资瓶颈、招商瓶颈和管理瓶颈，从而形成多元化投资主体，以各个项目为依托招商引资，引入先进的基地管理经验等。因此，需要地方政府首先创新体制机制，建构基于新时代高质量发展的"飞地经济"体系，在推进"飞地经济"建设之前消除制度性障碍、观念性障碍和管理性障碍，营造优良的营商环境和人文土壤。

4. 现代会务经济业的融入

为粤港澳大湾区提供优质专业的"一站式"会务服务，成为粤港澳大湾区的

"会客厅"，服务粤港澳大湾区千家万户企事业单位营商的需要。

会务经济业是世界公认的无烟产业、绿色产业，具有广阔的优良的发展前景，开辟了现代服务业发展的新领域，与河源发展绿色经济和融入粤港澳大湾区的生态排头兵定位高度一致，"会客厅"就是为河源发展会务经济业量身定制的新产业。实现会务经济业的崛起，一要迅速整合河源地区的会务场地资源，以一揽子解决方案、个性化定制、人本化后服务实现信息透明化、场地服务资源优质化、解决方案快速化、需求响应及时化、会后服务延续化，为企业客户和事业单位提供高性价比的一站式会务服务。二要基于制约河源发展现代会务业的主要瓶颈——没有完全形成优质便捷的立体交通网络和缺乏高素质会务服务的人才队伍，加快基础设施互联互通，尤其要加快5G网络建设，实施数字会务服务平台工程，打造绿色发展现代会务经济业的高地，以现代会务经济业融入粤港澳大湾区。三要学习先进地区经验，对标先进地区政务建设，实施政务服务更方便、更快捷、更智能的综合工程，推进"互联网+政务服务"顶层设计，举全市之力实施"市县镇村"联动的"一门、一窗、一网、一号、一端"一体化建设，打造"前台综合受理、后台分类审批、窗口统一出件"的"一窗"综合受理模式，实现企业、市民可通过任一窗口直接"找政府"，实现"一网通办"所有政务事务。

第三节　河源全域全面融入粤港澳大湾区建设存在的主要问题及其对策研究

推进粤港澳大湾区建设是新时代最新的国家战略，"北有雄安南有大湾区"是最有力的雄证，是广东实现"四个走在全国前列"、当好"两个窗口"的重要平台和具体抓手。作为广东区域一员的河源，面对风帆正悬的粤港澳大湾区建设应何去何从，再一次成为摆在河源领导干部面前的重大课题。2019年4月29日，河源市委市政府进一步对全市领导干部提出了"推动河源全域全面融入粤港澳大湾区建设"的新号召新要求。如何奋力做好这一具有历史性机遇的大课题和大文章，事关河源振兴，事关河源百姓福祉，必须在深思熟虑中把脉定向、科学设计、大胆开路、共担重任、携手追梦。

一、河源全域全面融入大湾区建设存在的主要问题与分析

1. 思想落后和认识不到位的问题

思想认识问题，本质是人的问题。但凡一支队伍，若思想落后僵化，认识不统一、不到位，就如一盘散沙，不但无合力可言，而且会失去最基本的应有工作力，就会一事无成，甚至还会坏事。因此，解决好思想认识问题是做大事做成事的前提和基础。2019年2月18日，中共中央、国务院印发了《粤港澳大湾区发展规划纲要》，从全局高度擘画蓝图，吹响了推进粤港澳大湾区建设的号角，广

东也在这项国之大计中风帆再起、蓄力前航。在广东举全省之力高起点高标准高质量推进粤港澳大湾区建设之际，新时代河源全域全面融入粤港澳大湾区建设首先要解放思想，统一思想，提高认识，提高占位，厘清所能，笃定信心，痛下决心，必须回答好两个问题：一是粤港澳大湾区建设与河源振兴发展究竟有没有关系？有多大关系？二是河源究竟能不能够全域全面融入粤港澳大湾区建设？如何融入？

对于粤港澳大湾区建设与河源振兴发展究竟有没有关系这个问题，《粤港澳大湾区发展规划纲要》明确指出，发挥粤港澳大湾区辐射引领作用，统筹珠三角九市与粤东西北地区生产力布局，带动周边地区加快发展。显而易见，第一个问题是彻头彻尾的伪命题，河源振兴不但与粤港澳大湾区建设有关系，而且关系重大。而且从另外一个视角看，河源振兴发展已经走进一个新阶段，无论人、财、物抑或资金、技术、产业都遭遇瓶颈，不抓住和依托这个重大历史机遇，河源振兴发展将陷入无源之水、无本之木、难以为继的发展困境。对于第二个问题，河源究竟能不能够全域全面融入粤港澳大湾区建设，《粤港澳大湾区发展规划纲要》讲得很清楚，要完善大湾区至泛珠三角区域其他省区的交通网络，深化区域合作，有序发展"飞地经济"，促进泛珠三角区域要素流动和产业转移，形成梯度发展、分工合理、优势互补的产业协作体系。可见，河源完全能够融入粤港澳大湾区建设，无论是互联互通，还是产业转移，又或者是要素流动，等等。至于能不能够全域全面融入，这就要看河源方面的格局和决心了。

思想是行动的先导，也是行动的指南。对于关键少数领导干部的思想认识问题，根据笔者参加全市县处级领导干部学习贯彻《粤港澳大湾区发展规划纲要》专题研讨班的观察和调查，领导干部对河源能否融入粤港澳大湾区建设的意见并不完全统一，归纳起来有三种看法：一种看法是，既然河源在"9+2"之外，推进粤港澳大湾区发展与河源并没有什么关系，做一个旁观者即可；另一种看法是，推进粤港澳大湾区发展既然是国家战略又要举全省之力推进，必然与河源有些关系，但没有必要融入，选择性地做好一些事情即可；还有一种看法是，推进粤港澳大湾区发展不但与河源有莫大的关系，还是河源振兴的历史机遇和重要平台，但鉴于目前河源经济社会发展的落后困境，根本难言全域全面融入，信心明显不足。窥一知十，领导干部的思想认识尚如此，一般党员群众的看法难免就更多了，这对于河源全域全面融入粤港澳大湾区建设是非常不利的，必须尽快加以解决。

2. **互联互通基础落后、短板严重的问题**

但凡现代社会，基础设施互联互通是经济社会发展的基础支撑，是生产力要素流通基础的基础。关于互联互通，《粤港澳大湾区发展规划纲要》把"加快基础设施互联互通"作为推进大湾区建设的一项重要工作，明确提出要加强基础设施建设，畅通对外联系通道，提升内部联通水平，推动形成布局合理、功能完善、衔接顺畅、运作高效的基础设施网络。不难看出，大湾区尚且如此看重基础设施的互联互通,进一步说明了基础设施互联互通确实是对经济社会发展具有重要的基础性、先导性、全局性作用,河源不可谓不知道或装作不知道。

近年来,河源经济社会发展速度下降比较大,质量又一直上不去,这与河源一直比较落后的交通、能源、信息、水利等基础设施的支撑保障能力不足有极大的关系。河源的部分领导干部戏称河源的互联互通是"一塌糊涂",所谓既"进不来"又"出不去"。既没有高铁、城轨,也没有船运、航空,唯有的高速公路一到节假日就成为全省的拥堵冠军,进来堵,出去也堵,人见人怕,距离构建现代化的综合交通运输体系着实差距巨大。信息高速公路、信息基础设施也差强人意,农村和偏远地区还没有实现全覆盖,导致打通经济社会发展的信息"大动脉"还不够通畅,发展数字交通、数字能源、数字市政、数字社区、数字旅游、数字农业等还处在有待完善的 1.0 阶段,距离发展智慧型交通、能源、市政、社区等更是梦想阶段。

3. 营商环境公信力不足和亲清混沌的问题

营商环境就是生产力和吸引力,营商环境就是"金山银山",比金子还宝贵。营商环境是基于"人+制度+法治+机制"等构成的综合性企业活动环境,是一个地方可以锻造也能够锻造的一座能够实现可持续发展的"金山银山"。有数据显示,营商环境整体指数提升 1%,可使投资率增长 0.3%,地区生产总值增长率提高 0.36%。

对于身处粤东北欠发达地区的河源来说,本就资源有限、资金难求、技术宝贵、人才难得,若没有"绿水青山"般的营商环境,又何来对资源、资金、技术、人才等长期的磁石效应呢?若不生发出强大的生产力、吸引力、竞争力,在区域竞争格外激烈的当下,河源又怎能锻造出一座座能够实现可持续发展的"金山银山"呢? 2018 年,《小康》杂志、中国小康网在全国范围内发起"2018 中国信用小康指数"之"中国营商环境满意度大调查",调查结果显示,当前营商环境存在的十大难题分别是:成本问题、规范问题、便利问题、透明问题、服务问题、公平问题、环境问题、稳定问题、开放包容问题,以及在投诉环节发生的一些问题。河源的营商环境比之又如何呢?根据笔者的调查和长期观察,以上十大问题河源均有不同程度的存在,比如制度不完善,机制不健全;法治氛围差、执法水平低或偏差大,营商过程钉子多、成本高,政府善变、管理不到位、税负重、服务少,人心环境不向善、经营障碍多,等等,是典型的营商环境"十恶市"。从中不难看出,令企业担心的症结仍然在于政府信用、透明、公正等方面的公信力问题以及地方人心民性不古的问题,很大程度上也可以得以一窥河源经济社会为什么长期发展不起来、难以实现振兴的藏匿在背后的深层次原因了。

4. 产业甄选和培育不足的问题

站在大湾区的角度看,《粤港澳大湾区发展规划纲要》把"构建具有国际竞争力的现代产业体系"作为推进大湾区建设的一项重要工作,指出要加快发展先进制造业和现代服务业，推动新一代信息技术、生物技术、高端装备制造、新材料等发展壮大为新支柱产业，培育若干世界级产业集群。这一表述充分说明了推动新一代高端装备制造是大湾区的所向和所需，河源是可以凭借资源优势和产业的比较优势服务大湾区培育若干世界级产业集群的需求的，这是其一。其二，《粤港澳大湾区发展规划纲要》把"推进生态文明建设"作为大湾区建设的一项重要任务，以建设美丽湾区为引领，着力提升生态环境质量，形成节约资源和保护环境的空间格局、产业结构、生产方式、生活方式等。这一表述充分说明了生态文明建设对打造国际一流湾区的重要意义，这正是河源的独特优势和比较优势所在。尤其大湾区要凭借以人民为中心的发展思想，建设成为宜居宜业宜游的优质生活圈，这更是事关粤港澳三地居民的根本利益和福祉，离不开河源作为广东省重要的生态屏障的作用和服务。

站在河源的视角看，尽管河源的产业极其孱弱，没有形成大规模的产业，也没有形成产业集群优势，甚至连百亿产值的产业都难觅其踪。但是由于河源自然资源和生态优势，以及工业立市的举措，近年来基本形成了一些具有独特资源优势和比较优势的资源型或科技型中小产业，比如硬质合金制造业、新电子业、空气能产业、饮用水产业、茶产业、茶油产业等，这使产业对接大湾区是大有可能、大有可为的，也正是大湾区所需要的，甚至是稀缺性需要的。通过整合资源，完全能够形成新一轮河源的产业高地，助力河源振兴。

二、河源全域全面融入粤港澳大湾区建设的对策

1. 以人为本，全方位提高思想认识

思想通，干劲足；思想高，格局大。对此，首先要以《粤港澳大湾区发展规划纲要》与河源振兴发展为主题，以"顶层设计，练好内功，寻优勇进，主动对接，件件落地"为思路，在全市范围内开展解放思想大讨论活动，通过宣传发动、营造氛围、深入学习、调研研讨、实践转化、深入推动等活动，充分利用新媒体自媒体的功能和作用，学习到每一个人，宣传到每一个人，反馈到每一个人，从而统一思想认识，提高境界占位，助力形成新思想新认识新境界。其次要痛下决心解决人才及其聚合问题。思想认识问题本质上是人的问题，抛开人来谈解决思想认识问题是无源之水、无本之木，是不可能的。因此，为政者必须无比清醒，人才问题永远是第一问题和第一议题。没有人就干不成事业，没有人才根本就不可能全域全面融入大湾区建设，就连河源振兴发展也是一句空话。人才问题是河源融入大湾区建设乃至振兴发展的最大问题，人才的聚合问题是目前河源最急迫也是最长远的大事，必须成为市委市政府常态化关注的议题。对此，要实施人才振兴战略，思想认识确实不行就通过换人来实现，着力建设好科技开发人才队伍、技术应用型人才队伍、社会服务型人才队伍和行政管理人才队伍等四支队伍。对于急迫的提升管理人才队伍素质和水平工作，一是实施引进鲶鱼养雁人才工程；二是实施中高层管理人才双向挂职交流工程；三是实现中低层管理人员服务水平倍增工程。

2. 补短板，畅通对外联系通道，提升内部联通水平

道路通，百业兴；道路畅，百业旺。因此，河源要全域全面融入大湾区，最迫切最要紧的基础性工作是把互联互通建设问题摆上政府工作的第一议事日程，做实做好做透，并九九为功。一是基于"要完善大湾区经粤东西北至周边省区的综合运输通道"的要求，主动构建现代化的综合交通运输体系，构建连接与惠州机场的高速通道，加快推进赣深高铁建设，加快疏浚并启用东江水运航道，加快构建与深圳、广州的通用航空通道，加快构建与惠州、广州、东莞、深圳连接的城际轨道交通通道，实现与大湾区城市间1小时通达，同时提升客货运输服务水平，实现零距离换乘、无缝化衔接。二是要打造信息高速公路综合平台，进一步优化信息基础设施，强化信息资源深度整合，构建新一代信息基础设施，实现互联网宽带全部光纤接入，实现5G网络全覆盖，农村覆盖电商平台，建设超高清互动家庭网络，朝着发展智慧交通、智慧能源、智慧市政、智慧社区、智慧旅游、智慧农业、智慧生态等方向努力，为融入大湾区提供坚实的互联互通支撑。

3. 建构"亲清管服"一体的高公信力的优质营商环境

营商环境无疑是目前河源融入大湾区建设最为迫切需要解决的难题之一，必须举全市之力部署和打赢进一步优化营商环境的硬仗和攻坚战。具体措施如下：一是要以法治建设为龙头，实施河源法治化战略，加快建设"互联网+监管"系统，培育社会主义法治文化，引导广大市民自觉守法、遇事找法、解决问题靠法，让依法办事蔚然成风，也促进政府监管规范化精准化智能化，进一步优化可靠、可持续的公信力的营商环境。二是要以执法水平的提高为核心，实施管理队伍专业技术水平提升工程，保证行政机关和领导干部真正能够将"法无授权不可为、法定职责必须为"的法治原则落到实处，使得政商关系亲清有度。三是以综合信息管理平台建设为利器，打造智慧型政务服务体系。学习北京经验，加快建设"六个统一"的智慧型政务服务体系，即建设全市统一的信用信息平台、全市统一联通的线上线下政务服务大厅、全市统一的企业服务和重大项目平台、全市统一的企业法人服务卡、全市统一的投资项目代码以及全市统一的政务服务标准规范，在税务、财政、金融、创新、"多证合一"等方面，实施"一厅通办""一网通办""一键咨询""全市通办""最多跑一趟"等"组合拳"，持续做"减法"，为企业经营提供便利和便捷。四是加快推进政府和企业信用信息的归集共享、开放公开，引入人工智能的大数据分析和第三方民意评价机制，将政府采购、征地批地、收费检查等涉企政务公开上网透明审核，同时纳入相关部门监督，提升公信力水平。五是加大金融精准扶持力度，积极落实国家和省对中小企业融资政策支持及配套措施，制定并强化落实具体的实施办法，从税费优惠等各方面为中小企业提供各项政策扶持。此外，在充分发挥财政职能作用的同时进

一步完善和健全中小企业信用担保体系，改善信用环境，加大投融资力度和补贴力度。

4. 打造独具本土特色和比较优势的产业链和产业体系

河源能不能全域全面融入大湾区建设，关键看产业、大湾区所需和河源所能。没有产业的对接就失去融入大湾区建设的重要支撑，就没有全域全面融入大湾区的后话。具体到融入思路，首先要找准定位，分析和厘清大湾区的根本所需所要；其次要立足现实和长远，分析、梳理和甄选河源所能，精准定位，甄选和培育具有本土特色和比较优势的对接产业；最后要配置资源、政策和平台，全力以赴，主动作为。

因此，要立足打造服务大湾区建设的生态屏障、优质生活后花园、高端商务会客厅、健康生活康养基地、优质食材大仓库等思想，深度整合资源，打造基于优质矿产资源供给的高端制造业生产基地、基于优质绿色环境供给的现代生态农业产业、基于优质服务和生态环境供给的康养产业和现代休闲旅游产业四个主导产业，加快实施河源产业换挡升级战略。其实现路径有：一是甄选和培育龙头产业企业，实施"百十一"龙头企业工程（即甄选和打造一批产值过百亿、十亿和亿元以上的龙头或示范产业）；二是创新体制机制，搭建综合性服务平台，尤其要破解投融资难、投融资贵的问题；三是配套营商环境建设，建构"亲清管服"一体的高公信力的优质营商环境；四是实施扶优扶强工程，进一步充分发挥政府驱动产业的导向性作用。

三、小结

面对河源的现实和困难，笔者认为河源要实现全域全面融入粤港澳大湾区建设，必须同时具备思想通、要素通、服务优、产业佳四个基础条件。对此，河源市委市政府必须第一手尽快解决思想认识、基础设施互联互通、营商环境和产业对接四个最为紧迫的问题，从而加快达成全市党政商民的高度共识，形成全民意志，内生上下合力，按照"顶层设计、练好内功、寻优勇进、主动对接、件件落地"的要求，统筹规划，迅速部署，快步前行。

第四节 "广东绿谷"战略背景下河源绿色经济发展策略研究

一、绿色经济与"广东绿谷"战略

传统的经济增长方式过于关注经济本身的增长，但对于由此带来的环境污染加剧、自然环境耗竭等一系列问题过于漠视，在很大程度上破坏了人与自然的和谐发展，也反过来影响了人类经济社会自身的可持续发展。绿色经济将经济、社会活动置于环境资源动态大系统中，以动态的环境容量和资源承载力作为经济社会发展的约束条件，动态地解决各个时期经济发展和资源环境的冲突。因此我们认为，绿色经济是指在一定时期以生态环境容量和资源承载力为约束的前提下，达到自然资源的持续利用、生态环境的持续改善、人类生活质量持续提高以及经济和社会持续发展目标，最终实现人与自然全面协调发展和人本身的全面发展需要的一种持续的高级经济发展形态。

河源市地处粤北山区，地处东江、韩江上游，作为广东省重要生态屏障和饮用水源地生态保护任务很重，决定了未来经济社会发展不能建立在传统产业结构和增长方式的基础之上。同时，河源市经济和社会发展所面临的资源、环境压力越来越大。基于广东全局发展和自身发展的需要，河源市适时提出打造"广东绿谷"的发展战略目标，即打造河源市经济崛起的"发展之谷"、绿色崛起的"生态之谷"、人民奔康致富的"幸福之谷"，以实现经济社会、资源、环境三者平衡发展的绿色崛起目标，而实现经济社会与资源环境绿色崛起的途径在于大力发展绿色经济。发展绿色经济，是促进河源经济发展方式从粗放型向集约型转变，破解河源资源、环境等瓶颈制约，实现山区绿色崛起的重要途径。

二、河源市绿色经济发展现状及存在的问题

（一）河源市绿色经济发展现状

立市以来，河源市坚持走新型工业化道理，经济保持快速增长势头，综合经济实力明显上升。1987—2011年，地区生产总值由16.7亿元增长至579.3亿元，年均增长14.2%。人均地区生产总值由638元增加至19 505元。产业结构趋于协调，三次产业结构由53：24.5：22.5调整为12.5：52.9：34.6。地方财政一般预算收入由7 292万元增加至31.37亿元。包括城镇居民就业、教育事业、交通事业、城镇基本养老保险人数和社会治安等在内的各项社会事业取得很大发展。随着经济社会的发展，人民生活水平不断提高，对医疗卫生的需求不断增加，万人拥有病床数不断增加。同时，河源市人口基础较大，人口自然增长率远高于广东全省水平。

河源市土地总面积1.58万平方公里，其中耕地总面积196.268万亩，人均占有耕地约0.62亩，高于广东平均水平。水资源丰富，拥有华南地区最大水库——新丰江水库，是广东重要的生态保护和水源涵养地。拥有丰富的矿产资源，具有种类多、分布广的特点，主要有铁、钨、铅、锌、锡、钛、铀、萤石、石英石、水泥用灰岩、陶瓷土、稀土、建筑用砂等。

环境质量总体保持优良水平，主要环境指标均处于全省领先地位。水质方面，全市饮用水源水质达标率100%；空气质量方面，全年市区空气质量功能区达标率100%，没有下过酸雨。城市生活污水集中处理率、工业废水排放达标率、

生活垃圾无害化处理率分别达 89.72%、100% 和 99.66%。建成区绿化覆盖率由上年的 44.11% 提高至本年的 44.21%。

(二) 河源市绿色经济发展中存在的问题

河源市经济社会取得不断发展的同时，也不断遇到新的挑战和制约，资源、环境问题也日益凸显。

1. 经济社会人口发展仍需改善

一是河源市经济发展总体处于较快发展态势。三次产业结构调整、人均地区生产总值、人均收入、科技进步等经济方面取得了一定发展，目前河源市经济处于快速工业化阶段。但在经济发展中，与全省发达地市相比，存在着第三产业发展较为滞后，金融危机后三次产业调整难度不断加大，人均地区生产总值、城镇居民人均可支配收入低于全省平均水平，科技水平有待进一步提高，城乡居民收入差距拉大，农产品物价上涨较快和居民没有很好地分享到经济增长的好处等问题。

二是与经济的快速发展相适应，河源市社会各项事业不断推进。接受高等教育学生人数不断上升，交通水平不断改善、享受社会保障人口不断增加。但城镇失业率、刑事案件数等方面有待改善。

三是河源市医疗卫生水平稳步提高，为经济社会发展提供了更多的保障，但与广东省平均水平还有较大差距。同时，河源市人口增长速度快、人口增长率较高的势头尚未得到有效控制，已成为制约河源市经济和社会发展的一大问题。

2. 自然资源承载能力过载

自然资源是人类生存和发展的前提条件，也是一个地区绿色经济发展的基础。资源承载力则反映了资源能够承载一个地区经济发展水平及速度的能力。近年来河源市经济规模和水平不断提升，但仍处于传统的粗放型向集约型经济增长方式转变的阶段，对自然资源的消耗强度不断增加，自然资源的供需矛盾进一步加剧，对耕地、水、矿产等资源的低层次开发，面临着对建设用地的需求旺盛，人均水资源下降且利用程度不高、污染加大和浪费普遍以及水土流失严重，能源利用的外部依赖性增强等一系列问题，超出了资源承载力的承受范围，对经济社会发展的进一步发展产生了不利影响，这与河源市绿色经济发展的要求不相适应。

3. 生态环境容量仍然较为脆弱

近年来，河源市环境质量总体保持优良水平，主要环境指标均处于全省领先地位。但随着河源市经济社会的不断发展，生态保护的压力不断凸显，具体表现在：持续保持优良的空气质量、水质和保护森林的压力日益加大，改造淘汰落后产能、工业园区环保设施建设及监控要求不断提高，开展矿山整治、处理工业污染的难度加大,且环境容量的上升趋势明显落后于经济社会和人口发展,说明环境容量仍然较为脆弱,环境治理长效机制亟待建立。

三、河源市绿色经济发展措施

河源市绿色经济发展总体水平不断提高,同时也面临着资源、环境、人口等一系列问题约束。未来应将绿色经济的发展与打造"广东绿谷"战略结合起来,积极转变经济增长方式,充分发挥本地区的比较优势,进一步实施可持续发展和生态优先发展战略,具体措施如下:

(一)加强宣传,树立生态文明理念

河源地处客家地区,现代文化生态根植于传统客家文化,发展绿色经济、建设生态文明,要与当前的"文化河源"战略和对客家精神、客家文化继承及整合结合起来,应大力继承和发扬追求以"厚德虔诚、勤劳节约、人与自然和谐相处"等为主要内容的客家优秀传统文化,坚持生态优先发展理念,倡导低碳环保的生活及消费理念,加强生态环境、生态效益等舆论宣传,严守经济发展过程中的生态保护红线,树立新时期发展生态经济的生态文明理念。

(二)绿色经济发展规划先行,打造产城互动融合新格局

充分发挥规划的指导作用,根据河源市绿色经济发展的现状与趋势,积极编制绿色经济发展规划,明确绿色经济发展的总体思路、目标、任务和重点,按照生态文明和绿色理念,全面打造具有河源特色的绿色产业发展体系、绿色服务支撑体系、绿色环境保障体系,力争使河源市绿色经济发展水平走在粤北山区前列。

打破产业园区经济与城市发展的藩篱,从绿色经济发展的更高层面着手提升园区产业与城市发展规划,实行"城市中有产业布局,产业园区打造为城镇"的策略,实现产城良性互动。当前,应以进一步促进粤东西北地区振兴发展和加快新型城镇化建设为契机,以河源市高新技术开发区产业升级提质为先手,以江东新区建设为样板,努力布局市及各县区城市扩容提质,以城助产,以产兴城,打造产城互动融合新格局。

(三)优化产业结构,加快建立现代绿色产业体系

充分发挥山区资源禀赋优势、生态优势、不断改善的区位优势,遵循省市主体功能区定位要求,继续承接珠三角产业转移,深化经济结构调整,重点发展资源低消耗、低污染、低耗能的绿色经济,推动建立结构优、附加值高、竞争力强、具有河源特色的现代绿色产业体系。

1. 推进产业集群,大力发展生态特色工业

生态发展是河源崛起的根本要求,加快发展是河源第一要务。进一步优化现

有的"一区六园"产业发展平台,合理规划,高标准建设新型工业园区,把园区建设发展定位为生态工业园,以生态建园、特色立园、产业兴园为目标,错位发展。

按照"优势区域、优势资源、优势产业、优先发展"的原则,坚持生态优先战略,发挥市场决定性作用,以政府政策为引导,推进资源科学合理、依法有序开发,做大做强太阳能光伏产业、新型建材产业等专业基地,积极延伸稀土、超白石英砂、钨、铷等资源产业、水产业链条,努力建设并规划稀土、钨矿、水等产业园,以做深做细稀土等资源产业和水产业深加工。

2. 培育壮大现代服务业,打造新的经济增长点

依托河源独具特色的生态旅游资源和重要交通区位,加快发展低碳化服务业,以低碳生态旅游业为核心,促进旅游与文化、商贸、休闲、度假、会展等领域融合发展,提升河源作为粤北赣南区域商贸物流中心的功能和地位。积极发展低碳生态旅游业,做大做强"客家古邑、万绿河源、温泉之都、恐龙故乡"四大旅游品牌,打造环珠三角休闲旅游度假和休闲养老产业基地,大力扶持和培育客家文化品牌。

同时,要大力发展教育事业,重点发展和本地区产业发展相适应的中、高职专业技术人才,积极创新高层次人才引进机制,深化产学研合作,坚持引进人才和自我培养人才相结合的原则,为河源经济社会发展提供强有力的人才支撑。

3. 发挥农业生态比较优势,推动生态农业高效发展

加快农业结构调整,加速传统农业粗放经营方式向现代农业新型方式转变。充分发挥河源气候和水土等生态优势以及毗邻珠三角发达市场的区位优势,加强农业科技投入,加快建立环珠三角生态农业示范基地、城郊生态农业基地,扶持培育一批技术能力强、科技含量高、经营规模大、市场前景广的规模经营大户和农业加工型龙头企业,提升农业的生态和休闲功能,增强科技、绿色、文化附加值和综合效益。

加强农业与服务业之间的联系,大力发展"农旅合一"经济,利用农业景观资源发展观光、休闲、旅游等农村服务业。布局智慧农业,加强与优势上市公司的合作,提高农业集约化经营,建立环珠三角智慧农业示范基地,种植高附加价值农作物,实现农业精准化、自动化生产,提高生产效率。

(四)夯实绿色经济发展态势,构筑绿色服务支撑体系

按照政府引导、市场主导的原则,以发展绿色交通、绿色建筑、绿色能源、绿色金融为重点,实行前期政府引导、典型带动等措施,构筑绿色服务支撑体系,为绿色经济发展提供全方位支撑。一是完善全市公共交通规划,优化连接市区与各县区的公共交通设施及资源配置,确立公共交通在城市建设中的优先地位。二是普及绿色建筑、建筑节能观念,以旧城改造、新城建设为重点,融合河源本地气候和建筑风格,多措并举推动绿色建筑和建筑节能发展。三是全面落实绿色能

源发展规划，积极推进能源结构调整优化，加快绿色能源的开发与利用，促进产业升级。四是大力发展绿色金融，全面改善和优化金融生态环境，促进经济转型并推动产业升级。尽快组建由政府主导的金融控股公司，引导支持产业园区建设，支持环保高新技术企业，培育战略性新兴产业的发展。通过出台地方"绿色信贷"扶持政策，如建立绿色产业信贷风险补偿基金等，激励金融机构将环境评估纳入流程，在投融资行为中注重对生态环境的保护，通过资金流向引导各种社会资源和生产要素向绿色低碳产业集中，从而推动经济的可持续增长和发展方式的转变。

（五）创新生态保护机制，打造绿色环境保障体系

巩固完善"三大山系两大通道"（三大山系：九连山系、罗浮山系、七目嶂，两大通道：河源—龙川、河源—和平线状生态经济通道）的市域生态格局，做好三大山系的整体生态环境保护规划，保持绿色生态本色，突出"山、水、林、泉、城"交相辉映的独特景观，严格保护东江、新丰江流域和万绿湖、枫树坝水库生态红线，营造人与自然融合发展的绿色生态环境。

加强生态环境保护，维护生态安全，根据河源市生态环境保护特点，建立河源市内生态环境补偿机制。重点开展东江流域水环境整治工作，确保东江水质安全，探索东江中上游流域各河段排污权交易机制；完善新丰江、枫树坝水库绿色环境建设工程；以江东新区建设为推广样板，在新区内建立绿色经济示范工程；完善全市环保设施，确保污水处理能力适应发展需求；在严格保护生态环境的同时，引入市场机制，提升林业尤其是国有公益生态林的生态效益，加快林业信息化进程，布局智慧林业，大力发展林下经济，缓解财政资金不足；加快林业技术推广体系改革，提高林业基层技术人员的待遇，吸引人才；积极倡导建立东江全流域排污权交易机制、林业碳汇交易机制和以森林覆盖率为指标的生态补偿机制并争取广东省厅的支持。

第五节　论新时代建设创新型河源的新路径

一、问题的提出

走进新时代，创新已经成为我国社会的普遍共识。如何更好地促进创新和经济社会的深度融合，如何让创新更有力地支撑、推动地方经济社会的发展，是亟待多方探讨、解决的一个时代新命题。

基于我国"创新能力不够强""创新是引领发展的第一动力，是建设现代化经济体系的战略支撑"等重大判断，十九大报告把"加快建设创新型国家"纳入"建设现代化经济体系"的组成部分，并强调"创新是建设现代化经济体系的战略支撑"。为此，报告提出了"两个要"：一要"紧扣我国社会主要矛盾变化，

坚定实施人才强国战略、创新驱动发展战略……"；二要"着力加快建设实体经济、科技创新、现代金融、人力资源协同发展的产业体系……，不断增强我国经济创新力和竞争力"。与此同时，对应"两个要"开出了"六大"处方：一要强化基础研究；二要加强应用基础研究；三要加强创新体系建设；四要深化科技体制改革；五要倡导创新文化；六要培养造就一大批科技人才和创新团队。六个处方清晰显示出创新型中国建设国家层面的基本方略和具体举措。

"加快建设创新型国家"作为新时代中国特色社会主义的思想和基本方略之一，理应成为建设"创新型河源"实践的根本遵循原则。随着广东地区与港澳的合作力度不断加大，粤港澳大湾区建设不断加快，以及河源自身加快推进和实施"南融战略"与建设"两个河源"（现代河源和生态河源）战略的深度布局，进一步探讨建设创新型河源的新路径及具体举措显得尤为必要和迫切。

二、建设创新型河源存在的问题和桎梏

梳理发现，创新型河源的主要标志是：科技和人才成为最重要的战略资源，劳动生产率、社会生产力提高主要依靠科技进步和全面创新，拥有一批全国知名广东一流的科研平台、创新基地和创新型企业，创新的法律制度环境、市场环境和文化环境优良。

站在新时代的高点，对标创新型河源建设，我们理应清醒地认识到，与国内先进地区相比，与省内同类城市相比，创新型河源建设还存在巨大的差距和严重的短板，存在体系性的迫切需要解决的协同创新生态问题。梳理和归纳起来，主要表现在以下五个方面：

1. 缺乏创新共识

由于河源是欠发达地区，据统计，河源市2016年人均地区生产总值仅为全国人均水平的54.1%、广东省的40.1%。全民科学素质严重滞后，据统计，2015年河源市具备科学素质的公民比例只达到了5.20%，远远落后于广东省的6.91%，而且落后于全国平均6.20%的水平。经济社会发展比较落后的河源，对创新认知普遍存在误区，一般人认为创新是科学家的事情，无关百姓和企业，而社会管理者则认为落后地区搞创新搞科技是做无用功，只能是锦上添花的事情，不如搞市场、搞投资。加之社会转型过于急剧，浮躁之风比较普遍，导致落后地区对创新的认识不足，对创新的价值、作用和重要性在经济社会发展中的核心支撑作用没有形成社会共识，"创新无用论"大行其道，从上到下、从政府到民间蔓延和充斥着鸵鸟心态，导致全民的创新意识薄弱、创新行为迟缓。

2. 缺乏创新文化

创新文化是创新实践的灵魂。由于河源社会没有形成创新共识，加之经济社会发展和教育科技落后，导致创新文化长期缺失。特别是由于河源建制晚，教育体系长期缺失高等教育一环，没有能够有效建立起集"宣传、教育、熏陶、体验"于一体的高层次创新教化体系，致使创新教育几乎长期缺失缺位，全社会支持、参与创新的氛围不浓，地方政府相关部门之间在创新方面的沟通、协作和配合也没有形成有效的运作机制。在科技创新方面，各行各业均存在重引进、轻消化，重模仿、轻创新的现象，而且作为创新主体的企业缺乏话语权和主导权，导致创新实践失却文化的滋养而愈发弱化和边缘化。

3. 缺乏顶层设计

由于缺乏顶层设计，河源市一直没有形成清晰而坚定的创新战略，因而暴露出致命的问题：一是体制缺陷突出，在科技创新领域，所属五县二区的科技局均存在不同程度的缺编缺员，不足以充分开展工作，在一定程度上影响了对科技工作的有效管理和高效服务；全市一直没有能够建立起以科技创新为核心的完整的创新体系；二是机制缺失，社会各领域没有建立起协同协作的有效机制，各领域单打独斗，各自为政，创新活动呈现碎片化现象；三是环境缺失，缺乏创新实施、知识产权保护、科技与金融融合等地方创新政策和法律法规保障，缺乏信息网络、科研设施保障，导致诸如风险投资机制不健全、外力参与、中介服务滞后等。

4. 缺乏创新的基础要素

实施创新活动的四大基础要素分别为人才、资源、资本和平台。创新的竞争首先就是人才的竞争，而河源市科技人才的现状是数量少、不稳定、年龄老化、结构不合理。据统计，2015年河源市科技活动人员仅有3 200多人，严重制约了创新和经济发展。在财政投入上，河源市科技三项费用占本级财政决算支出比重远远达不到全国县（市）科技进步考核标准，仅占1.3%左右。在企业投入上，全市大中型企业拥有研究开发机构数量处于全省下游水平，更有个别企业认为投入资金搞创新搞科研是一件很奢侈的事情。由于底子薄、基础差，加之创新投入长期严重不足，一是导致人才既内培不足，又引不进，用不好，留不住；二是缺少可用和重大的创新平台。到目前为止，国家级平台仅有3个（国家级高新区、国家级农业科技园、国家级科技企业孵化器各1个），省级重大协同创新平台3个、省级研发机构91个、新型研发机构2个；三是缺少成果孵化和产业化对接扶持。"巧妇难为无米之炊"，由于创新实践的基础要素"人才、资源、资本、平台"均不具备，无法形成链条式的创新活动，上无源头活水，下无支撑支持，中间也没有隧道桥梁接棒，无法有效融入经济社会整体建设。

5. 缺乏内生动力

由于缺乏共识、缺乏创新文化、缺乏顶层设计、缺乏创新的基础要素，没有建立起完善的创新生态系统，导致地方上创新思想懒惰、知识产权观念淡漠、信心缺失、精神匮乏、行为弱化，国家意识和集体观念逐渐淡漠，加之管理评价体系简单僵化，无法激发创新主体的积极性和创造力。无论社会、企业、个体，均创新动力不足，科技创新乏力，原创性成果极少，国际专利5件，有效发明专利278件，每万人口发明专利拥有量为0.90件。而且创新成果的含金量不高，高科技型企业仅有102家,省级创新型企业3家,产业链不长,产业集聚不够明显,市场占有率和竞争力不强。久而久之,无论社会还是企业便只想"获得"不讲付出,在经济社会发展过程中出现"等靠要"被动思想,甚至成为"甩手掌柜"。

三、建设创新型河源的整体思路与目标

创新型河源的建设本质是依靠创新活动推动经济社会高质量高效发展和提高核心竞争力水平,其测度指标主要体现在创新资源、知识创造、企业创新、创新绩效、创新环境等方面。

新时代,建设创新型河源要围绕创新这一条主线,坚持"创新、协调、绿色、开放、共享"五位一体的发展理念,以创新驱动转型发展为核心,突出企业的创新主体,充分发挥"政行企校"的混搭作用,完善市场配置科技创新资源能力,加强创新链、产业链、资金链、政策链四链融合,利用和借鉴国内外完善的创新体系、开放的科技市场、先进的国际体制,推动河源市科技创新跨越发展,并借此深入实施粤东西北振兴发展和融入深莞惠经济圈战略,主动打造粤港澳大湾区科技创新走廊的延伸区,打造生态河源、现代河源。

具体到"十三五"时期,实现河源市对创新驱动的引导作用进一步加强,贯彻广东省创新驱动"八大抓手"工作要点和考核指标体系的落实工作全面到位,实现全要素生产率每年提高1%以上、研发支出占地区生产总值的比例达到4%以上、知识产权许可率达到40%以上、科技进步对经济增长的贡献率超过50.0%。创新社会建设发展迈上新台阶,一是有利于创新创业的环境更加优良,创新创业队伍发展水平和质量进一步提升,各类创新主体积极性和创造性有效激发,各类创新资源活力得到高度释放;二是创新驱动体系更加完善,新旧动能转换成效显著,创新效率和效益稳步提升,以创新为主要引领和支撑的经济体系和发展模式基本形成,部分领域实现从技术跟随向技术引领跨越;三是技术创新的市场机制更加健全,企业创新主体地位更加突显,产学研协同创新更加深入,科技创新重大平台体系趋于成熟,科技资源和创新要素配置更加优化,创新型经济格局基本形成;四是重点领域现代生态农业创新中心、全域旅游业创新中心、节能环保产业创新中心、"互联网+"应用创新中心等建设实现突破性进展。

四、新时代建设创新型河源的实现路径

建设创新型河源,要把激发全市"政行企校"协同创新的内生动力摆在首位,除了精神上激励、文化上浸润、加强教育引导等措施,还需要创新工作方式方法和创新体制机制,尤其要以体制机制创新提升"参与感",提高"获得感",提升自我发展的决心、勇气、信心和能力。

1. 实施创新文化厚植工程

创新要成为河源的标签,创新文化的建设是基础和保障。基于我国创新文化

短板现象的深层原因，创新文化的建设必须从弘扬人的首创精神、激发人的创造热情、营造有利于人创新的氛围三个向度进行。因此，必须把创新摆在经济社会发展的核心位置，进一步提高全民的创新意识，着力打造"大众爱创新，万众能创新"的社会生态，形成创新文化，让创新贯穿工作全领域、全方位、全过程，让创新在全社会蔚然成风。一是进一步强化各级领导和全社会的科技意识。市政府要把《国家创新驱动发展战略纲要》《中华人民共和国科技进步法》作为普法宣传的重要内容，加大宣传力度，切实提高全社会的创新驱动发展和科技法制意识。市政府要组织力量，开发编制《河源市创新文化读本》和《河源市创新文化教程》，利用"互联网+现代多媒体"手段，使创新文化的教育、宣传和熏陶随时随地进机关、进课堂、进社区，积淀和形成具有浓郁河源特色的创新文化氛围。各级政府要站在新时代的高度，树立正确的政绩观，把推进创新驱动发展和科技进步作为战略重点摆上重要议事日程。市政府要加快企业创业、创新服务体系、科技金融服务体系和信用担保体系的建设，通过财政、税收和金融等方面的导向政策，营造一个有利于技术创新、发展高新技术和实现产业化的环境。

2. 做好顶层设计，实施具有河源特色的体制机制创新工程

（1）建设"政行企校"共建共享创新体制

由市政府组织牵头，引导和鼓励行业、企业、学校和政府职能部门等积极参与创新型河源建设，形成由市政府有关部门、行业组织、企业、学校多方联动，共同合作创新的工作机制。在政府主导下，行业、企业、学校、职能部门根据区域经济社会发展的需求，以企业为主体、市场为导向、产学研深度融合，共同制定创新实施方案，共同参与创新培育过程，加强对中小企业创新的支持，科技体制改革和经济社会领域改革同步发力，消除"孤岛现象"，促进科技成果的孵化和转化，做到协同创新，共享共赢，形成"政府主导、部门联动、行业企业学校参与"的创新格局，营造良好的创新环境。

基于"政行企校"协同创新的先进理念，建立河源市创新建设三级组织机构。为保障建设创新型河源的高效推进，推动"政行企校"协同创新的深度融合，提升创新质量，首先要成立市、县区和项目组三级机构。一是成立河源市协同创新理事会，进行创新型社会建设的统筹规划和顶层设计，提供政策、保障、融资和评估监测。理事会常设知识产权运营监管中心、创投服务与投资担保中心、科技情报委员会、科技创新基金委员会等执行机构；二是各县区对应成立协同创新工作委员会，依托各产业园建立，搭建各种平台，参与协同创新信息综合管理平台的运营；三是根据各个领域的需要，成立 N 个协同创新重大项目实施专家团队。分级管理、分层负责的三级协同创新管理机制的实现，为协同创新的可持续发展奠定了体制基础。

（2）建设"政行企校"协同运作的长效机制

建立"人才共育、过程共管、成果共享、责任共担"协同创新长效机制。基

于三级协同创新组织机构的建立，一是配套地方立法《河源市技术市场条例》等上位制度，强化创新知识、资源、产权的创造、保护、运用；二是共同制定《创新型河源建设工作管理程序》《创新型河源建设实施办法》《创新型河源建设评价与考核奖励办法》等系列制度，规范创新工作的开展；三是开发"政行企校"协同创新信息综合管理系统，不断整合"政、企、行、校"四方资源，深化建设创新型河源模式改革，深入推进协同创新运行机制建设；四是配套实施"六大"长效机制建设，包括创新人才培养与交流机制、创新平台共建机制、创新工作双向服务机制、创新项目监测与评价机制、创新合作双向激励机制、创新投入机制等。

3. 整体上补齐创新基础要素的短板

（1）集聚中高端创新人才队伍，补人才短板

"常格不破，人才难得。"用人不循常"格"是推进创新型河源建设的第一准则，也是河源在中高端创新人才队伍建设实现弯道超车的唯一可行的路径。要从河源治理体系与治理能力现代化的高度谋划，围绕打造现代河源、生态河源"两个河源"的目标，以"五位一体"的人才思想为指导，实施"六大+"人才工作方略，确立"人才刚性培养+高精尖人才精准引进"双结合的思想和方法，逐步建立符合科技人才成长规律，多层次、全方位的科技人才竞争机制，逐步形成一支结构合理、门类实用，能够适应经济社会发展需要的现代科技创新人才队伍，支撑河源市各项事业的健康有序发展。

同时，实施"科技特派员+"工程。搭建科技服务平台，依托地方高校，大力推进科技特派员工作，以人才和创新能力的提升为核心，强化应用基础研究和应用研究，实施省市专业镇"一镇一员（队）"项目，鼓励"政行企校"创新人才根据企事业发展需求与企事业合作开展知识与管理创新、科技攻关和新产品研发、技术咨询等服务工作。五年内拟每年选派200名以上科技特派员赴河源市五县二区以及高新区的大型企业、机关事业单位等挂职。每年设立亿元级以上的市科技与创新开发孵化转化基金，对科技特派员开展的有市场前景或创新技术开发的项目进行扶持。

（2）打造"六大"重大创新平台，补平台短板

创新平台建设由市政府统筹规划，顶层设计，"政行企校"协同建设、运营与管理。结合河源市发展规划，以新电子、新能源、新材料、新医药战略性"四新"产业为重点，通过"政行企校"的强强联合，采取协同共建、市县区政府牵头组建等，着力打造河源市重点实验室、河源市创新研究院、河源市创新创业基地、河源市协同创新技术转移中心、河源市科技与创新金融和投融资服务平台、河源市科技与创新服务云平台，推动政府与地方企业、高校或产业化基地的深度融合，形成"多元、融合、动态、持续"的协同创新模式与机制。

比如，对于河源市重点实验室的建设，必须面向广东重大战略需求，结合河

源"四新"产业，加强应用基础研究和应用研究，紧紧围绕广东、河源重大科学问题、产业转型升级问题和战略性产业、新兴产业发展，对战略前沿技术、核心关键技术、颠覆性技术的研究、转化、应用的需要。精确对准人口与健康、网络信息、材料科学技术、先进制造、环境科学等领域，优先启动建设市级实验室。

依托平台，启动实施一批经济社会发展迫切需求、产业转型升级密切相关、技术创新基础较为成熟，且需进一步创新提升的重大科技专项，力争在新电子信息、新材料、新能源、新医药、两化融合、专业镇、生态农业、民生科技八大战略领域实现关键技术新突破。

（3）创新投入机制，补资金短板

市政府配套出台创新投入的政策措施，打造强力投入新机制。一是实施PPP模式，即政府和社会资本合作模式，充分发挥政府资金的"撬动"作用，吸引社会资本参与创新项目的建设和运营，进一步完善以政府财政投入为导向，企业投入为主体，金融信贷为支撑，社会投入为补充的多元化的科技投入机制。二是以地方立法的形式，刚性规定市、县两级财政三项费用占同级财政总支出比例必须高于全省平均水平1.0个百分点以上，尤其是研发投入要占到当年地区生产总值的4.0%以上，市、县（区）联动设立发展种子基金和科技孵化基金、政府科技贷款风险补偿金和科技贷款贴息资金，形成政府兜底、引导，多方参与的科技型企业贷款风险补偿机制。

（4）实施"技术转移+"河源战略

技术转移是我国实施创新驱动战略的重要内容，是从要数量向要质量转变的关键，也是企业实现技术创新、增强核心竞争力的关键环节。技术转移对于河源是新鲜事物，要追赶先进水平，必须高起点瞄准国际前沿水平，借鉴美国大学技术转移模式，对接我国目前存在的技术经理人、资本、行业协会和第三方模式等全要素之"痛点"，实施全方位的技术转移战略，践行创新驱动国家战略取得新成效。

实施"技术转移+"河源战略的路径：一要成立河源市技术经理人协会，既可以依托地区高职院校，也可以依托具有资源优势的企业或科研院所，瞄准国际前沿水平，加盟成为AUTM（美国大学技术经理人协会）或WACTM（世界华人技术经理人协会）会员，加入"百校技术经理人培训"计划，培养技术经理人团队，共同推动我国技术转移。二要通过地方立法，制定《河源市技术市场条例》《河源市中小企业创新开发法》，制定配套的《河源市中小企业创新研究计划》等实施细则，做到简政放权，让技术经理人真正有"权"，同时配套建立河源市技术转移天使投资基金，授权河源市技术经理人协会全权协调与管理，使技术经理人迸发活力。三要鼓励成立"专利代理+技术转移"一体化运营公司，实施第三方模式，即委托模式，规范市场运营和管理，尤其要紧紧抓住和拓宽技术的来源，最大限度和区域高校或科研院所签署知识产权管理和运营协议，除了负责专利申请，还要真正拥有专利的"处置权和收益权"，让技术开发、技术转让、技术咨询、技术服务成为第三方模式的真正支撑和可持续开发的金矿。

五、小结

在新时代，建设和完善创新生态系统是建设创新河源的基石和动力，是打造创新经济的关键。只有精准实施创新文化厚植工程、实施具有河源特色的体制机制创新工程、整体上补齐创新基础要素的短板、实施"技术转移+"河源战略，加快创新生态的建设，在经济社会发展的全过程充分融合创新、协调、绿色、开放、共享的发展理念，才能加速向主要依靠知识积累、技术进步和劳动力素质提升的内涵式发展转变，在发展的内生动力实现一个根本性变化，形成创新生态、完备产业链、赋能技术创新的完善体系，迸发创新合力，为河源在粤东西北率先振兴打开更广阔的空间。

第六节 略论"广东绿谷"战略下河源绿色经济发展之短

一、背景与问题

2012年7月，河源市委六届二次全会创造性地提出了"广东绿谷"的理论概念，并以"四大战略"（生态经济、宜居城乡、善治河源、文化河源）为抓手，以加快实现"三大崛起"（经济、生态、文化）为目标，冀望达成"五位一体"（"政治民主之谷""经济富裕之谷""文化崛起之谷""社会和谐之谷""生态文明之谷"）和"绿富双赢"的社会发展愿景，吹响了河源经济社会发展转型升级的新号角。

对河源而言，"广东绿谷"战略的提出绝非偶然，其最深刻的背景就是河源的经济社会在傍身国家改革开放大潮三十年的黄金发展期而未能实现全面建成小康社会，成就广东最落后经济体之一的困局下，陷入后继发展无力的一个瓶颈阶段后，竭力提出来的新设计新思路。不难看出，"广东绿谷"战略下绿色经济的核心就是：发展不仅要关注经济指标，而且要关注人文指标、资源指标和环境指标。发展决不能"一条腿短，一条腿长"和"吃祖宗饭，断子孙路"。

绿色经济是一种基于经济、社会和环境一体化发展的新的经济形式，包含"效率、和谐、持续"三位一体的目标体系、"生态农业、循环工业、持续服务产业"三位一体的结构体系和"绿色经济、绿色新政、绿色社会"三位一体的发展体系。正是由于我们坚定地选择了"广东绿谷"的战略布局，并经历近三年的实施，已为河源经济社会当下乃至未来的可持续发展奠定了顶层设计的基础，其路其径，也为河源经济社会之痼疾医治提供了根本路线和行动指南。但是，目前河源绿色经济无论数量质量，内涵外延，还是环境资源等，其可见的效果却差强人意，仍然徘徊在广东的谷底而难以脱胎换骨，问题究竟出在哪里？对此，有理由也有必要寻根问由，发掘、梳理和厘清河源绿色经济发展进程中存在的主要短板，刨根究底，为清除主要发展壁障及不和谐因素，制定具体有效的配套政策和综合措施提供参考。

二、河源绿色经济发展"六缺"及其分析

简言之，"广东绿谷"战略背景下河源绿色经济的发展，刚经起步便尽显露疲颓之态。一是绿色企业稀少，绿色成长不足，引领示范有限；二是大多数传统企业难以突破现有瓶颈，陷入绿色转型困境；三是没有形成全域绿色产业链，绿色产业集群乏力，缺乏做深做强条件，后继无力，逐步呈现"六缺"之端倪。笔者认为，所谓"六缺"，是指从中微观视角考察发现，河源绿色经济发展过程中存在的主要短板的六个方面，即缺中高层次人才的脊椎型支持、缺细分市场与精准的靶击方向、缺"互联网+"绿色经济平台、缺地域优势自然资源抱团整合之机制、缺地域特色社会文化长效支撑力、缺发展绿色经济的一致性社会认知的浓厚氛围等。限于篇幅，笔者重点就脊椎型支持、细分市场与精准的靶击方向和"互联网+"绿色经济平台"三缺"展开初步的探讨。

1. 中高层次人才的脊椎型支持之缺

归根结底，发展绿色经济的关键在人才，核心在高层次人才。对于河源来说，人才之于绿色经济犹如人之脊椎一样重要，如果没有足够或匹配的人才就不足以支持绿色经济的生发壮大，进而必然失去全向性的市场竞争力，导致河源再一次错失经济社会转型升级的黄金机遇。河源具有得天独厚的生态基础和资源基础，还具有独特的客家人文基础。从宏观的视角看，河源绿色经济的发展什么都不缺，唯独缺人才，尤其缺乏高层次的各类型人才。据统计，全市各类型技术和企业管理人才不足万人，高级人才更是凤毛麟角，只有区区百数级别，甚至连所谓的高新企业其高层次人才平均也不足 2 人。比如领头羊市高新技术开发区，全区高层次人才也不过 305 人，何况还有被统计之嫌。缺乏中高层次人才的后果是致命的：第一层面，河源企业尤其新领域新成长的企业，由于缺乏新产品、新工艺、新流程、新技术的研发能力，尤其缺乏新领域后继的研发保障，导致产品创新不足，集成滞后，竞争力不足，企业缺乏活力，可持续经济效益自然无从谈起。第二层面，由于缺乏高层次顶尖领军帅才，河源企业缺乏新领域新形式新模式经济的创新引领和示范能力，企业的虹吸效应和蝴蝶效应不足，无法形成全域产业链，无法成就旗舰企业或航母企业，导致河源经济规模和质量均难以质变而无法摆脱当下经济结构调整三期叠加的困境，妄谈做细做深做强。第三层面，由于普遍缺乏中高层次管理人才，不但职能部门没有能力做好政府决策的高级智囊作用，提供不了优化的高质量的顶层设计规划和战略部署，政策的执行和

管理的实施也缺乏前瞻性、高效性，甚至与经济规律背道而驰，而且有关行业也形成不了风向引领和自造血输血的转型之能，坐以待困，令人唏嘘。就大社会环境而言，更加雪上加霜的是，河源市本就数量、类型、质量严重不足的稀缺人才资源，还因为政策、观念、氛围、待遇、管理不善不足不力，士气受到打击而挫伤，不断流失，而补充却不及流失，逐步造成人才空心化效应。不得不说的是，在官僚体制的浸淫下，自古就有的敬畏人才、仰慕人才的客家传统正在消失，在现实社会中不尊重人才、不把人才当回事，甚至排斥和轻视人才的现象可谓比比皆是。尤为痛心疾首的是，曾经花大力气引进的高层次人才，或由于不受重用，或由于情感受伤，或由于待遇偏低，几年后决绝而去的层出不穷，穷河源倒成为发达地区的人才摇篮，成为现实版的冷笑话。总之，人才困境是河源绿色经济发展的最大困境或瓶颈，人才问题若不从根本上转变观念，举全市之力加速布局和妥善解决的话，河源的经济数量抑或质量自然无从谈起，更遑论绿色经济。

2. 绿色经济成长细分市场与精准的靶击方向之缺

从目前的实情看，河源绿色经济的发展还处在众小企"百帆"混发的态势，既小又散且乱。无论是生态工业、生态农业，还是生态旅游业、生态服务业，看似"高大上"，实质是虚弱空，既没有细分市场，更没有精准的靶击方向，至今未能集聚一艘大舰领航示范和辐射。

比如生态工业方面，新电子、新能源、新材料、新医药"四新"产业的集群培育，迄今为止，由于引进了西可通信、广东美晨等127家手机及配套企业落户河源高新区，投资总额达571亿元，初步形成了集新产品研发、模具开发、注塑喷油、SMT（表面组装）、整机组装、质量检测、物流配送、市场销售为一体的手机产业"全链条"。但细究发现，手机产业"全链条"也没有做到可以书写的体量，只有区区百亿级的产值。其他的更不用说了，新能源、新材料只见散型的发展，新医药更是怕连影子都难以寻觅。生态农业建设，在打响"万绿河源、绿色食品"农业品牌方面，还处在区域内众多小而杂的品牌混沌杂耍的成长阶段。发展生态旅游业方面，未见真正意义上的生态旅游新产品，森林健身游、温泉养生游、乡村休闲游、文化体验游等生态休闲度假旅游更是处在酝酿或起步阶段，旅游文化含量仍然差距甚远。生态服务业方面，所着力培育的服务外包、网络服务、创意设计、现代物流、健康服务、电子商务等还停留点状的小众发展阶段，所谓整合和共享信息资源，发展信息服务业，推动建设"智慧河源"还远远不见雏形。

归根结底，形成如此不堪局面的根本的问题，是我市绿色经济成长方向不明不实不具体所致，本质的问题就是对"绿谷"所包含的最高路线图之"五位一体"和"绿富双赢"没有精准把握且无视市场杠杆调节作用所致。

3. "互联网+"绿色经济平台建设之缺

未来可见时期的经济，是"互联网+"的绿色经济。企业的生命力及其产品、服务的创新和竞争力将通过"互联网+"插上翅膀而展翅高飞，彰显所谓的长尾效应，成就传奇。但是，"互联网+"绿色经济在河源来说是新事物，从2C向2B的转变更是新事物，还远远没有被我们所熟知，还只是印象，对其短短一两年成几何级数的蓬勃发展还只是听闻，更谈不上建设和运用。若放任后知后觉不予布局，迟滞几年后，河源绿色经济的成长很可能再次错过长翅膀而助经济腾飞的最佳时机，因此，理应抢抓机遇、急起直追、不容再失。

关于"互联网+"经济，有一组数据很能说明问题。关于投资领域，据测算，未来3年，网络信息基础设施建设投资将超过1.2万亿元。互联网等新技术与传统产业的融合发展，也将形成一大批新的投资热点，同时给存量经济带来新的生机。在消费领域，在过去的2014年，我国信息消费规模已经达到2.8万亿元，预计2015年将达到3.2万亿元，智能家庭服务机器人、智能无人驾驶汽车等，都将在今后一个时期挖掘出巨大的消费潜力。在农业领域，针对当前我国农业存在的组织形式小并且散、生产方式粗放、服务水平滞后和质量安全缺失等一系列突出问题，"互联网+"现代农业将为提升农业生产、经营、管理和服务水平，促进农村一、二、三产业融合发展，发展现代农业提供有效的途径。在工业领域，互联网正在成为驱动制造业变革的核心力量。作为共性技术和关联纽带，互联网可以实现企业与个人用户、企业与企业用户、企业与产业链上下游的高效协同，有利于推动产业提质增效升级。在服务业领域，基于互联网的政务、医疗、健康、教育、旅游和社会保障等新兴服务将快速发展，有利于创新服务模式、优化资源配置、提高服务效率和改善服务质量。

互联网促进经济转型的巨大推动力是显而易见的：未来的制造业将走"专业化+信息化+小制造"之路，服务业实现渠道扁平、社交营销、支付在线、圈层定位等新功能。因此，失去"互联网+"翅膀的绿色经济，在信息化时代是没有强大的生命力的。对于河源而言，分层分类分型做好"互联网+"主干平台建设，乃是摆上政府议事日程的第一要事，也是企业家们要合力协同促进的大事。

三、河源绿色经济发展补短之策

1. 转变观念，培育氛围，举全市之力实施河源人才长效计划

绿色经济之成长的支柱在于中高层次人才的脊椎型支持，要实现短期缓解、长期破解的目标，必须转变怠慢人才、轻视人才的观念，培育尊重知识尊重人才的社会氛围，加大前瞻力度，实施长效的河源人才计划，做到"身情心"三入留人育人用人，为河源绿色经济提质增效奠定最坚实的基础。

要举全市之力实施河源人才长效计划。实施"人才强市"战略，制定《河源市中长期人才发展规划纲要（2016—2025年）》，配套制定（修订）《河源市人才管理、激励与保障实施办法》（整合现有的《河源市加强高层次人才队伍建设的实施意见》和《河源市加强技能人才队伍建设的实施意见》文件），以地方立法形式给予固化，大力推进高层次、高技能人才队伍建设，激励扶持创新创业人才

及团队，实现把各型人才聚集到河源创新创业，乃至反哺职业教育师资之缺。

河源人才长效计划是包括人才引进、人才培养、人才使用、激励扶持和保障服务为一体的综合性、体系性的文件，是人才强市、实现绿谷战略的重大举措，主要体现在"六大机制一环境一平台"建设。

（1）建立人才优先投入机制。设立"人才专项资金"，大幅投入，并逐年增加，定向资助各类科技人才开展事关河源经济社会民生的前沿理论研究、社会问题研究、技术研发、技术改造、成果培育等。

（2）建立健全人才政策体系。按需精准制定人才培养、人才引进、人才服务、人才激励、人才保障等体系化政策文件。

（3）建立人才工作管理机制。依托"互联网+"平台实施人才实时动态管理，强化职能部门人才目标责任考核和绩效考核。

（4）建立健全人才培养机制。建立以政府为主导、以行业为主体的培训平台，建立覆盖职业院校师生的人才培养体系和培训制度。

（5）强化人才服务机制。建立中高层次人才培养与引进服务中心，形成跟踪服务机制，为中高层次人才在创业资助、项目安排、配偶服务、子女入学等提供全程服务。

（6）创新人才激励机制。健全以政府奖励为导向、用人单位和社会组织奖励为主体的人才激励体系，大力激励扶持科研开发团队，重点奖励在技术、研发、社会发展、管理创新等方面作出贡献的创新型人才。

（7）优化创新创业融资环境。建立银行、财政、科技三方合作机制，为科技创新型企业引进金融和产业资源发挥积极作用。

（8）加快引智载体平台建设。依托我市18家省级工程技术中心和41家市级工程技术中心，夯实科技创新平台。尤其要注重联合地方高职院校、中小企业建设产学研服务平台。

2. 细分市场，精准靶击，坚定实施"细深强"的绿色成长

在笔者看来，河源绿色经济发展战略的方向无疑是准确的，但缺乏具体可行的市场化引导。对此，绿色发展必须依河源实际和潜力细分市场，精准靶击，做到点面线发展有机结合，且在做细做深的基础上谋强谋大。

一是发展现代生态农林牧业。建立现代生态农林牧业一体化长效机制体制，实施中央厨房式发展模式，以灯塔盆地综合示范园区为龙头，以各县区特色农业园区建设为推手，以综合大品牌发展为核心，以特色优质农林牧产品为卖点，以线上电商为助力，走一条具有浓郁河源特色的现代生态农林牧业发展之路，夯实绿色经济的基础。

二是结合全民大健康产业，把现代生态休闲度假养生旅游业摆上议事日程，以规划和建设旗舰型国家级休闲度假养生园区为龙头，通过各种现代手段把分散在五县二区的高特色、高价值的自然、文化、民俗等优质资源串联并成若干珍珠

线路或项目,打破"短散小"旅游困局,形成"长整大"格局。

三是融合现代服务业、旅游业大力发展区域独特的客家文化创意产业。以"敬畏历史、敬畏文化、敬畏先人"的理念,按"找出来——保下来——亮起来——用起来——串起来"的行动策略,创新思路,形成文化与产业有机结合的独特的历史文化产品,传承和光大地域文化,涵养社会核心价值观,使之成为绿色经济的一个组成部分和发展的恒久动力。比如,可以规划以坚基购物中心为聚集基础的客家文化创意街区,实施专业化的资源配置、风险市场化的投资和法制化的产业运作。对于桃花水母剧场,可以从上游的创意、策划、投资、剧场整修,到演出的组织、演员的培训、票房的推销、宣传活动的组织、纪念品的销售等,都按照社会化规模生产进行细致分工。这样,创意街区既可以成为创意人才的集聚地,依托艺术发展SOHO商业,成就独特的创意氛围,增添城市活力,凸显消费引导经济,又可以发挥科技与文化创意相结合的优势,为河源发展文化创意产业奠定基础。

四是依托区域特色优势矿产资源超白石英砂、稀土矿、钨矿等,科学合理规划,进一步扶持现有的大中型成长企业,做到"勘探、采集、运输、加工、销售、研究、保护、复绿"一体化、绿色化,做细做深现代中高端制造业。

五是依托全国唯一的优质饮用水资源开发基地万绿湖,通过整合区域五县二区各种优质水资源,集聚成长型企业,拓展水资源产业,集高技术农业、生态农业、观光农业、休闲养生旅游业等于一体,形成全域水资源产业链。

3. 紧紧抓住时代潮流,加快布局"互联网+"绿色经济平台建设

"互联网+"必将成为"十三五"期间改善政府治理模式、孕育新的经济增长点和促进产业转型升级的重要抓手。对此,抢抓机遇,实施由政府主导、企业参与做好"互联网+"各类型平台建设,务必在第一时间行动。

一是利用互联网实现我市农业生产的标准化,树立安全健康的品牌形象。依托互联网和物联网的结合,农业生产"耕、种、收、管"的各个环节都可以实现一条龙作业标准模式,而且在实现"高产、优质、高效"的同时,食品安全也成为可能。因为,只要扫一下二维码,农产品的出产地、生产者姓名、采摘时间、培育方式、运输渠道和进超市时间等信息可以进行全流程追溯,无疑对农产品品牌安全形象的建立具有高可信的保障作用。

二是利用互联网加快促成我市制造业向特色、高新转型。作为共性技术和关联纽带,互联网可以实现企业与个人用户、企业与企业用户、企业与产业链上下游的高效协同,有利于推动产业提质增效升级。比如具有雏形的手机全域产业、太阳能光伏产业、硬质合金产业、空气能产业等,通过"互联网+"实现智能化的工业生产、产品的定制化和个性化服务、组织层面的改造和绿色生产和管理等。

三是利用"互联网+"开启我市现代生态服务业的全新时代。由政府牵头研

究和实施基于互联网的政务、医疗、健康、教育、旅游和社会保障等新兴服务主干平台建设，大力推进绿色企业电商平台网架链接，布局大物流园区项目，在目前全市 60 多家科贸、商贸企业落户的基础上，进一步优化"互联网+"商贸环境，必将能够在较短时间内（3～5 年）创新服务模式、优化资源配置、提高服务效率和改善服务质量，实现服务智慧化。

第七节　谋划构筑河源特色的哲学社会科学实践体系

一、背景

2016 年 5 月 17 日，习近平总书记在哲学社会科学工作座谈会上发表了重要的讲话，对我国今后一个时期哲学社会科学的发展方向与引领作用提出了"四个问题"，即坚持和发展中国特色社会主义必须高度重视哲学社会科学、坚持马克思主义在我国哲学社会科学领域的指导地位、加快构建中国特色哲学社会科学、加强和改善党对哲学社会科学工作的领导，摆在各级党委政府和全国哲学社会科学工作者的面前。习近平总书记"四个问题"的提出，前瞻而清晰地指明了新形势下，我国哲学社会科学地位将更加重要、任务更加繁重。正如习近平总书记讲话指出："一个国家的发展水平，既取决于自然科学发展水平，也取决于哲学社会科学发展水平。一个没有发达的自然科学的国家不可能走在世界前列，一个没有繁荣的哲学社会科学的国家也不可能走在世界前列。"可见，我国哲学社会科学的繁荣发展必须以人民为中心，以服务人民为第一要义，关照当代、关照现实、关照人民需求。

同样的道理，对于河源而言，如果没有繁荣的哲学社会科学也不可能走在广东全面建成小康社会的前列，不可能走在"健康中国"建设的前列，也难以回答好习近平总书记"四个坚持、三个支撑、两个走在前列"的重要批示。面对新形势新要求，如何加快构建具有河源特色的哲学社会科学，服务好河源的跨越式发展，解决好后发河源的根本问题，是目前摆在哲学社会科学工作者面前的新的和亟待破解的最大课题，是哲学社会科学工作者必须深入思考和全力付诸工作实践的现实问题。因此，需要充分发挥哲学社会科学的作用，需要哲学社会科学工作者立时代潮头、发思想先声，积极为党和人民述学立论、建言献策。

二、河源需要与现实思考

河源于 1988 年建市，是广东最迟建市的地区之一，又地处粤北山区，发展滞后，是典型的欠发达地区。但是，经过二十多年的追赶式建设，河源的经济社会发展目前正处在全面建成小康、率先振兴发展的关键时期。2017 年政府工作报告提出了要在"十三五"时期初步建成珠江东岸绿色新兴产业集聚地、粤北赣南区域性综合交通枢纽、岭南健康休闲旅游名城和现代生态山水园林城市等鼓舞人心的愿景目标。面对新形势新要求,如何设计部署和加快构建可持续的哲学社会科学体系,助力河源全面建成小康社会,是摆在党委政府最优先的课题。尤其在习近平总书记最近对广东工作做出"四个坚持、三个支撑、两个走在前列"重要批示的新要求下,迫切需要哲学社会科学更好发挥"五大"作用。

第一,河源地处粤东西北欠发达地区,面对当今社会思想观念和价值取向日趋活跃、主流和非主流同时并存、社会思潮纷纭激荡的新形势,迫切需要河源市哲学社会科学界积极行动起来,加强学习、研究、阐释和宣传,引领人民群众深化认识,切实把思想和行动统一到"四个坚持、三个支撑、两个走在前列"上来,巩固马克思主义在意识形态领域的指导地位,培育和践行社会主义核心价值观,巩固各级党委和人民群众团结奋斗的共同思想基础,更好地发挥哲学社会科学的思想引领作用。

第二,面对国家发展环境深刻变化的新形势,面对"一带一路"倡议的深入实施,面对经济发展进入新常态,如何贯彻落实好习近平总书记"四个坚持、三个支撑、两个走在前列"重要批示要求,迫切需要哲学社会科学更好发挥指导作用,发出河源好声音,作出河源新贡献。

第三,面对改革进入攻坚期和深水区、各种深层次矛盾和问题不断呈现、各类风险和挑战不断增多的新形势,如何提高改革决策水平、推进市域治理体系和治理能力现代化,更好地实施"两大战略"、打好"两大战役"、紧扣"三大抓手"、着力做到"四个提升"、加快推进"五个一体化"等,迫切需要哲学社会科学更好发挥作用,需要哲学社会科学的成果参考和指引。

第四,面对世界范围内各种思想文化交流交融交锋的新形势,面对我国文化强国战略和广东建设文化强省行动计划的新形势,如何加快建设文化河源、增强文化软实力、提高我市的话语权,迫切需要哲学社会科学更好发挥理论指导和落地人民群众的好作用。

第五,面对全面从严治党进入重要阶段、党面临的风险和考验集中显现的新形势,如何在大局中结合我市实际,不断提高各级党委的领导水平和执政水平,增强拒腐防变和抵御风险能力,提升各级党委的核心领导力、公信力和凝聚力,迫切需要哲学社会科学更好地发挥作用。

面对新形势新要求,要构筑具有河源特色的哲学社会科学实践体系,充分发挥哲学社会科学的"五大作用",需要我们直面问题和勇于承认不足。目前,河源市哲学社会科学领域还存在一些亟待解决的问题和突出矛盾。比如,哲学社会科学发展战略不明确,基本的发展规划也没有,缺乏顶层设计;哲学社会科学学科体系、学术体系、话语体系建设水平落后,环节缺失,学术原创能力刚刚处在起步阶段;哲学社会科学人才培养与教育体系不健全,学术评价体系还没有建立,管理体制和运行机制也不完善;高层次专业人才匮缺,人才队伍总体素质亟待提高，经费保障不到位、学术功课不扎实、学风方面问题比较突出，等等。总的来看，我市哲学社会科学还处于缺体系、缺数量、缺质量、缺精品、缺专家、缺大师的"六缺"状况，没有能够发挥哲学社会科学的基本作用。

三、对策与建议

要彻底改变河源哲学社会科学的"六缺"现实，需要市委市政府和各级职能部门以及哲学社会科学工作者加倍努力，不断在解决影响我市哲学社会科学发展的突出问题上取得明显进展，加快实施具有河源特色的创新系统工程。

当然，构建河源特色哲学社会科学是一个系统工程，是一项极其繁重的任务，迫切要求市委市政府重视哲学社会科学的发展，加强顶层设计，统筹各方面力量协同推进，实施哲学社会科学创新工程，搭建哲学社会科学创新平台，全面推进哲学社会科学各领域创新，融入河源经济社会建设之中，不断发展构建具有河源特色的"平台＋政策＋培养＋支持＋宣传"的创新系统工程。

一是搭建创新平台。充分发展河源市唯一高校河源职业技术学院的人才"水池"和智力摇篮的优势，依托高校建设马克思主义学院，建设河源哲学社会科学高端智库，建立哲学社会科学研究信息化平台，创建具有正式刊号的《河源学术》期刊，组建具有河源特色的学术交流沙龙或论坛。

二是创新政策。创新哲学社会科学活动体制机制，尽快制定并出台河源市哲学社会科学"十三五"发展规划和哲学社会科学活动实施与管理办法等事关顶层的重要政策文件，创新科研经费分配、资助、管理体制，加大科研投入，提高经费使用效率，建立科学权威、公开透明的哲学社会科学成果评价体系，建立优秀成果推介制度，把优秀研究成果真正评出来、推广开。

三是立足人才培养。实施河源市哲学社会科学人才工程，构建特色鲜明、梯队衔接的哲学社会科学人才体系。精准引进或发掘培养哲学社会科学思想家和理论家，成为领军人物；重点要立足地方高校和县市党校，培养一支理论功底扎实、勇于开拓创新的学科带头人；立足本土人才队伍，培养和发掘一批年富力强、锐意进取的中青年学术骨干。

四是建立保障支持的长效机制。河源市委市政府要把哲学社会科学工作纳入重要议事日程，深化管理体制改革，形成既能把握正确方向又能激发科研活力的体制机制，统筹管理好人才、阵地、研究规划、研究项目、资金分配、评价评奖活动。建议设立河源市哲学社会科学研究基金、哲学社会科学优秀成果政府奖；党委、政府、学者协同出题，优化科研布局，配套资金开展重大课题研究；对专家学者参加国内外高水平的学术会议、发表高质量学术文章、出版有影响力的著作等给予全额支持；对专家学者的学术研究活动取得显著成绩的，经评估后实施后补助政策。

五是创新宣传平台。运用云平台和大数据技术，利用"互联网＋"等新媒体新技术，建立具有河源特色的报刊网络理论宣传等思想理论的工作平台，发挥全天候的作用，深化拓展马克思主义理论研究和宣传教育，通过平台和技术手段实现全员、全方位、全过程覆盖，实现宣传工作入眼入脑入心，落到实处。

第八节　文化河源视域下客家文化创意产业发展思考

21世纪是文化中兴、文化兴邦的世纪。文化是人类社会特有的现象，它是由人所创造，为人所特有的。文化既是城市的灵魂，是地区综合实力的标志，也是构建和谐社会的有力手段，更是社会认同的主要力量，可见文化之兴与否，事关未来的社会发展。对于后发地区河源而言，"文以化之"的重要性不言而喻。作为拥有340多万客家人的河源市，是广东省乃至中国为数很少的纯客家地区之一，也是我省仅次于梅州地区的第二大客家聚居区。作为客家古邑的河源市，其前身属地为古龙川县，秦王朝于三十三年（前214）始置龙川县，至今有2 228年的历史，是南越王赵佗的"兴王之地"，是广东最早立县的四个古邑之一，可谓历史久远，文化底蕴厚重，文化资源独特，尤其是独树一帜的"客家古邑"文化，为弘扬和创新发展优秀传统文化提供了可能，为创意产业提供了舞台，也为文化崛起奠定了厚实的基础。具有里程碑意义的是，河源市于2010年11月成功举办的世界客属第二十三届恳亲大会，向全球客属华人发出了声音，展现了客家古邑河源崭新的和巨大的发展愿景。2011年12月23日在河源市第六次党代会上，市委市政府适时提出，河源市今后一个时期内将重点实施"文化河源"战略，这就为文化兴市、文化强市奠定了新的方向和路径。随着河源市"创文创卫"的深入推进，如何嵌入历史机遇，抓住有利时机，立足于地域特色文化，着力把"客家古邑"文化挖掘呈现并加以开发利用，使之成为一种可持续生发的文化资源，再寓以创意转化为文化资本，转化为经济效益，转化为民众的幸福生活，是当下河源极具现实意义的文化课题，具有效益倍增效应。

一、文化创意产业释义

文化的崛起必须依靠文化产业的繁荣作保障。从辩证关系说，要以文化事业带动产业发展，以产业兴盛保障文化事业。文化事业提供的思想基础、艺术形式和文化资源是文化产业发展的基础。所以，大力发展文化产业既是文化事业的坚实基础，也是为满足人民群众多样化文化需求的主要途径。从21世纪文化新兴的趋势看，文化创意产业已经成为文化事业发展和繁荣的新支柱，是引领文化发展的朝阳产业。什么是文化创意产业？所谓文化创意产业，是指在具有丰富内涵的文化的基础上创作融合知识的原创性与变化性，使它与经济有机结合起来，发挥出产业的功能。简言之，是指将抽象的文化通过智创直接转化为具有高度经济价值的文化产业。显然，这是一种知识与智能创造新产品和新产值的过程。

追根溯源，1998年出台的《英国创意产业路径文件》中最早提出了创意产业的概念，文件提出："所谓创意产业，是指基于个人的创造力＋技能＋天分以及通过对知识产权的开发创造财富和就业活动的企业活动。"结合国内外近年的研究成果和各国的具体实践，研究认为创意文化产业具有鲜明的三大特点：第一，"创新创意"是文化创意产业生产过程中运用的基本元素，不可或缺；第二，文化创意产业活动是文化物态的一种生产形式；第三，"知识财产权"是文化创意产业产品的新属性。

可见，这种创造性活动，改变了过去只有依赖具体的物质生产实体才能制造产品、创造财富的传统概念，催生了一种产业链中也可以是抽象的、无形的产品的新形式。这种特殊生产方式的兴起，受到世界各个国家和地区的广泛关注，也为那些具有文化影像的传统产业提供了发展空间，提供了无限想象和无法预期的发展潜在力量。

二、加快发展河源市客家文化创意产业的背景和必要性

河源的经济社会发展虽然在近年来取得长足的进步，经济总量和整体的经济发展质量有了一定程度的提升，在经济发展的前提下，社会事业、社会建设和社会管理以及民众的生活幸福感也得到一定程度的提升。但毋庸置疑，在我国创意文化产业走向高端化发展的背景下，在全省范围内来看还是落后的，而且是全方位的落后，这与历史原因和地理位置有关联外，还与文化的贫乏、文化发掘的严重滞后以及文化事业的落后、文化产业不振有关。与之相对的是，河源市文化创意产业在客属范围内或广东范围内，独具发展特色、发展特性和发展前景，独特的资源优势都与客家古邑有关，其资源包括河源市区恐龙古迹、紫金的花朝戏、连平忠信花灯、和平林寨四角楼、龙川佗城和杂技、东源客家黄酒和古村落等。因此，加快发展河源市客家创意文化产业首先是河源实现文化崛起的需要，更是新时期重构客家河源人精神家园的需要，也是河源今后社会经济可持续发展的重要软支撑。

但是，目前河源市客家文化的发掘、研究、保护和开发利用还处于初步的起步阶段。虽然借助23届世客会的东风在较短的时间里有长足的发展和进步，显示了巨大的发展潜力和前景，但是距离建设文化河源的目标差距甚远，更远远落后于梅州、韶关、惠州等兄弟市，存在不少亟待解决问题，最为突出的是制度创新问题，主要表现在：

（1）文化内涵发掘不深，真正富有特色的本土文化创意不多，客家文化特色还不浓。对于客家古邑硬件建设花费的功夫多，摆门面的建设多，而对于与之配套的客家文化软件建设走过样、不重视，导致五县二区的客家文化内涵与功能未能得到充分发挥。

（2）市场发育机制不全，政府大包大揽，带有较浓的功利色彩。对于展示客

家文化场面的热闹下的功夫大，对于如何培育市场运作机制，生产出能够创造出巨大商业价值的客家文化产品则关注不够，更别说"精致产品"。

（3）粗放经营，缺少能够生产出巨大商业价值的创意文化产品。投入客家文化产业经营的商家、企业不多，实力有限，与文化创意严重脱节，故难以形成既能创造价值，又能体现本土特色的，上一定规模、档次的客家文化产品与产业。

（4）投入大于产出，社会效益大于经济效益。河源市的文化产业可以说还处在起步阶段，至多处在粗放发展阶段，其在创造人均地区生产总值、增加就业机会、提高人民生活、推进城乡经济一体化方面的成效还有待显示。

（5）缺乏高素质的研究机构和人才队伍。发展客家古邑文化创意产业，必须后靠强有力的文化智力支持，必须外引内育建设一个和多个高水平的文化机构或科研院所，实施联动共建模式，共育高层次文化与创意人才，这对于推进文化产业的前期启动和后续建设至关重要。尽管客家古邑文化研究会的成立奠定了日后发展的基础，但是，毕竟客家文化的研究和产业形成还刚刚起步，有重大影响力的研究人才及其设计人才匮乏，一批国家、省、市的非物质文化遗产传承人有所萌动，难以在短期内发挥重大的作用。

三、河源市发展客家文化创意产业的借鉴

创意产业自英国首倡，其后欧美许多国家和地区也纷纷大力推动创意产业，我国台湾地区在客家文化创意产业方面的理论和实践探索，走在亚洲前列，尤其值得河源市学习借鉴。

台湾地区大力提倡创意文化产业始于21世纪初，主要基于以下两大背景举政府之力推动：一是从经济视角看，观光旅游成为时下台湾产业发展的新选择、新的增长点，依赖制造业的优势风光不再。从台南到台北，许多县乡顺应大众闲暇时间的变化以及休闲旅游消费注重文化的体验，注入传统、历史、民俗、民情、民风等元素，大力建设具有地域特色的文化品牌、振兴之路。二是从社会发展看，改弦更张已经成为时代的潮流，过度开发的商业化行为，过于一切向金钱与物质看齐的行径，导致人们精神生活的贫乏与慵懒，反物质化与金钱化成为当下人的另一种选择，营造基于文化的精致生活产业便成为必然选择。在如此深刻的背景下，台湾执政当局一直致力于把创意文化产业作为施政目标，创意文化产业也是文化机构与地方县乡的探讨实践的热点课题。正因如此，台湾地区的文化创意产业转型升级走了一条特色之路，率先从休闲旅游观光业入手创出新路。其产业路线为：通过创意聚合嫁接，将观光旅游产业与文化产业升级转型成为文化观光旅游产业，改变过去观光旅游只是吃喝玩乐、缺乏人文精神享受的单味状况，把传统的休闲观光旅游带入另一种境界。在这一过程中，台湾有关的客家县乡，大打民族温情牌，将客家文化元素融入观光业之中，借此机会把客家文化影像明晰而深刻地通达到游客的记忆之中，吸引和打动游客，尤其是大陆游客。

就目前情况而言，台湾文化创意产业在观光旅游产业发挥突出的引领作用，每年吸引千万以上的游客深度参与台湾行，显著拉动经济和产业发展。其四大特点值得借鉴：一是立足当地文化资源，追求个性文化内涵发掘、创意、设计与塑造，将张扬的个性文化与精细的商业化运作密切结合，形成鲜明特色，造就核心竞争力。二是顺应"互联网+"时代的人文需求，将参与性的文化体验与旅游产品延伸增值有机结合，实现观光旅游产业的换挡升级。三是出台政策扶持，下功夫设计、开发和创新旅游商品，将服务环境营造和丰富多彩的旅游商品创新密切结合。四是搭建"政行企"合作平台，实施"产研民"结合。台湾地区的文化旅游区推动文化创意产业的路径比较成功，就是基于"政府扶持+研究机构参与+企业实施"的模式，反复筛选、反复论证，打造区域独特的"产业+产品+创意+营销"形式，以达成定位准确、规避风险的目的，这是最具决定意义的细节和环节。总之，为了提升产业核心竞争力，多揽游客，包括客家庄在内的台湾各旅游区，无不立足地方文化资源，最大限度追求个性文化内涵的实现，达成鲜明特色的核心竞争力。因此，通过台湾行我们可以充分体验到，各文化旅游区开发的旅游商品注入特色文化元素，可谓千姿百态，个性彰显，意蕴十足，少有雷同，书写出文化创意产业的生命与灵魂之所在。

四、推进河源市客家文化创意产业的建议

文化创意产业离不开政府政策的扶植和引导，为了推进河源市客家文化创意产业的发展，结合河源市的实际，实施政府主导文化创意产业品牌计划，提出以下建议：

1. 转变观念，提高认识，树立文化兴市意识，把客家文化的保存、保护与合理利用、开发与河源的社会、经济发展深度结合起来

文化的弘扬和传承在很大程度上依赖于文化产业的发展程度，而文化产业的繁荣与否则依赖于理念的再建构和全民的共同意识。对客家文化的发掘、保存和弘扬，不能够只停留在宣传层面，必须落实在客家古邑文化产业创建的具体行动之上，制定中长期发展战略，配套长效的发展规划、政策措施和可行的阶段性实施方案。就目前来看，很有必要实施"研究——宣传——平台建设——产业化"循环策略。一定要避免台湾学者所说的情况发生：不少地方热衷于操办各式客家文艺活动，津津乐道于桐花祭、蓝布衫、山歌、文化展演场面的轰轰烈烈，但是热闹的背后却没有支撑，没有创意产业，没有为客家社会与产业创造多少产值。这究竟在多大的程度上推动了客家文化的发展？这些言论对于我们也同样具有借鉴意义。

2. 建立融客家文化与产业于一体的研发基地

目前河源市以客家文化作为研究对象的机构只有一个，这就是客家古邑文化研究会，但该会纯粹是为23届世客会服务的临时机构。从2011年世客

会结束以来的情形看，全市的客家文化宣传、文化活动和研究、开发等几乎处于休眠状态，客家古邑文化研究会也失去活力。为了承担起河源市客家文化创意产业的重任，建议由市政府牵头，举全市之力，依托市委宣传部、文广新局、社科联或诸如河源职业技术学院类教育文化事业单位，建立一个客家古邑文化协同发展与创新中心（基地），该中心（基地）融设计与统筹、规划与研究、开发和咨询服务为一体，专门负责河源市客家优秀传统文化挖掘、品牌文化创意、生态文化资源整合、旅游产品设计、营销策略制定等活动。

3. 确立重点课题，编制河源市客家文化创意产业发展总体规划

在对全省客家文化资源分布、产业发展现状进行全面摸底调查的基础上，在对全市客家文化资源分布、产业发展现状进行全面梳理和分析的基础上，基于恐龙文化、特色民俗、温泉文化、生态文化等为重点，建立健全"一业一策"的产业配套扶持政策，确立重点课题，做到研究和发掘先行，同时依托研究成果编制河源市客家文化创意产业发展总体规划，对推进河源市客家文化创意产业的总体思路、发展布局、产品设计、营销策略、人才培养以及发展阶段等，提出总体设计和规划，描绘切实可行的蓝图，提出可供采纳的对策建议，使之建设形成河源文化创意产业的特色和品牌。

4. 加强人才队伍的投入、建设和培养

文化河源战略的实施，客家文化的中兴，文化产业的新兴，乃至创意文化的可持续发展，归根结底都离不开人的因素，离不开许许多多有志于客家文化的人才队伍。因此，首先要创新文化人才培养和使用机制，同时加大文化人才的投入，加强文化人才的引进和培育，采取走出去、请进来、引进来的方式，通过举办学术讲座、培训班、有组织有计划实施田野调查、召开学术研讨会、专项专人外出进修、外出学习考察等活动，加强对本地文化人的培养，并进一步加强培养后备人才，尽快建立一支能够胜任推进河源市客家文化产业重任的结构合理的研发队伍，以保证河源市客家文化产业健康持续发展。

第五章
新时代河源乡村全面振兴发展的研究

第一节 新时代河源乡村全面振兴发展的体系及其建构

一、前言

乡村全面振兴,是乡村振兴战略的方向和目标,也是"三农"工作的总抓手,事关农村农民的切身福祉。对此,习近平总书记指出:"要坚持乡村全面振兴,抓重点、补短板、强弱项,实现乡村产业振兴、人才振兴、文化振兴、生态振兴、组织振兴,推动农业全面升级、农村全面进步、农民全面发展。"从党和国家顶层设计的视角看,乡村振兴不仅仅是指农业生产、生态建设或村容村貌等某一方面的振兴,而是产业振兴、人才振兴、文化振兴、生态振兴和组织振兴"五位一体"有机整体的全面振兴,是五个方面既各自成篇、独成支点,又相互联系、彼此促进的体系振兴。这种整体、系统和协同的乡村全面振兴发展观,是推动农村、农业、农民和生产、生活、生态协调发展的必由之路,是实现乡村振兴发展的基本遵循原则。河源的乡村振兴发展也不例外,在中华民族伟大复兴中国梦的历史大潮下,在让农村环境留得住青山绿水、记得住乡愁和牢固树立绿色发展理念的前提下,全面振兴发展必须对标国家和省的顶层设计和战略实践,基于河源的客观历史和当下实际,建构具有河源本土特色的乡村全面振兴发展的有机整体的体系,实现乡村振兴的全面发展。

二、关于体系思想及其认识

何谓体系?体系是指基于整体、系统和协同"三位一体"关系构成的有机系统。就一般意义而言,体系是指若干有关事物或某些意识相互联系的系统而构成的一个有特定功能的有机整体,泛指一定范围内或同类的事物按照一定的秩序和内部联系组合而成的整体,是不同系统组成的系统。关于体系,往大里说,宇宙是一个体系,人类也是一个体系,往小里说,社会是一个体系,人文也是一个体系。所以大体系包含小体系,小体系包含更小的体系。众多的小体系,则可以构成一个大体系以至于总体系。概言之,总则为一,化则无穷,反之亦然,这就是体系。深刻认识体系，牢牢树立体系思想，实施体系战略和举措，是实现乡村全面振兴的前提和基础，具有重要的现实和未来意义。

何谓乡村全面振兴？根据十九大报告作出的实施乡村振兴战略重大决策部署，党和国家领导人作出把实施乡村振兴战略摆在优先位置和坚持乡村全面振兴的指示。乡村全面振兴是指产业振兴、人才振兴、文化振兴、生态振兴、组织振兴的整体性、系统性和协同协作的有机振兴。推而及理，乡村本身就是一个体系，乡村振兴也是一个体系，乡村要实现产业、人才、文化、生态和组织等全面振兴，无疑就是一个完全体系的建构、一个完全体系的生成。因此，"五大振兴"是目前促进乡村全面振兴的核心内涵，也是实施乡村振兴战略的五条核心路径和五个关键支撑点。走进新时代，迈入新阶段，乡村全面振兴，是我国农业农村发展史上具有划时代的里程碑意义的战略决策，也是我国一个领域的体系进入新时代发展的彰显。用体系发展观来考察当今我国农村振兴的发展，至少可以获得以下两个方面的重要认识：第一，从本体论的视角看，体系是乡村发展的本质属性或根本特征，是一种应然的意义。农村农业农民的全面发展、协调发展、和谐发展、可持续发展等都是体系发展的不同角度或方面的具体表现。对于中庸之道一以贯之的中国来说，农村发展所要追求的人本性、全面性、协调性、可持续性等都要从体系中引申、衍生、阐释。体系发展的先进性或多维表现，代表了我国农村社会发展的基本趋势和方向，只有体系发展，才能有效克服严重不平衡、不充分的发展问题，引领农村发展的未来。第二，从方法论的视角看，体系是当今我国农村发展的重要的认识和实践方法，我们要从体系的视角来把握、分析、评价和解决发展问题。具体而言，我们审视发展现实、解决发展问题、重塑发展未来，都需要一种体系化视野和大格局，因此，体系的观念和实践方法理应成为当下乃至未来乡村振兴发展实践的重要的方法论武器。

体系发展思想其实是源自古代的。从传统上讲，体系是千百年来国人的精神家园，所谓的家国一体。讲体系则是国家治理的基本之道，最基本的实践是天人合一，最高境界也是天人合一。凡盛世抑或中兴，无不是体系之造。党的十八大以来，我国乡村振兴发展真正步入了体系发展的新时代，尤其是党的十九大以来，体系发展之路走进新阶段，这表现为从发展理念的提出、发展战略的布局到发展实践的推进，都呈现出了鲜明的体系及体系性特征。"五大振兴"就是典型的鲜明的体系建构的现实体现。产业振兴是物质基础，必定少不了现代乡村产业体系的支撑，唯有完善的产业体系，才能够实现产业旺、百姓富裕的根本目的；人才振兴是关键因素，必定离不开让更多人才愿意来、留得住、干得好、能出彩的人才体系的支撑；文化振兴是精神基础，必定不能缺少能够实现乡风文明的体系支撑，否则就满足不了农民日益增长的精神需要；生态振兴是重要支撑，少不了能够实现农业农村绿色发展的大体系；组织振兴是保障条件，没有建立一个更加有效、多元共治、充满活力的乡村治理新型机制，乡村振兴就会失去根本保障，就是一句空话。可见，乡村全面振兴的发展目标具有体系性。其一，作为发展目标，乡村全面振兴具有体系化。即乡村振兴不是实现其中的一个方面的子内容，而是包括从产业、人才到生态、文化、组织振兴的多维内容的全面实现。其二，发展任务的体系化。乡村振兴表现为产业振兴、人才振兴、文化振兴、生态振兴、组织振兴的"五位一体"。没有这五种建设就没有整个农村农业农民的发展进步，而且只有上述五种建设的全面推进、协同联动，才能实现农村的发展进步。其三，发展战略布局的体系化。产业振兴、人才振兴、文化振兴、生态振兴、组织振兴"五位一体"的全面振兴的"全面"本身就具有整体性的含义，它在空间上具有覆盖性，在时间上具有长期性。同时，"五位一体"中的每一个"体"，自身又都具有子系统的性能。其四，发展理念的体系化。"五位一体"的振兴表现为整体性的改革观和整体性的生态观。诚如习近平总书记指出："我们要认识到，山水林田湖是一个生命共同体，人的命脉在田，田的命脉在水，水的命脉在山，山的命脉在土，土的命脉在树。用途管制和生态修复必须遵循自然规律，如果种树的只管种树、治水的只管治水、护田的单纯护田，很容易顾此失彼，最终造成生态的系统性破坏。"

三、河源乡村全面振兴发展存在的问题

2018年年底，全市户籍总人口为372.76万人，农业人口289.74万人，占比高达77.7%。农林牧渔业总产值168.64亿元，仅占地区生产总值1 006.00亿元的16.8%。2018年，全市人均地区生产总值为32 530元，仅为全国（64 644元）的50.3%、全省（86 412元）的37.6%。农村居民人均可支配收入14 620元，农村居民恩格尔系数为41.5%，省定贫困村255个，建档贫困人口5 167户、15 499人。从上述几组数据可以初步判断：首先，河源是广东省名副其实的经济社会发展欠发达地区，全市人均地区生产总值仅为全省的37.6%，振兴发展任重而道远。其次，河源市是广东省典型的农业大市，农业人口高达77.7%，广大农村地区农业产业处在低水平、低效益的状态，农林牧渔业总产值仅占地区生产总值的16.8%，农村振兴发展任务极为艰巨，高质量发展将是一个长期奋斗的目标。最后，已经到了决战决胜关键之年，打赢脱贫攻坚战仍然任务艰巨。尽管经过全市上下三年的脱贫攻坚努力，9万多人实现脱贫，255个贫困村面貌大为改善，取得突出成效，但仍然存在不少深层次问题，比如扶贫责任意识不够强，脱贫内生动力、扶贫产业建设薄弱等。结合产业、人才、文化、生态和组织"五大振兴"目标和体系思想，具体存在的问题梳理如下。

第一是产业方面。从历史、基础和当下的实际讲，河源并不缺乏富有悠久历史传统、基础条件好和当今富有生命活力的"三农产业"。比如龙川和和平的油茶产业、东源县和紫金县的茶产业、和平县的猕猴桃种植业、连平的鹰嘴蜜桃种植业和源城的黄酒业等，市域内有成百上千家生产或经营"名特新优土""三农"

产品的企业或小作坊，大有"千帆出海竞风流"的产业场景。但是不可否认，诸如上述各县区的代表性产业，没有一个形成了超过十亿元以上的总产值，连过亿元的企业也难以搜寻到。原因无外是体系的不健全或根本没有体系所致。以我市有比较优势和比较高附加值的油茶产业为例，全市虽有超过50万亩的种植规模，但选种育苗良莠不齐、种苗来源混乱、种植规范参差不齐、油茶林管理不标准、采摘时间不一、加工单一、品牌建设各自为王、营销渠道单一等。2018年全市仅有较具规模的油茶加工企业5家，作坊式加工厂281个，年产毛油2100多吨、精油1.2万多吨，估算总产业不足30亿元，产业的效益及其联动效益低下，影响产业的健康和高效发展。可以这样认为，一个产业缺乏上下游联动、互动和互补的完整完善和全要素集聚的产业链，是不可能做强做大的。

第二是"三农"人才方面。人才被认为是乡村振兴的重要支撑，2018年中央一号文件《中共中央国务院关于实施乡村振兴战略的意见》提出，"要把人力资本开发放在首要位置，畅通智力、技术、管理下乡通道，造就更多乡土人才，聚天下人才而用之"。人才事关技术，有人才就有技术，就有可持续的竞争力，产业发展乃至全面振兴就有永续动力。没有人才，没有技术，没有核心竞争力，这就是河源乡村振兴最大和最突出的问题和难题。没有明白人，没有顶层设计，没有明确的思路，没有可行的路径，没有体制机制的创新，没有能够干得成事的人，这是河源乡村振兴人才体系建构的最大问题。因此，如何做好和做活"三农"人才这一篇大文章，运用体系思想，建构集人才引进、培养、使用、考核、激励、保障和管理一体的体系，恐怕是摆在当政者面前，需要大视野、大格局、大智慧和下大力气快步解决的重要议题，不容耽搁。"三农"人才体系的建构，涉及方方面面，这主要与组织工作紧密相关，也是组织振兴的一部分，必须统筹考量。

第三是文化方面。文化兴则农村兴。当下河源的农村，精神生活的供给已经成为稀罕之物，也已经演变为乡村全面振兴的最大难题之一。因此，保障农村农民的基本文化权益，供给农民丰富和优质的精神食粮，是促进农村振兴发展的文化动力。向有"客家古邑"之称的河源，拥有丰富多彩的乡土文化与客家文化，发展文化事业有着得天独厚的比较优势，发展乡村旅游乃至全域旅游更有着得天独厚的自然条件，具有地域优势。但是丰富和多元的文化元素一直以来并没有得到很好的发掘、研究、利用、保护和转化、提升，缺乏体系支撑，基于人才、资金、技术和意识的匮乏，没有能够转变为文化产业或相关产业，更没有形成完整的上下游联动的产业链，这是河源乡村振兴最大的缺陷，也是潜力大、前景广阔的优质资源。因此，着力加强农村公共文化服务体系建设，推动农村公共文化设施资源共建共享乃至跨越发展，是实现好、维护好、发展好农民群众基本文化权益的主要途径。

第四是生态方面。生态兴则文明兴。生态是农村最鲜明的底色，也是绿色发展不可或缺的资源，既是打造现代农业产业园、示范园、综合体、新型农庄等的载体，也是发展乡村休闲观光养生旅游的最好载体。生态本身就是一个完整、复杂、有机的体系，良好的生态环境无疑是农村最大优势和宝贵财富，要让良好生态成为乡村振兴的支撑点。但是，目前农村生态环境问题种类繁多，分布面广，治理难度大，它已不是农民自己能解决的问题，必须上升到政府主导和市场有机结合的环境治理高度来设计和推进，方能够整合各种资源，实现农村生态的优先发展，保障乡村振兴的可持续发展。以2018年为例，河源市全年接待旅游总人数3 586.74万人次，比上年增长12.1%，但是旅游总收入仅为316.82亿元，尤其是乡村旅游这一块，仅仅处在初步开发和经营的起步阶段，这与生态资源丰富多样、旅游资源富裕、客家文化独具特色地位的河源是极其不相称的，这其中缺乏的就是生态体系建设和资源管理运用的不足。

第五是组织方面。农村富不富，农村美不美，关键看支部，关键看带头人，关键看治理体系的到位不到位。对于河源来说，1 151位村支书、村主任、基层支部，有多少是称职的、有多少是不称职的，治理机构有多少是有战斗力的、有多少是几乎瘫痪的，组织方面一定要有清醒的头脑，要有一本明细账，这样，乡村振兴才有最根本的组织保障。所以党和国家反复强调说，要选好配强党组织带头人，要加强基层党组织建设，这是乡村振兴发展的重要保证。现实中，我市农村正处于社会转型关键期，人口老龄化、村庄空心化、家庭离散化态势显现，村庄缺人气、缺活力、缺生机等现象普遍存在，"三留守"问题突出。一些乡村发展滞后、问题丛生、小官巨贪、村霸控制，往往与基层党组织软弱涣散、治理体系瘸腿、干部能力和作风跟不上有很大关系。我们应当认识到，面对新时代农村工作的任务和要求，面对农民的强烈关切，地方领导"三农"工作的体制机制、干部队伍、农村基层组织还不能很好适应，这是乡村振兴最大也是最核心的问题之一。因此，如何强化基层党支部这个"主心骨"，建立健全党委领导、政府负责、社会协同、公众参与、法制保障的现代乡村社会治理体制，把选人用人摆在优先位置，确保乡村社会充满活力、安定有序，是当下要下大力气解决的核心问题。

四、河源乡村全面振兴发展体系建设的路径

1.规划体系及其建构

河源乡村全面振兴发展必须规划先行、体系规划、科学布局。影响可持续发展最要命的是没有规划、没有体系、没有秩序。

对标先进，学习河北雄安新区规划建设经验：一是规划先行，先有规划才有建设，严格遵循从顶层设计、规划编制再转向实质性建设阶段的原则；二是体系规划，规划要实现全域覆盖、分层管理、分类指导、多规合一，形成类似"1+4+26"的规划体系，以科学规划引领创新发展、绿色发展、高质量发展。

河源乡村全面振兴发展规划及其体系建设，要基于国家的"五位一体"总体布局和协调推进"四个全面"战略布局，基于新发展理念和高质量发展要求，把握河源在粤东西北率先振兴的初心，坚持河源特色、高点定位，坚持生态优先、绿色发展，坚持百姓中心，保障和改善民生，坚持保护弘扬中华优秀传统文化、延续客家历史文脉，高起点规划高标准建设乡村，打造推动高质量发展的乡村样板，建设河源特色的农业农村现代化。简而言之，要把"一盘棋"思想摆在优先位置，按照先规划后建设的原则，通盘考虑土地利用、产业发展、居民点布局、人居环境整治、生态保护、教育文化和历史传承等，编制多规合一的实用性村镇规划。

2. 人才体系及其建构

乡村振兴关键在人，河源市政府把人力开发放在首位，借鉴汕头市"实施'千百十'乡土人才培育工程"的经验，建构新时代河源乡村振兴人才体系，包括引进体系、培养体系、使用与评价体系、激励与保障体系等，畅通智力、技术、管理下乡通道，既能造就更多乡土人才，又能聚天下人才而用之。

河源乡村振兴发展要多渠道来构建和培育乡村振兴的人才体系，总目标是建立一支有乡村情怀的人才队伍，分目标是创新建立 N 支符合乡村发展要求，具有爱农业、爱农村、爱农民的乡村情怀的人才队伍，以此来推进乡村振兴。比如建立新型职业农民队伍。以种养大户、家庭农场主、合作社骨干等人群为重点培育对象，以构建新型职业农民培育制度体系为核心，创新体制机制，加强电子商务、冷链物流、生鲜储存等方面的新知识培训，切实培养一批"有文化、懂技术、会经营、善管理、有道德、守纪律、有情怀、有担当"的新型职业农民，培育农民致富带头人。比如建立产业经纪人队伍。实施农村经纪人综合素质提升计划，开展农产品质量安全、市场营销、财务管理和文化知识培训，注重农村经纪人诚信意识培训，提升农村经纪人综合素质。比如建立农村公共服务队伍。持续实施"三支一扶"等计划，大力集聚一批基层急需的"三农"人才，通过政策机制创新，破解乡村振兴在技术、项目上的难题。

人才队伍的建设、储备和使用，要打好"乡情牌""乡愁牌"，念好"招才经""引智经"，不仅要培养一批高精尖的农技、管理人才，也要重视培养一大批乡土生产经营服务人才，为实施乡村振兴战略提供人才支撑。一方面要加大新型职业农民的培育力度，实施新型职业农民培育工程，同时加强农村专业人才队伍建设，如乡村教师队伍建设、农业技术队伍建设、农业服务人才队伍建设等；另一方面要借助高校、科研院所的科研技术力量，服务农业发展，施行农技推广服务特聘计划。与此同时，注重从城市引才，特别要实施外出乡贤投身家乡振兴行动计划，一是吸引从农村走出去的大学生返乡创业，投身农业；二是吸引从农村走出去的乡贤，包括农业技术、加工、市场、营销、旅游、规划、金融等方面的人才。

3. 现代农业产业体系及其建构

产业旺，乡村才能兴。但是如果没有现代农业体系作为基础和保障，要实现产业旺无疑是一句空话。现代农业体系的建构可以借鉴江苏宿迁、贵州凤岗等地经验，把构建现代农业产业体系、生产体系、经营体系作为河源乡村振兴战略最基本和最主要的措施之一。

现代农业体系的建构，一是要结合河源农村目前的实际情况和条件，以市场需求为导向，充分发挥五县二区的资源比较优势，以粮经统筹、农渔结合、种养加一体为手段，通过对农业结构的优化调整，提高农业资源在空间和时间上的配置效率，建构集食物保障、原料供给、资源开发、生态保护、经济发展、文化传承、市场服务等于一体的综合系统，形成多层次、复合型的产业体系。二是构建现代农业生产体系，实践逻辑就是要转变农业要素投入方式，用现代物质装备武装农业，用现代科学技术服务农业，用现代生产方式改造农业，提高农业良种化、机械化、科技化、信息化、标准化水平，加快形成龙头企业、家庭农场、家庭牧场、农民专业合作社等多元的生产体系，创新农业经济的微观经济基础；加快形成有文化知识、技能水平高、创新创业能力强的新型职业农民体系，提升核心竞争力；加快形成以农产品基地、合作社、服务公司等为主要平台的体系，全面实行标准化和组织化。三是构建现代农业经营体系。基于新型农业经营主体、新型职业农民与农业社会化服务体系的有机组合的理念，充分考量专业大户、家庭农场、家庭牧场、农民合作社、龙头企业的需求，创新"公司＋农户"模式，形成"公司＋基地＋农户""超市＋基地＋农户""科技公司＋基地＋合作社"等经营模式，集中解决农民要向职业化方向发展、坚持适度规模经营、建立社会化服务体系等一系列问题。尤其需要坚持实施适度规模化经营战略，积极发展生产、供销、信用、电商的综合合作关系。

4. 文明涵养体系及其建构

乡风文明，是乡村振兴最基本的底色，是乡村振兴之魂。文明涵养体系的建构要以乡村治理体系的建构为基础，筑牢乡村振兴底色，推进移风易俗，培育文明乡风、良好家风、淳朴民风，健全矛盾纠纷多元化解机制等。

建构具有河源特色的文明涵养体系，可以借鉴浙江"千村示范、万村整治"的经验和做法以及四川绵阳市平武县的做法，基于以治和民、以文化人、以孝动人的基本理念，构建村规民约体系、道德评价体系、乡风监督体系等"三大体系"，涵养文明乡风，助力乡村全面振兴。一是全力以赴，推进村规民约体系建设。同时，要依托民生综合体载体，对村规民约进行解读宣讲、表扬示范、教育引导，营造出遵守村规民约的良好氛围。二是提升内涵，推进道德评价体系建设，打造一批书香家庭、绿色家庭、平安家庭、脱贫致富家庭等特色家庭，弘扬正能量，遏制不良风气。三是治理引路，推进乡风监督体系建设。村民监督委员会要充分发挥协同协作和监督作用，联动"村两委"，以好的党风、政风带动文明乡风、良好家风、淳朴民风的形成。

5. 资源配置体系及其建构

实施乡村振兴，关键在振兴资源，在于最大限度地激发各种资源要素的活力，优化资源配置，抓住"人、钱、地"等牛鼻子，基于市场规律推动生态、土地、教育、卫生、文化、人力、技术、资金等各种资源在城乡间的自由流动、平等交换，提升农村资源配置效率，加快形成新型的资源配置体系。

对于乡村振兴发展正当其时，而且资源还处在严重稀缺的河源来说，资源配置合理与否，决定着乡村振兴发展的成败。对此，可以学习和借鉴"杨凌经验"，优化社会资本去盘活农村资源，让乡村振兴资源配置更合理。其中，盘活农村土地资源配置、提升农村金融资源配置效率、推动公共服务资源向农村倾斜和开发农村人力资源等最为迫切。比如提升农村金融资源配置效率方面，要以政府有为之手大力发展"三农"融资担保和再担保机构，建立担保基金，同时要尊重市场规律，充分利用市场这只"无形之手"，把土地承包经营权、农民住房财产权、宅基地、林权、大型农机具、农业生产设施等涉农资产扩大为抵押品范围，完善银担合作机制，建立多层次、多形式的农业担保体系。

五、小结

新时代河源农村的振兴是体系的振兴，是产业振兴、人才振兴、文化振兴、生态振兴和组织振兴"五位一体"有机整体的全面振兴。结合河源实际，要基于整体、系统和协同"三位一体"关系构成的有机系统，着力在规划体系、人才体系、现代农业产业体系、文明涵养体系、资源配置体系等加速建构完善的振兴体系，实现农村全面振兴发展。

第二节 新时代河源乡村振兴实践的路径研究

党的十九大郑重地将乡村振兴战略写进报告，开启了我国乡村发展的崭新时代。2018年开年中共中央国务院旋即发布了《关于实施乡村振兴战略的意见》的一号文件，对实施乡村振兴战略进行了全面部署，美丽乡村图景呼之欲出。正走在新时代路上的河源乡村振兴实践，战略设计是首要的根本性问题，是河源破解发展不平衡不充分问题的关键，更是河源人民对美好生活需求之向往的迫切要求。对此，战略设计需要在梳理乡村振兴存在的问题与短板的基础上，厘清"强富美"的核心思想和根本方向，为寻求彻底的、颠覆性的、可持续的解决之道提供科学的思想和实践路径。

一、河源乡村振兴存在的问题与短板

40年来的改革开放进程中，因城乡资源配置不均导致我国乡村整体发展水

平不高，乡村治理体系和治理能力不强，农村环境和生态污染等问题日益凸显，这些成为影响乡村经济和农业现代化的主要制约因素之一。河源乡村的发展堪称是负面典型的缩影，截至2017年，河源市全市农林牧渔业预计总产值177.33亿元，仅占广东全省总产值的2.8%，同比增长4.5%；乡村常住居民可支配收入13 371元，只达到全省平均水平的84.7%，同比增长11%。可见，河源乡村发展之殇，是有确凿的事实根据的。除上述因素外，由于河源市所处的地理环境、经济基础、区位条件、发展进程、历史文化、民系民性等原因，"三农"欠账多，积累沉重，存在影响和阻碍乡村振兴的一些面上因素和特质因素。下面，笔者就河源乡村振兴存在的核心问题与主要短板进行梳理分析。

1. 农村人口空心化

农村空心化一般是指由某种原因或综合因素导致农村内部的急剧荒芜，形成了村庄空间形态上的虚体状态。河源农村空心化是一个叠加因素综合交织的复杂问题，与河源的发展水平和所处地理环境因素密切相关，涉及农村最核心的人力资源和生产资本，由来至少可以追溯到20世纪80年代的改革开放设立深圳特区之始，其影响一直持续到今天。长期演绎的结果是，地处广东经济社会最发达区域珠江三角洲东北边缘的河源市，1 251个行政村中，大部分由于珠江三角洲发达地区虹吸效应的长期影响，优质人力资源和资本资源严重流失，加之城镇化的快速扩张，导致劳动力、生产资源、智力资源等呈现单向性流动特质，各种资源严重短缺。农村空心化现象日趋严峻，成为一个影响农村经济社会和农业现代化的最大制约因素。以龙川县2016年数据为例，在籍人口99.6万人，外出务工44.6万人，农村人口约35万人，农村人口外流高达56%以上，加之城镇化流动，实际农村人口外流达到70%以上，并且剩余人口大多为老弱病残和适学期的儿童青少年。农村须有人气才会有朝气，可以判断，农村人口空心化问题已经演变成河源乡村振兴的最大阻碍，必须高度关注。

2. 农业产业空心化

农业产业空心化与农村人口空心化和资源严重流失有紧密的联系，但不尽然。长期以来，河源农村农业生产弱小散乱是普遍的现象，各家各户散种、散养、散植是常态，几无所谓的产业可言。河源人引以为傲的龙川霍山矿泉水、油茶，东源板栗、茶叶，和平猕猴桃、香米，连平鹰嘴水蜜桃、忠信火蒜，紫金蓝塘猪、茶叶等，都与集约化、精细化、绿色化、优质化、品牌化现代农业产业距离甚远。据统计，截至2017年年底，河源仅有38家广东省重点农业龙头企业，占全省的5.3%。其中代表粮食加工企业的广东霸王花食品有限公司，代表家禽加工企业的广东汇先丰农牧有限公司，代表畜禽加工企业的东瑞集团，代表水果加工企业的广东中兴绿丰发展有限公司等所谓的大型农业龙头企业，作为带动河源实施农业产业化发展战略的排头兵，实际的生产规模小，附加值低，产值低，销售当地化，甚至走不出区域，示范辐射和带动力实在有限。总的来说，河源农业现代化水平低下，产业活力不强，缺失航母企业，龙头企业少，新型农业经营主体数量稀少，有全国影响力的农业品牌几乎没有，农民收入水平明显偏低，贫困人口稳定脱贫机制不健全，一、二、三产业融合处在自然状态等。产业兴旺是乡村振兴的原动力，没有产业的兴旺就谈不上乡村的振兴，何来农民的就业与增收？连长效脱贫都难以实现和保障。

3. 农村基层治理虚弱化

河源历来作为广东省欠发达地区的农业大市，主要人口的 65% 以上集中在 1 251 个行政村中，治理有效无疑是乡村振兴的基础。对于大多数河源农村来说，随着农村人口结构、公益事务的深刻变化和调整，以及利益主体、组织资源、产权关系的复杂化和多元化，农村空心化必然会导致村级选举参与率低，村干部素质结构也不断降低，更主要的是村级民主监督流于形式，最终导致基层党组织和村民自治虚置。村民自治是农村基层民主的主要形式，也是我国民主政治发展的基层实践。随着农村空心化问题的加剧，农村基层党支部的战斗力和村民自治能力受到严重的冲击。一是基层党组织和村民自治虚置，软弱涣散成了普遍问题，结果往往陷入"等靠要"陷阱而发展停滞；二是组织残缺，尤其是基层党组织不健全，没有适当的带头人，没有合适的班子成员，没有发挥应有的引领和示范等基本作用；三是缺乏有效机制，连一般的村务、矛盾都难以协调和解决；四是监督反馈渠道不畅，决策、执行缺乏透明度和公信力，更是没有建构所谓的治理体系，情况的确不容乐观。

4. 农村教育消亡化

农村人口空心化的加剧、城市化城镇化建设的盲目加快、农村人口出生率下降，导致适龄儿童的减少、农村学校优质教师的流失加速以及对优质教育的向往，在这些因素的交织叠加下，作为河源教育的神经末梢尾端的广大农村小学，在"撤点并校"政策的多轮调整下，消亡的速度在进一步加快。据 21 世纪教育研究院发布的《农村教育布局调整 10 年评价报告》显示：在 2000 年到 2010 年间，我国农村平均每天消失 63 所小学、30 个教学点、3 所初中，几乎每过 1 小时，就有 4 所农村学校消失。河源的农村小学的情况更甚，在生源大量减少和如火如荼"撤点并校"的双重冲击下，农村教育逐渐走向死亡。以龙川县龙母镇花井村为例，生源由高峰时期的 300 多人下降到如今的 23 人，生源流失超过 90%。与此同时，上学难、上好学校更难等问题并没有得到解决，反而生出乡镇中心校与城区学校面临着越来越大的大班额的困境。

农村教育的消亡，并不是城镇化的必然，也不是社会发展的必然。当政者必须清清楚楚地看到，农村学校承载着村落教育与文化传承的重任，农村教育的消亡是乡村振兴不可承受之重，否则乡村振兴就无从谈起，只是建立在无源之水、无根之木上的海市蜃楼而已。如何让农村学校由消亡到回归，由小而差、小而弱转变为小而优、小而精，甚至担负文明传承、文化传播、新型农村人才孵化培养等更大的担当，无疑是乡村振兴需要深入思考的大课题。

5. 农村民生建设边缘化

农村涉及民生的道路、水电、卫生、医疗、教育、生产生活服务、文明传播、文体娱乐设施等建设严重滞后，存在不同程度的缺失、不足和低标准等问题，亟待对标、补齐和完善。结合河源农村实际，目前突出的问题主要有：饮用水安全得不到保障，大部分村落不通自来水；村居环境脏乱差，"家里宜居，家外垃圾"的现象普遍；农民住宅建设杂乱，新旧并存，相互错杂影响，无文化风格；看病难、看不起大病的问题突出，农村卫生站"有站无人"现象突出；上学难、家门口上好学校更难的矛盾日趋严重，"生少师多""楼在人空"现象并存；乡村兜底贫困户、五保户、低保户、留守儿童和空巢老人的养护保障设施基本空缺，"自生自灭"现象时有发生；乡风文明程度不高，良好的公序良俗没有形成，风气低俗、道德沦丧、"黄赌毒"等现象时有反复；农村普遍文体娱乐设施严重不足，人员不足，活动稀少，平日几无娱乐活动的开展，呈现"节日化"盛宴的怪现象。

6. 农村土地闲置化

农村人口空心化和生产资本的空心化衍生出土地闲置的严重问题，而且流转难，处置难，矛盾日益尖锐。对于空心化比较严重的河源农村来说，农村房屋闲置、老宅基地空置、山林闲置、农田撂荒是四大闲置现象。以龙川县龙母镇黄花村为例，2017年有适耕农田1 500多亩，实际耕种只有500多亩，撂荒近1 000亩。与此同时，尽管国家、省市出台了有关鼓励农村土地流转的政策，但是农村土地流转还是困难重重，阻力极大，不利于农村农业农民的现代化。面对日益严峻的土地形势，依法依规处理好农村大量的闲置山林、农田和房屋，盘活用活有限土地资源，对于解决河源市现代农业产业用地日益稀少问题，加快乡村振兴都有着十分重要的意义。

二、河源乡村振兴实践的科学思想与理念

现阶段河源乡村振兴困境诸般具象背后，是地方经济社会发展滞后、农村治理虚弱化、村庄空心化、珠三角发达地区快速扩张的虹吸效应的叠加效应，其所面临的问题是系统性和全域性的，是政府治理模式、社区支持模式、社会支持模式和家庭支持模式的四重乏力，归根结底是政府"有形之手"和市场"无形之手"的双重缺失、缺位、失位所致。所以，河源乡村振兴实践必须牢牢树立科学思想，建构科学的实践理念，方能不盲目折腾，行稳致远。

河源乡村振兴实践要树立"顶天立地"的思想：一张蓝图绘到底，一届政府接着一届政府干。按照"产业兴旺、生态宜居、乡风文明、治理有效、生活富裕"的要求，对准差距，对准问题，对准难题，规划先行，创新战略，创新思路，创新抓手，因地制宜，一村一策，整合资源，辨证施治，利益关联体联动，依托政府"有形之手"和市场"无形之手"的精准分工合作，推动"新农业、新农村、新农民"一体化发展,加快实现农业全面升级、农村全面进步、农民全面发展的新业态、新模式和新格局。

基于河源乡村振兴存在的主要问题与短板,尤其是对标"强""富""美"发展目标,河源乡村振兴实践急切需要颠覆旧思想,摒弃旧观念,树立一以贯之的"五位一体"乡村振兴新思想,并与"三农情怀"高度融合,打通城乡要素的双向流动,建构乡村闲置要素的利用渠道,激发城市冗余要素源源不断地流向农村,为乡村振兴提供方向、精神、智慧以及充裕的"人""才""钱"。一是要树立"绿水青山就是金山银山"的思想和意识,建构区域优良的生态体系。生态是乡村振兴的最大事,没有生态宜居,就没有美丽乡村。二是要树立理念先行的意识,建构区域"市县镇村民"协同创新体系的治理理念。必须深刻认识到,理念的落后和僵化是目前乡村振兴的最大短板之一,理念的落后必然会导致发展和治理的落后,难以避免歪嘴和尚念歪经的伤害。三是要树立没有产业就没有乡村振兴的思想。没有现代农业产业就没有乡村振兴的支撑和可持续发展,因此,建构"市县镇村户"联动的现代农业产业体系是必由之路。推进乡村振兴的原动力是产业,所谓产业兴则乡村兴。进入新时代,农业的结构性矛盾进一步凸显,全要素生产率的提升必须进一步拓宽发展农村生产力的视野,以产业兴旺换挡生产发展,防止农村产业空心化。四是要树立组织建设是基石的思想,下大力气强化基础党组织建设,把选人用人摆在首要位置,大力健全和夯实"县镇村户"一体的基层治理新体系。农村善治是国家善治的基础和细胞。农村基层治理重在有效,要求发挥头雁作用,要求治理体制与结构的改革与完善,要求基于"农情"实现"自治、法治、德治"有机结合,要求基层农民的主动参与和全员覆盖。五是要树立乡村振兴离不开体系化公共服务全覆盖的思想,大力推进"县镇村户"融合的公共服务体系建设。推进公共服务体系建设能够充分激活现有资源,调动干部群众工作热情,提升公共服务能力,使农民感受更多的获得感,增强幸福感,实现党务、村务、商务、服务、事务"五务合一"的工作要求。六是树立人才是第一资源的思想和意识。人才兴、科技强,才能带动产业兴、经济强、农村强。因为归根结底,农民素质的高低从根本上决定了乡村振兴的水平和质量,必须从顶层设计开始大力推进人才供给体系的建设,重点是改善和增加治理人才、农业技术人才、科教人才、医疗卫生人才、经营人才等供给。

根据河源乡村振兴实践的科学思想和理念,河源乡村振兴实践要重点实施六大对策:一是生态第一。没有优良的生态就没有乡村的振兴。无论是民生建设,还是产业发展,或是综合开发,都围绕生态来绘图作画,在发展中发展,在保护中发展增值,确保生态优良。二是夯实基础。对标城镇,实现民生基础设施和民生领域建设全覆盖、高标准,不落下一个村,这是河源乡村振兴的前提和条件。三是治理先行。核心是重塑高度尊重农民的知情权、参与权、决策权和监督权,关键在于实现选人用人科学化和精准化,奠定科学治理、高效治理的关键要素。

对于软弱涣散久矣的河源农村来说，治理先行能够起到归拢民心、化解戾气、消除隔阂、营造氛围、激励民气、凝聚民力的作用。四是科学布局产业。基于"一控二减三基本"原则，实施农村实际（山水林田湖）与产业的科学匹配和可优化匹配战略，宜农则农，宜林则林，宜游则游，不搞一刀切，绿色发展，生态发展，综合发展，实现"接二连三"，达到产旺民富的目的，这是重点和根本。五是引贤育才。人才是第一资源，必须强化乡村振兴的人才支撑，培育新型职业农民，引导社会各界投身农村，实现城乡通畅的高质量的双向流动，打造人心向往的农村乐园，这是农村振兴的长远之策，也是关键所在。六是贯穿优秀文化建设。文化振兴是灵魂，要打造新农村文化，实现现代优秀文化和传统优秀文化的相辅相成和高度融合，形成新时代"仰望星空"的农村情怀，集聚内生动力，建设精神家园，这是永恒的主题。

三、河源乡村振兴实践的实施路径

对标河源乡村振兴实践"生态第一、夯实基础、治理先行、科学布产、引贤育才、贯穿文化"六大对策，其实现路径有三条，分别是乡村治理综合体建设、乡村民生综合体建设和乡村田园综合体建设。河源乡村振兴的三条路径，是相辅相成不可或缺的，是有机整体不可割裂的，必须以系统、整体、融合的科学思维来实现。

1. 乡村治理综合体建设

实施乡村治理综合体建设，对准的是治理先行策略，要形成头雁效应和虹吸效应。具体要在组织建设、创新体制机制和搭建平台三个方面发力和落实。

一是强化和完善组织建设。强化村支委建设，强化村委会建设，强化基层党组织建设，完善和落实村务监督委员会建设。对于组织建设，最大的问题是选人用人问题。选对人选好人选强人，村支委就强，村委会就强，村务监督委员会就强，就能发挥头雁效应，就能够"民服"。精准选人用人要坚持"四个原则"：一是一以贯之的坚持从群众中来、到群众中去的群众路线这个最大原则；二是坚持采取全方位、多角度、立体式考察相结合的原则；三是坚持"听其言"和"观其行"有机结合的原则；四是采用定性判断与用事实说话相结合的原则。

二是创新体制机制。建立和实施"阳光村务+"制度，建立全体村民大会、村支委、村委会、村务监督委员会四级工作长效机制，建立市、县、镇、村四级联动村务监督工作长效机制，建立村务巡视长效机制。对于乡村热点和难点问题，着力通过创新机制长效解决。比如选人用人问题，要建构"专业化"工作机制，同时还必须配套"量化"考核机制，避免失真和失偏。比如垃圾治理，建立完善"户收集、村集中、乡镇转运、县处理"农村垃圾收运处理机制，实行"一村多点"的形式增设垃圾收集点，并对已建好的垃圾集中点进行升级改造。比如环境治理，建立"宣传引导、县镇督办、村干垂范、组织谋划、严明纪律、压实责任、高标整治"的"三清四拆"常态化工作机制，做到既改善环境，又能有效整合土地资源。

三是搭建现代综合治理平台。建立村务综合管理信息平台，实现"互联网+治理""互联网+农业"，避免"民可使由之不可使知之"，使村干部村民关系通透，让民意有一种释放与回归，奠定"治理先行"的资本支撑。一是"大家的事大家办"，广泛发动村民参与，发挥基层党组织主心骨、领头雁的作用，发挥全体村民大会的议事机制作用；二是法律服务全覆盖，完善农村法律服务体系，及时为民排忧解难、析法说理；三是建立多元化纠纷解决机制，融合农村民俗、乡规民约的辅助作用，将村民的矛盾纠纷化解在基层；四是"法律的事大家都知道"，引导村民学法懂法守法用法，以适合农民"口味"来普法，使农民学法时坐得住、听得懂、学得进、记得牢。

2. 乡村民生综合体建设

实施乡村民生综合体建设，对准的是夯实基础、引贤育才、贯穿文化三大策略，对标的是涉及民生的基础设施、民生服务的人才资源和滋养乡风文明的文化建构。

首先是补齐民生短缺，发力村级综合服务站硬件建设。科学设计并规划建设一体化公共服务多功能复合体，集合"基层治理+教育（职业培训）+医疗+养老+宣传+文化娱乐+体育运动"一体化综合功能。对于综合服务体的建构，要以目前的乡村小学为中心，充分运用和开发乡村小学的文化教育、体育和培训功能，整合村委会和医疗站，形成有机联合体，奠定一体化综合功能的实现。

其次是补足服务短板，精准配套软件建设。基于"基层治理+教育（职业培训）+医疗+养老+宣传+文化娱乐+体育运动"综合服务体，配套制度、设备、人员等，实现一站式综合服务功能。

三是贯穿"滋养"乡风文明的文化工程。乡村振兴，塑形和铸魂并重并举，不可偏废。一要深入挖掘优秀传统文化，培育文明乡风、良好家风、淳朴民风。二要新老媒体融合，加强社会主义核心价值观的学习和宣传，在老百姓中讲好中国梦和强国梦故事，推进公民道德建设融入家风乡规。三要连线连片建设美丽乡村文化带，加强并充分发挥历史文化名村、传统村落、历史建筑、粤赣古驿道、革命遗址等活化利用和溢出效应。四是要实施乡风文明润化工程，坚持文明村镇、星级文明户、文明家庭、平安家庭、好母亲、好媳妇等各具特色精神文明创建活动的全覆盖，并使之长效化，丰富农民群众精神文化生活。

四是嵌入引贤育才工程。人才是第一资源，产业跟着人才走，乡村振兴首先是人才的集聚和兴盛，没有人才就不可能有真正的乡村振兴，因此要把引贤育才摆在第一位。一是鼓励支持城市人才"上山下乡"，引导城市冗余人才向边际产出更高的农村沉淀。制定实施更加积极、更加开放、更加有效的扶持政策，吸引各路人才到乡村创业就业。二是要大力支持和引导乡贤回归农村发展。数量庞大、素质较高、能力突出、有一定财力的乡贤，是河源乡村振兴的一支不可或缺的有生力量。通过建章立制，切实保护好进城农民在农村的土地等权益，吸引有意愿、有技术、有资金、有技能的进城农民回归农村发展产业，成为支撑乡村振兴产业的核心力量。三是制定乡村工匠培训和职称评定办法，完善农村本土人才孵化培育链条，依靠综合体培育一大批有文化、懂技术、善经营的新型职业农民队伍，培育成就一批乡村专业人才，不断选优配强、精准培育一支致富带头人队伍。四是迫切需要精准结合乡村地域特征和需求，以建设"小而精、均而优"的农村学校为龙头，多方着力、协同举措、一村一策，培养一批素质优良、有农村情结、能扎根乡村的教师队伍、治理队伍、农业技术队伍、医疗卫生队伍等。

3. 乡村田园综合体建设

田园综合体集循环农业、创意农业、农事体验于一体，是综合化发展产业和跨越化利用农村资产的科学措施，是当前乡村新型产业发展的创新模式。实施田园综合体建设，对准的是生态第一和科学布局产业，需要精准立足资源禀赋和市场需求，实施市场导向改革型与政府驱动产业政策，从根本上提升农村经济的效益和竞争力。田园综合体建设，要在如下几个方面发力：

一是创新机制。对标发展现代生态农业，围绕做强一产、做优二产、做活三产的一、二、三产业融合的发展思路，建立城乡要素双向流动长效机制，推动河源农业形成资源有效利用、功能充分发挥的现代农业产业体系。以农村土地流转新政和宅基地"三权分置"改革为突破，进一步完善流转机制，打开农村闲置要素的利用渠道，引导城市冗余要素向边际产出更高的农村沉淀，进而在城乡要素双向流动中助力乡村振兴。

二是搭建平台。加快构建与河源农业大市相匹配的现代农业产业体系、生产体系、经营体系，大力推进现代农业园区建设，组建市县镇村四级农业产业示范园联合体。按照"以城带乡、以乡促城"的思路，实施五个一工程（"一市一龙头，一县一公园，一镇一主业，一村一主品"），以灯塔盆地国家现代农业示范区为田园综合体建设龙头，每个县区建设一个具有产品展示、宣传、体验和销售为一体的现代农业产业公园，各乡镇建设一个现代农业田园综合体，各村因时制宜建设 N 个特色家庭农庄，形成县镇村递进的现代农业产业发展平台，集成培育"新优名特"产业，实现人才技术资本聚集，一、二、三产业融合，打造河源一盘棋发展的现代农业产业和品牌。

三是育养新型主体。目前，在河源农村，农村电商、乡村旅游、休闲农业、精品农业、新型农业经营主体等一批新产业、新业态、新主体还处在萌芽阶段，农业增收的空间还非常有限。因此，要广泛兴起新产业、新业态、新主体的育养，依托农村民生综合体大力培育新型农业经营主体，创新培养模式，基于"农业园区＋农业企业＋农民专业合作社＋新型职业农民"模式培养批量的新型职业农民，催生观光农业、有机农业、乡村旅游、民宿、农村电商等农村新业态在河源农村地区的广泛兴起，有效提升农业溢价能力，不断拓宽农业增收的空间和模式。

四是涵养新内涵。基于现代河源和生态河源的发展定位，农业作为河源未来可持续发展的底色，必须改变农产品多而不优、优不集成、集成而无品牌的困局，必须从供给侧结构性改革入手，打开农村闲置要素的利用渠道，引导城市冗余要素向边际产出更高的农村沉淀，实施"健康种养、绿色种养、有机种养"混合制度，深化开展"一镇一主业、一村一主品"建设，优化农村产业结构，涵养品牌。一是做好"特"字文章，发展优质稻、无公害蔬菜、生态畜禽、健康水产、特色水果、高山茶叶、良种油茶、岭南药材等特色产业，奠定产业强镇富村的基础；二是做好"融"字文章，瞄准"互联网+现代农业"，以"一村一主品""一镇一主业""农业公园""田园综合体"等项目建设为抓手，推进农业现代化、标准化和信息化建设，打造特色、优质农产品生产基地和融合发展示范区；三是做好"食"字文章，发掘客家传统美食，遴选一批客家特色名小吃，基于古法进行标准化、健康化、产业化改造，形成品牌，助力"农旅融合"发展的"食"动力；四是做好"美"字文章，以美化乡村道路建设为抓手和载体，因地制宜，打造融"美丽公路+特色产业+乡村旅游+休闲体育+健康养生+历史文化"于一体的沿路新经济，助力美丽乡村建设。

四、小结

新时代的河源乡村振兴实践，关键在于战略设计，关键要抓住"人""地""钱"牛鼻子，关键要遵循政府"有形之手"和市场"无形之手"内在规律，重点实施"生态第一、夯实基础、治理先行、科学布产、引贤育才、贯穿文化"六大对策，推动乡村治理综合体、乡村民生综合体和乡村田园综合体"三体"建设，形成"新农业、新农村、新农民"一体化融合发展的良性局面，才能走出一条河源乡村振兴"强富美"的新路子。

第三节　乡村振兴战略下粤北山区农业人才培养模式探讨

一、前言

党的十九大报告指出："要坚持农业农村优先发展，按照产业兴旺、生态宜居、乡风文明、治理有效、生活富裕的总要求，建立健全城乡融合发展体制机制和政策体系，加快推进农业农村现代化。"十九大报告提出的"乡村振兴战略"和 20 字总要求将是未来一个时期中国三农工作的纲要，同时也把三农工作放在了前所未有的高度。但由于提出时间比较短，目前较难形成对乡村振兴战略的深度研究，各地如何结合实际推进乡村振兴战略目前也还处于初步阶段。随着各地对十九大精神的解读和落实，乡村振兴战略开始实施，随之而来的挑战与机遇也接踵而至。

广东省连续多年地区生产总值位列全国第一，但区域经济发展差距大和城乡发展不均的问题也非常显著。作为地处粤北山区欠发达地区的河源，2017年地区生产总值952亿元，是深圳的4%，仅仅相隔170公里，经济发展却相差24倍。落后地区要发展，人才是第一要务。在河源市"万绿河源、生态农业"角色定位和国家实施乡村振兴战略的良好机遇下，农业人才培养对河源特色经济发展意义重大。

二、乡村振兴战略下欠发达地区农业人才培养面临的问题与特点

1. 农业行业发展缓慢

我国幅员辽阔，自然资源丰富，是一个农业大国。中央一号文14年来聚焦三农问题，十九大更是把乡村振兴策略上升到国家战略层面，可见国家对农业农村的重视。振兴乡村，需首先振兴农业。农业不发展，农村难兴旺。但农业是一个传统行业，纵观农业发展史，相对于工业，农业的发展要缓慢得多。这其中一个原因是农业的生产周期长，受自然环境影响大。此外，随着我国城镇化进程的推进，农村人口减少了，农田无人肯种，农村变得萧条甚至凋敝起来，也是农业发展缓慢的原因之一。城市与乡村的分化及发展的不平衡是当前中国实施乡村振兴战略的基本背景。如何发展现代农业新业态，是振兴乡村的首要问题。河源市86%的人口为农业人口，是名副其实的农业大市，但2017年河源市农业产值仅占全市总产值的10%，农业发展的空间巨大。

2. 农业工作条件差，影响人才流动

目前农业相关企业普遍规模小，效益差，待遇差，且工作条件艰苦。同时，由于社会价值观导向，农业从业人员社会地位也较低，这导致农业人才很难长期稳定地在农业行业工作。以河源职业技术学院农业相关专业为例，近三年毕业生总数约1 000人，留在农业行业工作者不足10%。专业曾推荐一位本地生源毕业生留在当地一家有实力的农产品加工企业从事项目管理工作。这一案例被专业列为专业对口，本地生源本地就业的典型进行宣传，但一年后，该毕业生离职，原因是工作地点太偏僻。这一情况是河源本地农业相关企业面临人才难求问题的一个缩影。

3. 职业教育以就业为导向，与农业人才就业的不确定性相矛盾

经过多年的发展，我国高校农业专业的人才培养和教学科研已经形成系统，而农村实际接收条件与农业企业发展的不确定性，导致这一供求关系矛盾突出。一般认为，职业教育以就业为导向，推崇将实际工作任务融合到教学内容中，但是，农业相关工作周期长，不确定性高，企业发展相对不稳定，用人需求亦时多

时少。不稳定的就业去向与职业教育基于就业的矛盾导致农业相关专业招生难，就业难。例如目前河源职业技术学院农业相关专业每年招生第一志愿率和最终报到率均低于平均水平。

三、乡村振兴战略下欠发达地区农业人才培养对策与建议

1. 人才培养服务地方特色经济

目前，广东省高职院校 80 多家，这些院校中大部分属于地方院校，河源职业技术学院就是其中之一，并且目前是河源的唯一一所高等院校。作为欠发达地区的高职院校，河源职业技术学院面临着经费短缺，招生困难，办学水平低于一流学校等问题。要改变这一现状，就要在特色上下功夫，要与区域经济紧密联系，让培养出来的人才服务地方经济。

河源市地处粤北山区，全市五县二区（龙川县、东源县、连平县、和平县、紫金县、源城区、江东新区），人口约 350 万，其中农业人口占 86%，是一个农业大市。2008 年起河源市建设东江上游特色水果产业带，并获得国家财政部专项资金扶持，建设了紫金的春甜橘基地、和平的猕猴桃基地、连平的鹰嘴蜜桃基地、东源的柠檬和板栗基地、龙川的脐橙和金橘基地，以及茶叶、蔬菜和南药等特色农业基地 100 多万亩，打造了一批知名有机食品、绿色食品和无公害食品，形成了粮油、蔬菜、水果、畜禽、茶叶、南药六大产业生产加工基地，各级农业龙头企业 225 家，农民专业合作社 1 004 个，数量居全省第一。河源市辖区内拥有省内最大的两个水库（万绿湖与枫树坝水库），是广东省重要的水源保护地。此外全市已建成自然保护区 46 个，占其辖区面积的 17.0%，居全省首位，森林覆盖率达 74.3%，位居全省前列。优良的自然条件和区位优势，使河源非常适合发展一、二、三产业融合的休闲农业和乡村旅游。因此河源市以"万绿河源、生态农业"为角色定位，以"珠三角绿色农副产品生产地和广东旅游食品生产制造基地"为市场定位，大力发展旅游业和现代农业，成效初显。

综上所述，河源市具有丰富的特色农业资源和旅游资源，高职院校应结合本地特色开展农业人才培养，开设特色专业，为当地特色企业及用人单位培养专业人才，实现高职院校服务地方特色经济发展的目标。

2. 校企合作办学，保证就业

校企合作是目前高职院校普遍施行的一种办学模式，但很少有成功的农业专业校企合作办学案例。除高职院校农业专业开设少外，也与农业行业特点有关。农业企业规模普遍较小，企业用人数量少，校企合作办学难度大。此外，农业企业规模往往较小，缺乏科学的人才储备和人才培养理念。根据这一特点，可引入行业协会，定期收集农业企业用人需求，与高职院校合作，开展多类型的小班制订单培养，这样既可以保证农业相关专业学生毕业时有一个保底就业去向，也可以引导农业企业建立更科学的人事制度。

3. 改革课程内容，把课上在田间地头上

农业相关专业毕业生被用人单位质疑的一个重要方面是，实践知识缺乏。农业实践知识需要长时间的积累，课堂教学很难将这些知识融进教学中，因此，真正实用的实践知识必须要通过长时间踏实的工作积累才能获得。为了解决这个问题，可将学生分成学习小组，在课外跟随学校和企业的实践老师，长期跟踪参与农业实践工作，积累一定的实践知识。

4. 培养踏实肯干的职业素养

经济快速发展易导致社会浮躁，部分人利益至上，影响学生良好职业素养的养成。在课程内容中根据农业生产周期，体现出踏实肯干和耐心等待的职业素养要求，有利于养成学生脚踏实地做事的习惯。我国知名教育家陶行知先生说过："教育是农业而不是工业。"农业不像工业那样快节奏，需要耐心等待，教育也是如此，需要等待其慢慢成长，不能贪快求新。

5. 深入开展职业培训与继续教育

职业培训是职业教育的重要组成部分。对在岗人员开展短期的职业培训是提升行业技术水平的一种常规做法。对于农业行业来说，由于就业者普遍教育水平较低，且工作场地偏远，教师下乡培训的方式可能更加可行。同时，针对就业者文化水平低的情况，由政府出资，鼓励其在职提升学历水平，可能有利于短期内提高农民整体教育水平。例如河源职业技术学院自2012年来开展的村干部班，已连续举办五届，培训学员人数2 150人，大大提高了河源农村致富带头人的综合素质和专业技能水平。

6. 高职院校农业相关专业辅修第二专业

为缓解农业相关专业招生难的问题，可以参照本科双学位制度，让学生选择一项辅修专业，学生在毕业时毕业证书专业栏可显示农业相关专业和辅修专业，这样可以扩大学生的就业面，部分抵消学生报考农业相关专业的顾虑。

7. 鼓励毕业生自主创业

着重培养农业相关专业学生自主创新创业的能力，拓展其就业渠道。改革人才培养方案，增加农业政策、农场管理及农产品营销等课程，鼓励学生自主创业，拓展就业渠道。以众创空间为基础，在校期间开展创业实践，鼓励具备条件的学生自主创业。

四、小结

党的十九大报告提出的乡村振兴战略，将三农工作提升到前所未有的高度。如何利用国家各项扶持政策大力发展农业，带动区域特色经济的可持续性发展将是政府面临的一个重大问题。河源具有优良的区位条件和旅游资源，若输入大量高素质的农业人才，开展特色创新，走出同质化竞争与无特点的困境后，发展第一、二、三产业融合的休闲农业和乡村旅游将会是河源经济崛起的一大契机。

第四节　深度做好河源乡村振兴发展的产业文章

迈进 2019 年，无论脱贫攻坚还是乡村振兴，都走到了关键之年。河源市作为广东省欠发达地区，位于广东省东北部，目前全市现有农业人口 287.2 万人，占全市户籍人口 78.6%，是一个典型的农业地区。走进新时代，河源的振兴发展被科学定位在广东区域发展"一核一带一区"的生态位上，被赋予建设成为广东省绿色发展的示范区、融入粤港澳大湾区的生态排头兵的历史使命。

因此，基于绿色是河源最鲜明的底色、绿水青山是河源最大的发展优势和最重要的民生福祉的新理念，切切实实实现乡村振兴发展，是河源人交出新时代答卷的必由之路和不二选择，任重而道远。

诚然，河源乡村振兴发展归根结底是产业优不优、兴不兴、旺不旺的问题。所谓产业优则发展优、产业兴则乡村兴、产业旺则乡村旺，因此，产业既是河源乡村振兴发展的重点，也是打好脱贫攻坚战的关键。抓住产业这个关乎乡村振兴发展的牛鼻子，就能够聚合资金、人才、技术及土地资源等核心要素，创新产业融合和延展方式，深度构建基于产业的利益联结机制，激发乡村振兴新动能，打赢脱贫攻坚战，奠定全面乡村振兴的基础。

一、河源乡村振兴发展的产业基础

河源是广东省的农业大市，自古以来就盛产丰富和优质的农副产品，如龙川的油茶、茶叶、腐竹、柿饼、豆腐丸，东源的茶叶、板栗、腐竹、柠檬、柚子、蓝莓果、米粉、灵芝，紫金的土猪、辣椒酱、春甜橘、茶叶、竹壳茶，连平的鹰嘴蜜桃、薯粉、火蒜、花生、茶叶、和平的猕猴桃、油茶、腐竹、牛肉干、果汁、茶叶、香菇，源城的五指毛桃、五指毛桃鸡、鱼干、猪脚粉等，不一而足。

河源经过建市 30 多年的积累，健康种植、生态养殖、绿色农产品加工等产业发展比较迅速。仅就绿色农产品而言，目前共有广东省名牌产品 50 个、省名特优新农产品 76 个、绿色食品认证 68 个、有机食品认证 100 个、无公害农产品认证 335 个，具备了向高质量发展的基础。近年来，河源深入开展质量强市建设，大力实施品牌带动战略，积极推动质量品牌培育和创建工作，努力形成政府、企业和社会共同推动品牌创建的工作格局，不断加大名牌产品的培育和保护力度，提升品牌竞争力，为争创乡土品牌名牌产品提供了良好的氛围。可见，河源市各类特色农产品有基础、有品质、有历史传承，部分农产品更是已经具有一定规模，并具有一定的知名度，质量也得到进一步提升，体制机制也有一定程度的汰旧创新，具备打造具有本土比较优势的名特新优品牌的土壤和条件。

此外，河源被称为"中国绿色明珠之城""广东绿谷"，山清水秀，生态环境优美，具有浓厚的客家文化，生态旅游资源丰富。近年来，基于乡村特有的景观与风俗、食品结合起来的一种特殊的旅游服务形式——农家乐和民宿等发展迅速，目前有 29 家"中国乡村旅游金牌农家乐"，15 个省休闲农业与乡村旅游示范点，有一定知名度的民宿 10 余家，成为促进农民就业增收，助推农村发展的重要产业。尽管河源的民宿发展以及农旅结合尚处于起步阶段，层次较低，但是具备了打造"风景区＋古驿道＋农业观光＋民宿"全域旅游和特色旅游的资源和基础。

二、河源乡村振兴发展的产业瓶颈

河源乡村振兴发展的产业基础特点突出、优势明显，但是产业短板同样比较突出。一是比较优势没有显现出来；二是优势产业规模小；三是低效产业占比大；四是产业体系建设落后；五是产业要素聚集能力不足。

之所以会出现有产业基础但产业比较优势不明显，有少量优质产业但产业规模做不大，有众多小微产业但产业效益差等，追根溯源，其深受三大瓶颈的制约。

一是设计和规划瓶颈。缺乏深思熟虑的产业顶层设计和规划统筹。走进新时代，一个地方的产业振兴发展首先需要定向、定位、定标和定径。能不能定好向、定好位、定好标和定好路径，需要地方的顶层设计和规划先行，需要最大限度发挥政府的"有形之手"去驱动引领。因为顶层设计和规划具有顶层决定性、整体关联性和实际可操作性的特质，决定了其特殊的重要意义和作用。对于河源产业发展来说，顶层设计和科学规划，其要义在于统筹考虑河源区域产业发展的各个层次和所有要素，基于"整体理念"的具体化追根溯源，统揽全局，形成产业要素的关联、匹配与有机衔接，达到在最高层次上寻求问题的解决之道。因此，顶层设计是产业发展的魂，规划是魂之实现的基本保障。没有科学的顶层设计和产业规划，产业发展必然呈现诸多乱象，失去顶层的决定性，一哄而上和无所适从不可避免；没有整体关联性，产业所需的要素就难以集聚和有效配置，人才、技术、资金和土地资源的配置就会失调、失衡；没有实操性，即没有提供科学有效的解决方案，产业发展就会陷入盲目、流于形式、驻留表面而贻害无穷。河源产业发展的长期之痛，与缺乏顶层的科学设计和有效规划不无关系。

二是产业要素、体制机制瓶颈。缺乏"做强做大""做精做优"的比较优势，高度缺乏支撑产业的人才、技术、资金和土地资源等核心要素的聚集，及其配套的适应新时代的产业新体制和新机制。乡村产业，第一要义是环保、生态，第二是能够切实给农民增加收入，第三是解决驻留农村人口的就业问题。因此，乡村振兴需要什么样的产业，一定要论证清楚产业要达到什么目标、需要什么样的匹配产业以及产业的可持续问题，慎重选择资源密集型、资本密集型或技术密集型产业，然后基于甄选的产业类型建构配套的人才、土地、资本等核心要素制度体系和平台体系，以利于资源的集聚。对于河源乡村振兴来说，人才的短缺是发展产业的第一短板。缺乏制度的引导、支撑和保障是"为不了"的第二短板。土地资源流转的困难等工作机制的不完善是"不能为"的第三短板。做产业，人才最关键，没有人才一切都是白搭。做产业无非是人、财、物、技术的集合和发酵生成，只要有人才，财、物、技术都是跟着人才走的，都不是问题。又如土地资源，这是乡村产业振兴的关键要素之一。土地整治能够很好地助力产业振兴，对此，要考虑以镇为实施主体、以村域整体为单位，开展全域土地综合整治，让农房集中、农田连片、山坡地连片，完善农村基础设施，改善环境，继而大力引进和扶持农业"四新"经济项目，以便于发展产业。

三是产业市场化不畅和优化无门的瓶颈。河源乡村产业缺乏上下游完整产业链，缺乏为产业可持续发展、不断优化升级提供服务的一体化高效平台。产业兴旺是乡村振兴的核心，也是乡村全面振兴五个目标中最难实现的。要做到产业兴旺，需要把产业做成上下游一体、产供销一体、进出口服务一体，充分运用互联网、大数据、云平台等新技术带来的机遇，进行科学化、体系化、优质化的建设，并久久为功，不可一蹴而就。就目前河源乡村振兴的产业实际来说，无论市县（区），产业的论证甄选、生产和管理的优化、产品的精深加工、品牌的建设和推广、线上线下的销售等，都缺乏完善的和体系化的建设，缺乏科学平台的支撑和科学高效的服务配套，都存在较大的短板。

三、深度做好产业文章的主要对策

正如习近平总书记指出的那样，"实施乡村振兴战略，必须用好深化改革这个法宝"。同理，实现乡村产业振兴，也必须用好深化改革这个法宝，树立没有产业就没有乡村振兴的思想，没有现代农业产业就没有乡村振兴的支撑和可持续发展的理念，奠定打赢乡村振兴这场硬仗的思想基础。具体到战略部署和顶层设计，要基于"一控二减三基本"原则，实施农村实际（山水林田湖）与产业的科学匹配和不断优化匹配战略，建构"市县镇村户"联动的现代农业产业体系，建构"互联网+"现代产业服务体系，宜农则农，宜林则林，宜游则游，不搞一刀切，绿色发展，生态发展，综合发展，实现"接二连三"，达到"产旺民富"的目的，这是产业振兴的必由之路。

1. 以"特色、优质、健康"为立根之本，规划先行，完善平台，加快形成具有河源乡村特色的产业和产业体系

首先要发挥"有形之手"政府驱动产业发展的"指挥棒"引领作用，深思熟虑做好产业顶层设计和科学的规划论证，基于特色、优质、健康等"本土化"的比较优势，因地制宜，发展多样性多层次特色农业，成就"市县镇村"体系化的阶梯产业布局，继而规划"市县成群、一镇一业、一村一品"发展路径。比如，要做好"市县成群、一镇一业、一村一品"文章，在市级层面，科学甄选高端茶

籽油、高山茶叶、有机稻米、矿泉水、温泉、腐竹、古道等做成集约化、规模化、普惠性产业群；在县级层面，龙川县还可甄选牛筋糕、鱼生，和平县甄选猕猴桃、牛肉干、米酒，东源县甄选板栗、柠檬、米排粉，连平县甄选鹰嘴水蜜桃、忠信火蒜，紫金甄选土猪、辣椒酱、竹壳茶，源城甄选五指毛桃、鱼干、黄酒等，做成具有一定规模的县域优质主打产业；在镇村层面，在优先考量基础性和历史性的前提下，延展或对接市县主打产业，比如车田豆腐、贝敦米酒、黄田米酒、上陵笋干等。要做好特色、优质、健康"三位一体"文章，可以瞄准"互联网＋现代农业"，以"一村一品""一镇一业""农业公园""新型农场""田园综合体"等项目建设为抓手，实施"健康种养、绿色种养、有机种养"混合制度，推进农业现代化、集约化、规模化、标准化和信息化建设，发展优质稻、无公害蔬菜、食用菌、杂粮杂豆、薯类、中草药、特色养殖、健康水产、特色水果、高山茶叶、良种油茶、林特花卉苗木等特色产业，打造特色、优质农产品生产基地和融合发展示范区，奠定产业强镇富村的基础。

其次要以责无旁贷之决心，充分发挥"有为政府"的主导和主动服务作用，完善制度，搭建服务平台，为发挥"无形之手"市场的主体作用创造最优的环境。在产业环境建设方面，完善土地流转管理制度、完善"三农"产业贷款融资保险等管理制度、完善"三农"产业人才和技术及资金准入便捷工作机制、设立"名特新优"产品减税降费绿色通道、设立乡村创新创业基地。在产业服务方面，搭建全市统一的"互联网＋三农"综合发展与服务电商平台，配套相关的长效工作机制和监督评价机制，为农产品能够从产地直接进入企业农产品加工制造基地，拓宽农产品加工渠道，开通更大的市场，集聚更多的优质资源，作出"有为政府"的坚实努力。

2. 以"名特新优"为魂，以"互联网＋农产品加工行业"的融合为路径，大力发展绿色农产品柔性加工业

乡村振兴产业的可持续和高效益发展，离不开精深加工乃至柔性生产的支持和支撑，离不开基于互联网与加工业的高度融合的支持与支撑。面对新时代乡村产业越来越多的新型小农户、小型农庄、新型农村合作社经营，具有即时性和灵活可调的农产品的柔性加工能力和产业的建构显得尤为迫切和需要，这也将为形成上下游良性联动的"名特新优"产业链奠定基础。

对于河源来说，首先要坚持市域本土优势和比较优势，以"名特新优"为魂，打破传统的种养殖模式，引进新型智能大棚生产，逐步推广水肥一体化技术，实现高效、低成本和集约化种养殖。市县镇就近建立农副产品综合加工中心或基地，坚持生产安全绿色的农副产品，坚持打造健康的农产品加工产业，坚持建设"名特新优"品牌，不断延展品牌的附加值。品牌的打造必须从根源抓起，农产品的种植、产品的选择、产品的销售环节都要严格检查产品质量。

互联网与农产品加工行业的融合，是"三农"产业扩容提质增效的利器，既

有助于生产力的提高,又能够加快农产品的流通速度,促进农民和企业的增收;既能够在经营环节大力发挥农产品电子商务的作用,还能够即时实现农产品的柔性加工,满足不同消费人群多样化的需求,推动形成农业和农产品以及农产品加工行业的多向组合的新格局,是助推乡村振兴产业发展的新路径。与此同时,河源要摆脱"酒香不怕巷子深"的旧观念,利用"健康"的观点,突出"优质"概念,以农产品展销会为媒介,运用"互联网+"技术,全渠道覆盖产品的宣传和销售,赢得消费者的信赖,为畅通农产品出口奠定基础。

3. 以"互联网+城乡一体化"的新思路,以助推产业兴旺为目的,加快发展乡村新型服务业

基于农村信息化"最后一公里"梗阻和农产品出村进城不通畅问题,着力实施数字乡村振兴战略,补上乡村发展新型服务业的最大短板。争取在3~5年形成比较完善的农村社会化服务体系,使得广大村民在"家门口"就能享受到便利便捷的服务,在加快实现乡村产业、人才、文化、生态和组织振兴的同时,加快形成生产、加工、销售、运输、科技、信息、金融等新型服务业,加强智慧农业服务。首先,要从河源整体区域发展来谋划,把城乡服务业纳入整体规划,以城乡一体化的思路来推进农村服务业的发展,以城镇服务业带动农村服务业的发展,以农村服务业的磅礴发展促进城镇服务业的优质和高效,加快推动移动互联网、物联网、二维码等信息技术在生产加工和流通销售各环节的推广应用。其次,搭建服务平台,针对农村服务业发展需要大量的农民经纪人等人才需求,依托本地职业院校,整合城乡劳动技能教育培训资源,为"三农"提供多层次的知识、技术、技能培训和劳动力转移服务,为新型职业农民、新型农业合作社、家庭农场、农旅融合等提供智力支撑。最后,针对"三农"信息需求日益多层次多样化的实际,依托互联网+信息技术,开发河源市"三农"信息综合管理与服务平台,做到信息资源开发、信息采集加工、特色数据库建设、信息运用和发布等一体化,同时在知名电商平台建立本地农产品特色馆,推进智慧农业发展,为特色优质农产品开辟市场营销新阵地,极大提高农业信息的有效利用率。

第五节 河源乡村振兴的关键在于振兴农村教育

一、前言

中国的乡村是具有自然、社会、经济特征的地域综合体,兼具生产、生活、生态、文化等多重功能,是最有乡愁和儿时味道的地方,也是我们大多数人一生守望的精神家园。因此,向来有"乡村兴则国家兴,乡村衰则国家衰"的说辞。十八大以来,党和国家在四十年的改革开放进程中清醒地看到,我国农村在改革

开放前期通过实行家庭联产承包责任制，既调动了集体的积极性，又充分发挥出家庭和个人的积极性，解放了我国农村的生产力，开创了我国农业发展史上的第二个黄金时代，也为我国经济社会的发展奠定了坚实的基础。但是，这种制度在改革开放的中后期也带来诸多不适应的消极影响，一系列复杂因素导致乡村建设、产业发展、文化教育等停滞不前，成为我国全面建成小康社会的重大短板，极大地制约中国梦的实现。因此，为了适应新时代中国特色社会主义建设的需要，十九大报告进一步提出实施乡村振兴战略，这是党和国家作出的重大决策，极具现实和长远意义。就目前而言，我国人民日益增长的美好生活需要和不平衡不充分的发展之间的矛盾在乡村最为突出、最显具象，而乡村最为突出、最显具象的矛盾和短板则在农村教育，农村落后的关键是教育发展滞后乃至凋敝，对河源来说尤其如此，存在的问题也愈发突出。

教育兴，则农村兴，这是千古定律。实施乡村振兴战略，关键是振兴农村教育，实现农村教育现代化。2019年3月两会期间，党和国家领导人强调"要把实施乡村振兴战略、做好'三农'工作放在经济社会发展全局中统筹谋划和推进。乡村振兴最终要靠人才，而人才的培养要靠教育"。河源作为广东省的农业大市和欠发达地区，只有将农业农村优先发展和教育事业优先发展融合起来，才能真正实现可持续的乡村振兴。因此，我们必须无比清醒地认识到，河源的乡村振兴必须伴随农村教育的振兴，没有农村教育的振兴，就不可能有真正的乡村振兴。基于乡村振兴生态的重要支点和其中一环，搞清楚河源农村教育凋敝之现象的来龙去脉，搞清楚能够破解河源"教育末端"之困的思路及其路径，继而运用深化改革的法宝，汇聚河源智慧，才有可能为农村学校的未来之路提出清晰、高远和现实可行的"河源方案"。

二、河源农村教育的凋敝现象与分析

河源作为广东省欠发达地区和农业大市之身份，全市设有乡镇99个，行政村1 152个，农业农村人口占全市人口的76%以上，农村中小学校有200多所，每校在校生不足百人。

河源农村教育的相对凋敝乃至一些学校的消亡，与改革开放的深入推进导致农村人口的空心化，与近几十年农村经济社会发展的缓慢滞后，与国家省市推进教育改革政策的阶段性演化等不无关联。农村教育发展到今天，各种现象显示"教育末端"之困仍然存在，其形成有着复杂的历史原因和时代因素的多重叠加及积累作用，必须理性看待，理智辨析，据理深入思考。

河源农村学校的减少甚至批量减少，主要发生在二十世纪九十年代至二十一世纪头十年的二十多年期间，大背景是国家的改革开放。结合改革开放的发展进程，笔者认为这种现象大致是由四个方面的原因促成的。

一是在现代化进程推进城镇化过程中，出于优化资源配置的考虑，开始调整学校布局，实施学校的撤点并校政策，农村中小学大量减少。1988年，全市合计有小学1 500所，中学133所。经过1997年的全市改造薄弱学校工作、2001年第二轮全市继续推进中小学布局调整工作和2004年第三轮加快撤并工作和建校工程三个轮次的调整，以及2001年启动的"创建教育强镇"工作，到2008年年底，全市撤并农村中小学157所，教学点减少272个。具体以龙川县紫市镇为例，紫市镇原本下辖九个行政村，原本每个村都建有一个小学，边远自然村还建有教学点，二十世纪九十年代开始，经过前后几轮调整和后来教育强镇的建设，撤销了紫市二中，合并了三个行政村的小学。截至2018年年底，保留了民乐东村、新民村、紫市村、新南村、仁里村、秀田村六所小学和紫市中学，撤销合并率超过30%，加上撤销的教学点所占比例就更大了。

二是改革开放以来，尤其是二十世纪八十年代末至本世纪初，由于农村人口转移速度明显加快，农村举家外迁现象不断增加，生源大幅度减少。根据2018年统计数据，河源市年末户籍总人口372.76万人，年末常住人口309.39万人，外出流失人口63.37万人，占比达到17%以上。人口的大量减少必然导致生源的大幅度减少，由于生源减少而导致班额逐年萎缩，学校"自然消亡"的现象愈发突出，每年都会出现农村学校无生可办、办不下去而遭遇撤并的情况，这是农村学校减少的又一重要原因和"时代大背景"。

三是为了追求优质教育。二十一世纪初到现在，长期外出打工的父母随着经济基础的积累、生活环境的改善和交通环境的便利，出于下一代教育不能够输在起跑线上的考虑和客家地区望子女成龙成凤根深蒂固的观念，要么携带子女一起外出上学，要么把子女送到县城乃至市区去读书，这种情况在河源地区也比较普遍，成为推动农村学校生源枯竭从而进一步空心化的又一重要因素。

于是乎，作为"教育末端"的农村学校生源大幅度减少，班额逐年萎缩，办学举步维艰，到二十一世纪的头十年达到困顿之谷底，10人以下"一师一校"的农村学校教学点越来越多，"越来越少，越来越小"似乎成了大势所趋，而且学校面临硬件条件、经费、师资和生源等多方面问题，难以应对。比如，根据2015年数据，龙川县全县各乡镇共有244个教学点，平均师生比是1∶9.45。

迈进二十一世纪，随着河源教育"创强"工作的不断推进，省市不断加大力度进行义务标准化学校建设，2016年创建教育强镇的覆盖率达到100%，极大地改善了农村义务教育阶段学校办学条件。而且从2016年开始，河源市人民政府办公室印发了《关于河源市创建"广东省推进教育现代化先进市"工作实施方案（2016—2018年）的通知》，在教育"创强"的基础上进一步推进创建"广东省推进教育现代化先进市"工作，力求建成"广东省推进教育现代化先进市"。但是，目前农村学校运转艰难的情况并没有得到彻底的改观，生源、师资、教学设施还存在根本性的问题，内涵建设更是令人担忧，尽管省市近年来加大了对农村教育的资源整合、政策帮扶和投入力度，但农村学校面临软硬件不配套、拓展的经费不足和师资短缺等突出问题的仍然不在少数，尤其是音乐、体育、美术、卫生、综合实践、科技活动六大功能室更是普遍缺乏，少数学校甚至"想都不敢想"，更何况配套师资。

三、河源农村学校的未来之路

乡村振兴，具体到河源来说，主要是针对新时代农业农村作为全面建成小康社会和实现河源全面振兴发展全局中的短板而言的。与工业相比较而言，河源农业劳动力素质较低是农业落后最突出的短板；与河源市区县城相比较，教育发展滞后是河源农村落后最殇的短板。优先发展农业农村，最根本的就是要彻底改变导致人才资源单向从农村流向城镇的制度，让农村也享有优质的教育资源，打造具有延展功能的乡村版的"终身教育基地"和"精神家园"，助力乡村振兴的永续动力。

河源农村学校的未来之路，既要着力于当下，又要谋划于长远；既要因地制宜，又要全力以赴，最终实现乡村振兴发展的教育梦和乡村梦的精神家园。要实现最终的奋斗目标，从策略上考虑分三步走，实实在在的一个阶段一个阶段地落地实现。第一步是求生存，就是要为村民子弟提供媲美城市的优质教育，实现优质教育资源的有效供给，恢复乡村教育的生机活力，赢得较高质量的生存；第二步是求发展，打造乡村版的"终身教育基地"，从内涵到高地，为乡村振兴发展提供智力、文化、教育等优质服务，为乡村振兴发展提供新的动能；第三步是寻梦想，就是要为子弟、村民、外出乡贤、新村民等提供乡愁可以安放之地，建构实现乡村振兴发展的教育梦的精神家园，使其成为乡村振兴发展的永续动力，助力中国梦的实现。

总之，农村学校要在新时代的大势下，在实现美丽的蜕变的前提下实现华丽的转身，转变成为优质教育资源学校、村民终身教育学校、新型职业农民培养学校，以及农村历史、文化、体育、艺术的展演、体验和传承学校，把农村学校建构成为复合型多功能生态化的终身教育基地和实现乡村梦的精神家园。

基于上述思想、思路，笔者认为：河源振兴农村教育，需要在当下下大力气改善农村学校教学条件的基础上，进一步全员全程全方位做好下面三件事：

第一，农村学校布局调整要恢复实施行政村"一村一校"刚性政策，不能够搞所谓"因地制宜"之计。特别需要指出的是，对于自然村学校的撤并，市县教育部门则应结合各自然村的实际情况，遵循自然村农村人口增减的自然规律，遵循老百姓的意愿，及时、合理地调整学校的布局，撤并不搞一刀切。

对于执行"一村一校"刚性政策，具体来说，需要执行好以下三个方面：一是对于规模较大、生源稳定的学校，应结合乡村振兴战略，持续加大投入力度，改善办学条件，提高教育质量；二是对于规模小、办学条件差、生源流失严重的学校，应深度结合乡村振兴战略，一步到位加大投入，改善师资水平，改善办学条件，吸引生源回流；三是对于那些已因各种原因被撤并，但现在乡村振兴又有需要，村民又有教育需求，而且有生源的学校，县镇要基于教育优先发展战略着手组织实施重新恢复，让其因优质教育资源的重新布局而恢复生机活力。

第二，加强加大寄宿制学校建设力度。实践证明，农村寄宿制学校是为农村学生提供优质教育的一种有效途径。因此，河源应当出台关于加强农村校规模学校和乡镇寄宿制学校建设的实施办法和规定，进一步健全两类学校经费投入使用管理制度，集中力量办好每个乡镇的寄宿制中心校，扩大寄宿制学校的容量，提高标准，提升质量，确保两类学校办学条件达到省级标准，跟上现代教育改革的步伐。

第三，实施河源新时代乡村振兴发展深度结合的综合性办学策略，把农村学校办成具有延展功能的"终身教育基地"和"精神家园"，更好适应城镇化和人口转移的趋势，适应教育现代化的发展方向。

1. 优先实现教育家办学

具体到每所学校办得好不好、人才培养质量高不高、学校建设内涵有没有，无一不是看带头人、看校长，这是教育的基本规律。河源的教育质量长期上不去，徘徊在广东省后无追兵的困境，大概与河源学校教育家办学的数量稀少有关，这是今天河源要实现教育现代化必须吸取的深刻教训，一定要上升为全市的认识。农村学校优先实行教育家办学，其示范作用和长远意义更为彰显。从追赶的角度看，只有教育家办学才有可能实现农村教育的弯道超车，实现高质量办学，补上短板；从可持续性的视野看，只有教育家办学才有可能在一个时期内把农村学校打造成乡村版的"终身教育基地"和"精神家园"，助力乡村振兴。至于人的问题——教育家的来源，就要集思广益、解放思想、开辟新径。

2. 把优质教育资源送上家门

借鉴浙江经验，把优质教育资源直接送到农民家门口，推动优质教育资源均衡布局。河源市要尽快制定实施推动优质教育资源均衡布局的战略规划，引导市县优质高中小学教育资源向农村区域布局。具体来说，可在县镇分别规划建设广东省名牌中小学的分校区或按照我国《中外合作办学条例》的相关规定，引进国外名校合作办学，从而实现农村区域教育事业跨越式发展。相应地，广东省教育部门要尽快制定实施为农村中小学引进优质师资的专项计划，甚至可以引进国外师资，提高外语教学水平。

3. 积极引导市县人才反哺农村教育

无论是乡村教育振兴，还是农村加快发展、脱贫攻坚、农村治理等，都离不开人才，都急需人才。人才从哪里来？这是一个极其考验地方行政者能力和智慧的大事。从目前的实际情况看，唯有中高层次退休人员特别是本土外出的退休人员，是可以开挖和能够快捷挖掘和集聚的人才富矿。积极引导市县乃至周边大城市中高层次退休人员回流农村区域反哺农村教育，不失为既解近渴又可谋长远的明智之举和智慧选择，甚至可以为优先实现教育家办学提供优质人才。关键是如何创新体制、搭建平台、建立常态工作机制、建立长效激励和保障制度。

具体到操作层面，河源市可根据农村教育优先发展的需要，制定关于城市退休教师支持农村学校建设工程等政策，搭建退休教师支持农村学校的综合信息管理平台，有选择、有针对性地优先引导大中小学校教师回归农村回归乡土。同时可以设立退休教师支持农村学校专项基金，规定凡是城市中小学校退休优秀教师自愿服从分配到农村中小学校任教的，每年给予3万~5万元津贴。对于参与此项计划三年以上者，可以在当地落户养老，由当地政府提供免费公寓住房。

第六节 河源农村学校体育教师之补缺研究

体育与健康课程已于2012年全面铺开和实施，对缓解青少年体质持续下降起到了积极的遏止作用，也积极推动了学校体育的全面和深化改革。但是，伴随着体育与健康课程教学全面实施的新态势和新要求，多数地区体育教师呈现数量不足和结构性缺编已是不争的事实。尤其是河源市这种欠发达地区的农村学校，情况更加不容乐观，除基础条件和设施的建设严重不足之外，最为核心的问题也暴露出来，即体育教师的严重不足愈发严峻，短时期内陷入难以破解的困局，令人担忧。

对于欠发达地区的农村学校，没有足够的体育教师，甚至没有体育教师，体育与健康课程改革由谁来执行？课程教学由谁来实施？如何实施？造成欠发达地区农村学校体育教师数量严重不足和结构性缺编的根本原因是什么？体育教师之缺究竟缺在哪里？其背后隐藏着哪些不为常人知道的原因？面对新课程教学的要求和落地如何解决？这些问题都是现实存在且须亟待破解的难题，非常有必要予以深入探究，摸清其来龙去脉并给予厘清。否则，若有偏差甚至谬误，下大力气作出的决策和举措难以对症的话，则有事倍功半之虞，无助于问题的解决。

一、河源农村学校体育教师的基本状况

河源农村学校体育教师整体上呈现出结构性缺编和数量严重不足的状况，农村小学体育教师缺编缺额问题最为突出。首先，就地方总的班额计算，整体上，体育教师是不能够满足教学需求的，有相当程度的缺编缺额；其次，就各县城周边乡镇学校而言，无论是初级中学，抑或是完全中学，体育教师的数量按班额计算的话，几乎都超编；再次，大多数农村学校的体育教师在数量上是严重不足的，同时存在缺编问题，除少数乡镇中学外，农村小学甚至连中心小学都几乎没

有配备体育教师，缺编缺额之严重可见一斑；最后，七个县区有近千个教学点，学生人数在几个到几十个不等，根本就没有配备专职体育教师，缺编缺额问题最为突出而情况特殊。

近几年来，应对新课程的改革与实施，地方政府和教育部门想尽办法，克服了一些困难，出台了一些地方措施，实施了一系列的定向招聘或各种形式的培养，尤其是顶岗培训也取得了一定的成效，尽可能多地为农村学校补充了一些师资，增加了体育教师的数量，质量方面也有一定程度的提升。但就整体而言，或具体到每一所学校，缺口却是明显的，体育教师数量突出不足的问题并没有得到根本性的改变或扭转。对此，非常有必要就欠发达地区农村学校体育教师缺失的问题进行探讨，寻求解决之道。

二、河源农村学校体育教师缺失的原因

河源农村学校体育教师严重不足和结构性缺失的原因是比较复杂的，既有观念问题，有复杂的历史欠账的因素，有自然减员加快的因素，也有流动流失的因素，还有地方院校转型导致的师源缺乏的因素，以及补充渠道不通畅的因素等，下面一一加以剖析。

1. 自然减员

经调查，近五年来，河源市体育教师到了法定年龄退休的，每年自然减员的数量不少于50人，其中农村中小学校每年为10～15人，自然减员人数占在职人数的比例约为5%。

2. 历史欠账

欠发达地区农村学校体育教师的缺乏，可谓由来已久。据调查，自中华人民共和国成立后至今，此问题就长期存在，不过是不同阶段存在的严重程度有所不同而已。正因为这样，到了20世纪90年代末，农村学校体育教师有相当一部分是由以前的代课教师、业余体校毕业生、民师转正等而来。尽管这样，缺口还是不断加大，而且由于这部分教师年龄本就偏大，时段又比较集中，到了最近十年，导致自然减员大幅增加。

3. 流动流失

欠发达地区农村学校体育教师流动流失问题也是由来已久，特别是改革开放后，由于河源毗邻珠三角发达地区，高学历和骨干体育教师的流动流失在整个90年代期间尤其严重，加之体育教师流往市区县城以及职务晋升、转行变动等，高峰的时候，每年流动流失的体育教师全市高达50多人。进入21世纪以来，流往发达地区的体育教师的数量日益减少，但隐性的流动流失日益增加。据笔者的一项跟踪调查显示，自1999年至2013年，师范学校毕业的241名体育教师中，各种情况的流动流失达51人，占21.2%，这无疑加重了河源农村学校体育教师的缺口。

4. 师源缺乏

历史上，自80年代广东老隆师范学校开设体育专业班始，每年培养体育教师的数量约为60名，这是河源市农村学校体育教师的主要来源，而且处于稳定而持续的状态。但是，2001年广东老隆师范学校升格为河源职业技术学院，体育专业被取消，农村学校体育教师的主要培养途径被切断，大多数农村学校一直到2010年之前都没有得到有效补充，欠账越积越多。每年市县政府都想尽办法到有关院校进行招聘，应聘的专业大学生也确实不少，但一旦确定到边远的农村学校任教，要么即时流聘，要么干不了几个月便溜号，要么干一年半载调动，一两年后能够留在农村学校任教的可谓少之又少，如凤毛麟角。

5. 补充路径不畅通

就河源而言，由于是欠发达山区市，各县区又存在整体超编现象，地方财政本来就吃紧，一般情况下都不放开编制，谈何补充；而且，非常致命的是，农村学校绝对数量大，教学点特别多而且分散，根本不可能保障每个学校都能得到最低限度的补充。这是山区农村学校的一个两难问题。另外，就算争取到编制，但由于待遇低（尽管有山区补贴）、环境差、条件艰苦、门槛高，招聘也存在不小的困难，留住就更难了。迄今为止，留在农村学校任教的具有本科学历的体育教师，河源市七个县区的农村学校不超过20人。

6. 观念的影响

河源农村学校体育教师长期的缺编不足，与观念问题的影响脱不了关系。无论是地方政府、教育部门，还是学校管理者和家长，在相当长的一个时期里，认为体育是"小儿科""无关紧要"，因此体育备受歧视和冷落，致使体育教师的补充成为永远次于其他学科考虑的事情，而影响到补充的态度和行为。由于深受观念之害，在迫不得已的情况下，往往也只是动员其他学科的老师兼职代课也不主动申请补编。这种情况一直到新体育与健康课程的全面铺开实施才得以一定程度的改变和逐步改善，但观念的影响余毒还在。

三、关于补缺的初步尝试

自2004年以来，尤其是实施新体育与健康课程教学以来，对于体育教师数量不足的问题，河源市政府和教育部门乃至相关学校都做了一些努力，采取了一些措施，结合地方的实际情况，采取了退休教师返聘、聘请地方社会体育工作者、定向培养、定点招聘，以及与有关高校开展顶岗实习、置换培训，争取发达地区帮扶等方法和举措，取得了较好的效果，对于体育教师数量严重不足状况起到了一定的缓解作用，但并没有从根本上彻底解决问题。

全市农村学校返聘退休体育教师和聘请地方社会体育工作者的数量，每年为10余人，从总体上看是杯水车薪，无济于事。何况，退休的老教师或社会体育工作者本就知识老化，课程理念落后，具体实施教学困难，对学校体育的帮助可以说作用有限。

定向培养作为长远解决问题之策，本应受到重视而大力行之，但由于受到地方财政和编制的制约以及远水解不了近渴的短视之见，大张旗鼓实施的2014年计划委托河源职业技术学院培养的51名体育培养生，最终只有19人得到各县区政府的保障签约而落实，大部分名额则不了了之，此培养折扣还导致了地方高校办学成本激增，大大挫伤了地方高校定向培养的积极性。

与高校合作，实施师范生"顶岗实习，置换培训"战略，真正实现对农村教师"更新观念、传递知识、发展能力、提高素养"的培训目标，是短期解决农村学校体育教师短缺和提升体育教师能力，实现再学习和再培养的有效之举，也能够很好地锻炼师范生的双赢之举。河源职业技术学院是广东率先开展"顶岗支教、置换培训"的试点院校，自2010年开展至今，已经为农村学校置换培养了近200多名骨干体育教师，为40多所学校补充了近60名体育教师，取得了比较好的效果，但该项工作并没有得到各县区的高度重视，缺乏顶层设计，缺乏协同统筹，还是停留在对点、分散的初级阶段，也没有长效机制，令人遗憾。

四、关于补缺的对策

1. 加强顶层设计，加强全局统筹和协同部署，实施专项计划

地方政府和教育部门要以县域为基础，与地方高校或区域师范院校实施战略合作，建立稳定和长期的合作关系，实现互利共赢，为短长结合解决体育教师的短缺问题奠定基础。与此同时，地方政府和教育部门要根据地方教育发展规划，结合农村学校开展体育与健康课程教学的长远要求，制订中长期师资培养规划，委托合作院校定向培养合格的体育教师，实施定向和定点补充，以期在5~8年内基本解决体育教师不足的现实问题。

2. 实施"政校"联姻，强力推进战略合作

地方政府与教育部门要与实施战略合作的高校签订长期的"双轨轮换、顶岗实习"以及"双轨轮换、置换培训"双管齐下的两种深化模式，建立和形成师范生培养补充和农村体育教师培训提高一体化的长效机制。一是将"双轨轮换、顶岗实习"建成长效机制，可以根据农村学校的需要长年开展顶岗实习，起到稳定补充体育教师的作用；二是通过"双轨轮换、置换培训"，可以轮换着把农村体育教师置换出来，对其进行新知识、新技术、新方法等的再学习和再培训，实实在在提升体育教师的素质；三是可以实施临时性应急性的顶岗补充，比如原有体育教师因公培训、请事假、病假和产假等，师范生的实习顶岗都是非常好的解决方法。

五、小结

河源农村学校体育教师由于历史欠账多，自然减员数量较大，流动流失日益

严重，部分学校体育教师"空心化"现象严重，而且由于合适的师源不足，补充路径不畅通，导致了农村学校合格体育教师的数量日益不足，农村小学缺编缺额尤其严重。

尽管河源市政府和教育部门做了大量的工作，拓宽了思路、视野和补充途径，取得一定效果，但由于历史欠账多、基础差、财力薄、困难多，还远远不能满足体育与健康课程的基本需要，更不足以从根本上解决问题，严重影响到体育教学的正常开展，阻碍了学校体育的深入改革，造成了伤害。对此，学界和业界理应痛定思痛，推动在更高层次、更强力度、更有效的保障等，实施系列组合政策和措施来达到问题的长效解决。

第六章
新时代河源振兴发展的人才战略及其实践

第一节　试论新时代河源实践人才工作的新思想和新方略

一、新时代我国人才工作的新思想和新方略

"人才聚，天下兴。"党的十九大报告把人才工作放到党和国家工作的重要位置。基于"不忘初心，牢记使命"的前提和背景，党的十九大报告提出了"人才是实现民族振兴、赢得国际竞争主动的战略资源"的重要论断。这是人才工作的新定位，也是人才工作地位和作用的新论断，凸显了人才资源是经济社会发展的第一资源的思想，表明了人才在经济社会发展中所处的特殊位置和重要性。在对人才工作新定位的基础上，提出了新的更高的要求。十九大报告对人才工作提出了"一个加快""三个更加"，即"坚持党管人才原则，聚天下英才而用之，加快建设人才强国"和"更加积极、更加开放、更加有效的人才政策"，指出了人才工作坚持的原则、目标和路径。为了实现建设社会主义现代化国家的新目标，报告提出了人才工作的新任务，要"努力形成人人渴望成才、人人努力成才、人人皆可成才、人人尽展其才的良好局面，让各类人才的创造活力竞相迸发、聪明才智充分涌流"。报告特别指出，"要加强国家创新体系建设，强化战略科技力量，培养造就一大批具有国际水平的战略科技人才、科技领军人才、青年科技人才和高水平创新团队"。这些重要论述构成了习近平新时代中国特色社会主义思想中精彩的"人才篇"。"人才篇"浓墨重彩勾画出我党强烈的人才意识、鲜明的用才导向、重视培育的作用和开放的人才政策等人才思想的基本特征；提出了有理想、要爱国、能创新和敢担当的人才思想的导向；提出了重品德、看实干、讲学习和善辩证的全面科学判断人才的方法。党的十九大报告的人才思想及方略，充分体现了我们党对人才规律的深刻把握和对人才工作的高度重视，彰显了我们党求贤若渴、广聚英才的博大胸怀，为河源做好新时代的人才工作提供了遵循原则。

二、以往河源实践暴露出的人才与思想问题

1. 河源经济社会发展为什么会如此落后？

二十一世纪什么最贵？人才。人才是推动发展的"第一资源"，所谓"致天下之治者在人才。"所以，人才是一个地区、一个城市最核心的竞争力。人才对于一个地区发展的作用永远是摆在第一位的，没有这种高度的认识，就不足以引领地方的科学发展。举两个最能够说明人才作用的例子，一是深圳，二是惠州。深圳曾经是不毛之地，仅仅是一个偏僻的小渔村，但靠着人才和思想的汇聚迅速崛起，成为我国改革开放的排头兵，引领全国改革开放的大发展。从某种意义上，更有说服力的是惠州，九十年代以前，惠州与河源同属惠阳地区，可谓是难兄难弟，直到1988年河源设立地级市才分离出来。但令人刮目和震撼的是，仅仅过去二十七年，惠州靠着人才和思想的集聚快速崛起，2015年已经跃升成为广东的第五大经济体，而匮缺人才和思想的河源则发展缓慢，一直处在全省的倒数位置。可见，发达地区之所以发达是因为它已经形成良性循环助推自己的发展，同时也进一步加速了人才集聚，如此往复，更加繁华。其背后的支撑因素，无非是它更加开放和包容，更加容易接纳新思想和新建议。一句话，发达地区的发达关键在于人才和思想的集聚。

河源的经济和社会发展，不但在广东省内落后，在全国范围内也是比较落后的，这种情况在外人看来是难以理解的。河源经济社会发展为什么会如此落后？归根结底，在于人才的落后，在于人才的稀缺和思想的僵化。但凡落后的地方，制约发展的最根本的因素，是人，是固守、刻板和僵化的思想，不肯开放和包容的心态，以及相互制约宁可内耗的心理，经济落后反倒不是最重要的原因。尤其需要警惕的是，穷，穷的是思想，是人心。在穷思想和人心不古的环境中，这种恶劣生态无疑会愈发加剧人才的流失，每个人都会害怕自己的才华无处施展，更害怕被无端扼杀，一旦去意已决，甚至形成相互传染的破窗效应，势必形成恶性循环，导致发展后继无望。总之，河源的经济和社会要在粤东西北实现率先振兴发展，人才是关键，破解人才危机是首要，做实谋才工作可谓路漫漫而任重道远，须有"雄关漫道真如铁，而今迈步从头越"的勇气。

2. 新时代河源必须直面的人才危机与窘境

目前，河源发展面临的最大困境，就是人才数量稀缺，而且留不住人才，导致人才危机。据广东科技统计年鉴，2013年河源市科技人员仅有2 998人，其中大学本科以上学历人员只有360人，工业企业科技人员为1 822人，全部列广东省倒数第一；设有科技机构的规模以上工业企业只有14个，全省倒数第二。显而易见，河源企业作为经济建设的主体严重缺乏科技人才和平台。因此，无论是科技人才还是科技人才培养平台都远远不能满足河源经济社会发展需求，更无法支撑率先振兴战略的实施。除了自身人才数量极其稀缺，河源社

会和企业更是难以吸引外部外优秀人才的持续参与。由于区位劣势和经济落后，难以吸引外部高端人才的参与是可以理解的，但是，在本地就业打拼多年的高层次人才也纷纷出走，另谋高就，极力挽留也留不住，这其中的缘由就必须好好的反思和反省了。以河源职业技术学院为例，作为河源市的人才水池和高层次人才集聚的高地，自2009年以来，累计流失具有硕士研究生或中级职称以上的人才超过85人，其中正高级6人，副高级17人，博士研究生15人，被虐称为"广东省高职人才培养基地"。导致人才危机的背后原因，除了最基本的高薪厚职和适宜的生活和工作环境难以提供外，深层次的原因还是缺乏尊重人才的制度环境和社会生态，缺乏科学使用人才的长效机制，缺乏人才培养的完善体系，缺乏舍得血本的人才投入，还有一个原因是决定性的长远的发展愿景不确定不明朗。种种原因导致人才既用不好、引不来，也留不住，其根本原因还是人和思想的问题。

河源市委市政府对人才工作是重视的。自2016年始，河源实施了史上最大力度的《河源市促进人才优先发展若干措施》（以下简称《措施》）。《措施》共有12个大项、56个小项，包含了实施人才引进工程、加速推进专业人才队伍建设、建立健全人才流动机制、建立完善人才评价激励和荣誉机制等内容，向着"高精尖缺"方向迈出了小小的一步，但随后的实施方案却被诟病为"撒胡椒面"和"无头无脑"工程，暴露出顶层设计的短板和执行力的严重缺陷。《措施》实施三年多来，并没有收到立竿见影的作用，加之政策没有很好的配套和监督保障，没有强烈的"常格不破，人才难得"的意识，没有能够形成不唯地域、不唯年龄、不拘长幼、不唯身份、不论资历、不拘一格，更积极、更开放、更有效地集聚人才，更没能奏响一曲群英荟萃、大展宏图的华美乐章，人才危机并没有得到缓解。一些措施的实施，反倒引发众论和巨大的争议，陷入进退两难的境地，其背后的深层次原因还是人和思想的问题。没有具体落实的人才和队伍，再好的方案也难以变成现实；没有人才，甚至连制定因地制宜的科学方案也堪称奢望。

3. 新时代河源须举全民之力实施"谋才战略"

目前河源发展的困难在于如何科学有效地破解"六缺"之困局，尽管河源发展缺乏资金和项目，缺乏航母企业和龙头企业，但最缺的是人才和思想。党的十九大报告一针见血地对人才工作提出了"一个加快""三个更加"新的和更高的要求，即"坚持党管人才原则，聚天下英才而用之，加快建设人才强国"和"更加积极、更加开放、更加有效的人才政策"。对欠发达地区河源而言，发展仍然是硬道理，人才更是第一资源，要打造现代河源和生态河源，要把提高国民经济发展的质量和效益、提高社会建设的品质和水平、提升河源企业的核心竞争力和综合竞争力等统筹进行顶层设计，对接十九大报告提出的"加快建设制造强国，加快发展先进制造业"等要求，大力发展科技创新产业，瞄准国际标准，瞄准先进制造业，支持传统产业优化升级，加快发展现代服务业，构建现代化工业体系……这一切，都离不开人才和思想，更离不开高层次人才的持续参与。没有人才和思想的集聚和迸发，现代河源、生态河源和文化河源的打造，根本无从谈起。

人才优势是最具潜力的发展优势。古往今来，人才兴事业旺。当务之急，河源要把"谋才"摆在首位，既谋党政之才，谋科技专才，也统筹谋划文化人才、教育人才、医疗卫生人才、企业管理人才、技能人才等，并久久为功。"谋才"也要科学，做到"谋育才"为本，做大做强；"谋引才"为辅，精准高效；"谋用才"为旨，人尽其才。树立"谋引才"不如"谋育才"，"谋引才""谋育才"不如"谋用才"的思想。谋党政之才是工作的重中之重，特别是十九大后的今天，河源改革发展任务更加繁重，急需一大批思想解放、知识面宽，有朝气、有活力、有激情、有才气，生龙活虎式的干部积极参与。否则，再好的决策和方案没有合适的人去执行落实，最后也干不好事干不成事。历史上，三国时期的蜀国，后期江河日下、快速走向衰落，与领头人诸葛亮长于谋事短于谋人不无关系，落得"蜀中无大将，廖化作先锋"的深刻教训。谋科技专才更刻不容缓。创新驱动实质上是人才驱动。人才强、科技强，才能带动产业强、经济强、建设强。所以，十九大报告明确要求，培养造就一大批具有国际水平的战略科技人才、科技领军人才、青年科技人才和高水平创新团队。如何科学"谋才"？是新时代摆在全体河源人面前的一道新课题，考验着河源规划者的智慧和担当。

新时代的河源，面临难得的黄金机遇，更直面现实的严峻挑战。不能不提的是，面对国家快速推进和实施"一带一路""粤港澳大湾区"战略的憧憬，在充分经营"战略利好"并获取最大发展利益的前提下，河源如何规避"回波效应""虹吸效应"产生的持续的负面响应，避免因政策不平衡，以及资源和产生要素，特别是人才资源的进一步流失，导致河源与周边城市之间发展差距的进一步扩大，这是河源必须严肃直面的重大课题和重大挑战，必须前置关口，严肃地予以思考和应对。

三、新时代河源科学谋才的工作方略

谋才之道，首先要知耻后勇、亡羊补牢，必须举全民之力实施"谋才战略"。做实十九大人才工作，要以新时代的人才新思想、新方略践行河源的谋才工作，必须从河源治理体系与治理能力现代化的高度谋划，围绕打造"三个河源"（现代河源、生态河源、文化河源）的目标，以"五位一体"的人才思想为指导，实施"六大+"人才工作方略，建立符合人才成长规律、破解人才成长障碍的科学体系，建立更加灵活、更加开放、更加实效的人才新体制新机制，达成为人才脱颖而出释放出体制机制最大的支撑和牵引性动能的目标。

1. 加强顶层设计，绘就河源愿景

表面上看，由于区位劣势和经济落后，河源社会和企业难以吸引优秀人才的持续参与，也难以提供最基本的高薪厚职和适宜的工作环境，实质上，深层次的决定性的因素，是河源长远的发展愿景不确定所致。因此，河源市委市政府首先要集中智慧、集思广益、科学论证、慎思严密，花大力气固化和设立明确的短、中、长期发展方向和目标，为优秀人才提供最为核心的愿景目标和发展前景，吸引具有长远眼光的人才落户河源，服务河源。对此，顶层设计一定要高度融入国家"五位一体"战略布局，基于新发展理念，牢固树立"五位一体"的人才思想，覆盖经济、政治、文化、社会和生态文明全领域，并在创新、绿色、协调、开放和共享"五大发展理念"指引下给予明确的定位并创设新标准。

2. 破恶习，打造人才新磁场

习近平总书记要求，"要在全社会大兴识才、爱才、敬才、用才之风"，"要积极营造尊重、关心、支持外国人才创新创业的良好氛围，对他们充分信任、放手使用，让各类人才各得其所，让各路高贤大展其长"。他指出，"要最大限度地调动科技人才创新积极性，尊重科技人才创新自主权，大力营造勇于创新、鼓励成功、宽容失败的社会氛围"。

河源作为纯客家地区，虽然有爱才惜才的民性，但自古以来也伴随着妒才遏才、不善于用才、长于耗才的恶习。此习不改，生态不善，河源的谋才之道难以走远和走好。因为，政治生态影响从政环境，社会生态影响生活环境。这两个环境都会影响育才、成才、用才，相互关联，彼此互动。"环境好，则人才聚、事业兴。环境不好，则人才散、事业衰"。对于河源而言，唯有破恶习，营造良好氛围，营造"育养用"一体的人才生态，才能为千千万万的人才创造施展才华的沃土，让全社会创新创造的源泉充分涌动。

3. 转观念，树立人才是第一资源的强烈意识

习近平总书记指出，"要秉持人才是第一资源的理念，兼收并蓄，吸取国际先进经验，培养更多、更高素质的人才""要把人才资源开发放在科技创新最优先的位置"。做实十九大人才思想工作，首先要牢固树立人才是最重要资源的意识，是第一资源的意识，把一切管理的着眼点定位在服务于人力资源效益最大化上，把管理的落脚点定位在让人力资源释放最大能量上，从而把各方面优秀人才集聚到实现河源在粤东西北率先振兴发展的奋斗目标，助力河源梦。

河源的人才危机，与河源目前落后的人才观有很大的关系。总体上讲，河源人从来没有把人才放在世俗社会核心的位置，更没有在全社会树立人才是第一资源的观念。在诸多领域，认为人才是可有可无的，认为人才是可用可不用的，认为没有人才照样能够发展得好。诸如此类的错误观念比较普遍，导致社会上怠

慢人才、轻视人才、排挤人才、扼杀人才的情况颇为常见，就算是河源土生土长的人才也望而却步，导致人才资源长期流失、严重流失，入不敷出的结果是人才资源的严重匮乏，形成危机，影响可持续发展。因此，树立人才是第一资源的思想，是将所有人纳入资源范畴，根据每个人的特点进行效益最大化的设置和使用，目标是人尽其用，这是当下的要务急务。

4. 创新体制机制，释放人才创造力

体制机制顺，则人才聚、事业兴。河源要结合十九大精神，遵循习近平总书记所说的"人才政策，手脚还要放开一些"和"要着力完善人才发展机制，用好用活人才，建立更为灵活的人才管理机制，打通人才流动、使用、发挥作用中的体制机制障碍"的思想，举全市之力实施谋才战略，在制定《河源市中长期人才发展规划纲要（2017—2025年）》的基础上，进一步完善《河源市促进人才优先发展若干措施》，配套一系列改革措施，为实现河源率先振兴发展各项任务提供重要的人力资源战略保障。

（1）创新人才培养与引进体制，下好谋才"先手棋"。加强高层次创新创业人才队伍建设，实施"三手抓"方略：一手抓本土人才的培养和激励，一手抓区域外高层次急需人才的引进和使用，一手抓海外高精尖人才的引进和使用。举全市之力，设立亿元级的高层次人才专项基金，筑好巢搭好平台，推行招才引智实施办法。结合河源实际谋引才，近期主要集中在五大领域：一是在哲学社会科学领域，引进3~5个长于战略研究和文化研究的高水平人才，在河源主流思想的兴盛和引领方面起到立竿见影的作用，迸发先进思想的力量。二是在现代生态农业领域，特别是在特色种养和精深产品研发、加工方面，引进高水平人才或团队，短期内实现河源现代生态农业的品牌发展，提质增效。三是在高端制造业领域，尤其在硬质合金和电子电气方面，引进1~2个领军人才，与当地高职院校组成高水平研发团队，短期内储备5~10项新发明新产品新工艺新流程，实现河源在高端制造业领域的新突破，形成区域优势，提高核心竞争力。四是在大数据和人工智能领域，引进一批高层次人才，形成3~5个有一定研发能力和成果转化能力的团队，为占据下一个新兴产业的制高点储备人才和技术。五是在现代服务业领域，引进1~2个长于互联网+营销的领军人才，结合地方院校，组成1~2个高水平团队，引领河源现代服务业的品牌发展。

（2）创新激励机制焕发本土人才的活力。全市实施普惠性的科技创新创业激励机制，充分利用好地方职业院校这块人才阵地和宝贵资源，构建产学融合、校企深度合作的创新创业体系，以河源众创空间、工程研发中心、新型研发机构、科技孵化器等平台为抓手，设立专项基金和科技金融+服务，为科技专才创造安心钻研、潜心创新的良好条件，发掘潜力，让各类人才的创造活力竞相迸发，通过收入分配改革让有创造的老师名利双收。

（3）加快构建具有区域竞争力的人才制度体系。最为关键的是着力破除体制机制障碍，化繁为简，向用人主体放权，为人才松绑，让人才创新创造活力充分迸发，使各方面人才各得其所、尽展其长；同时要坚持竞争激励和崇尚合作相结合，促进人才资源在区域内合理有序流动，探索建立人才"绿卡"制度，加快形成具有区域竞争力的人才制度优势。

（4）建立容错机制。河源要在粤东西北实现率先振兴发展，人才是第一位的，配套建立相应的容错机制，也是要务之一，这才能与人才制度相辅相成。无论是科技创新，创新创业，还是创新社会建设，往往遭遇各种难题，失败多成功少是规律。如果任凭创新创业者自生自灭，不但损害创新创业的氛围，损害创新产业的发展，更不利于创新驱动战略的深入实施。如果没有建立容错机制，没有给予创新创业者非因道德风险所致失败的必要援助和保障，创新创业者为何要冒险在河源创新创业呢？只有清醒地认识到，唯有充分的援助和保障措施，减少创新创业者的后顾之忧，并创设失败者东山再起的机会，才能吸引创新创业者持续参与河源的建设。可见，为人才制度配套建立容错机制，也是一种智慧。

5. 破心魔，最大限度立足自身培养

河源之科学谋才，要痛定思痛，破心魔，知耻后勇，亡羊补牢，着眼长远，实施"搭平台，提待遇，重使用，给激励，供保障"的一体化策略，把立足于人才的自身培养做到极致，万不可把人才引进作为解决发展的万能之钥，否则就会犯历史性错误。最大限度立足自身培养，事实上也能够起到为引才聚才造就良性氛围的虹吸作用。

一是构筑人才培养洼地，打造高层次人才集聚高地，布局"中专—高职—本科"人才培养体系，实施"政行企校"四方联动培养人才的长远战略。同时，人才培养要向高层次转变，高层次人才培养的重点要对准造就领军人才下大力气。

从某种角度看，做实十九大人才工作，就要充分认识培养领军人才的重要性，让领军人才在真正的"领军"上花精力，这样就可以为新时代的河源实践培养造就大批各行各业需要的卓越领军人才。河源的人才资源数量尽管少，还是有一定的基数的，但高层次人才特别是一流领军人才十分匮乏，几乎没有，是河源人才资源的最大短板，也是河源实现"五位一体"发展战略的短板。领军人才是人才队伍中的一个重点，"千军易得，一将难求"，有了领军人才，才能够使事业更好更快地发展，才能使资源更充分地发挥效能。

二是精准培养，软硬结合，不拘一格，标本兼顾，摆脱人才困境。做实十九大人才工作，要把重点落实到在理念上、制度上、行动上都做到不拘一格，不错失和忽略一个人才，从而为各类人才的脱颖而出创造更加充分的精神和物质条件。

三是主动发挥人才是第一资源的根本作用。实施"政行企校"四方联动使用人才和人尽其才的工作部署，搭建服务平台，提供组织保障和激励，服务一线企业，服务实体经济，服务社会发展，把科学技术是第一生产力、人才是第一资源、创新是第一动力的作用有机联系起来，加快形成具有河源特色的以创新创业为主要引领和支撑的开放型的经济体系和发展模式。

破心魔，尤需组织保障。河源要成立最高规格的人才工作领导机构，由市委书记和市长牵头，核心部门参与的工作机构。同时组建专业的服务和治理团队，成立河源市人才信息情报委员会，并配套长效机制，形成常态，大胆探索"专业的事由专业的人去做"，使之甘为人梯，综合研判，言传身教，慧眼识才，不断发现、培养、举荐人才，为拔尖创新人才脱颖而出铺路搭桥。

6. 予心易心，创造暖人暖心的获得感

习近平总书记指出，对人才要"增强大家的事业心、归属感、忠诚度"，强调让人才有获得感，就是要完善激励措施，提供人才成长空间，搭建事业平台，在政治上充分信任、工作上大胆使用、生活上真诚关心、待遇上及时保障，"多为他们办实事、做好事、解难事"。做实十九大人才思想工作，河源必须把这些暖心的讲话落实到看得见、摸得着的人才政策上，这样才能激励人才为河源经济社会贡献聪明才智、奋力创新创造。

今天，河源面临的人才竞争不是单位之间、地区之间而是国家之间的全球性竞争，要从融入国家战略上谋划人才工作和人才保障。所以，要打造人才新磁场，下好谋才"先手棋"，释放人才创造力。不但要高度重视顶层设计，建构完善的制度体系，筑好巢搭好平台，而且在育才引才待遇、鼓励柔性引才、吸引人才创业团队等方面出台一系列极具吸引力的举措，设立高层次人才服务保障一站式服务，对高层次人才和人才创业团队等给予经济补助，并完善高层次人才评审认定、随迁配偶安置、子女入学、社会保障等，消除高层次人才后顾之忧，专心致志服务河源，这也将非常考验河源规划者的智慧与胸怀。

四、小结

新时代河源的谋才工作，必须从河源治理体系与治理能力现代化的高度来谋划，围绕"三个河源"的打造，树立"五位一体"的人才思想，实施"六大+"人才工作方略，建立符合人才成长规律、破解人才成长障碍的科学体系，久久为功，破除人才危机，实现人才是推动发展"第一资源"所释放的最大支撑和牵引性动能的作用。

必须提醒的是，河源若错过"聚天下英才而用之"的新时代，后果将是河源不能承受之重。唯有在全市各行各业，尤其是政府和职能部门人人都牢固树立人才优先发展的理念，持续深化人才发展体制机制改革，才能把各方面优秀人才集聚到河源建设的事业中来，才能竞相迸发优秀人才的最大潜力和创造力，助力河源在粤东西北率先振兴发展。

第二节　河源市科技人才培养的实践及其成效

一、科技人才困境

（1）引进难。全国各地都意识到科技人才的重要性，各显神通，多方引进。河源除了生态环境占优势，其他方面都在人才引进中处于劣势。

（2）留住难。尽管河源花大力气"事业留人、待遇留人、感情留人"，但受诸多因素所限，效果不佳。河源地处欠发达地区，申报科研项目难、职称晋升难、没有科研团队、缺乏研发条件和实践基地是主因。

（3）培养难。河源科技人才资源开发服务基地建设落后，研发中心、工作室等平台缺乏。河源仅有一所高校（河源职业技术学院）和10多所中职学校，培养能力有限，且存在产学研脱节现象，中高职办学衔接不顺，培养效果差强人意。

河源市出现科技人才培养困难的根源主要有三个：一是体制机制活力不足。科技人才的培养是一个系统工程，政府、企业、学校要各司其职，齐心协力。现在的情况是作为市场主体的企业没有动起来，而市场机制是促进科技人才培养的最有效的机制。二是学校履行人才培养职责不到位，人才的概念被严重窄化，确定人才的标准单一，多数情况下以学历而不是科学技术作为衡量人才的标准。人才培养模式单一，多样性和适用性欠缺，科技教育定位不明确，评价体系重论文、轻设计、缺实践；产学研合作粗浅，忽视学生的创新教育和创业实训，学生与社会需求严重脱节。三是具有科技实践背景和学术水平的"双师型"教师队伍严重缺乏。教师大多是从校门到校门，没有生产经验和实践能力，造成教学空洞化，极大地阻碍了学生科技素养的发展。

二、科技人才培养体系

鉴于引进科技人才困难，河源应当把主要精力花在内部培养上，加大科技人才资源开发服务基地建设，实现资源共享、协同育人。河源科技人才资源开发服务基地以河源职业技术学院为主体，联合本科院校、中职学校、公益服务平台、企业研发中心等组成。由于科技人才素质由实践能力、知识学习能力、分析综合能力和开拓创新能力构成，所以科技人才培养环节必然包括知识学习和顶岗实践环节。基于这个理念，河源科技人才资源开发服务基地在人才培养方面形成了具有自己特色的体系：

1. 创建平台立机制

政府完善制度，激励科技人才，培育创新文化，营造合作氛围，与企业、学校共建科技人才培养所需的各类平台，形成"政企校"创建平台立机制的人才培养模式，解决"在哪培养"的问题。

2. 创新模式树特色

学校改革教学体系和培养方案，以"产教融合"作为主要培养模式，企业成为科技人才培养主体、基地，解决"怎样培养"的问题。

3. 创设站点培师资

"政企校"合作，在工业园区和企业设立科技特派员工作站，兼顾校企双方利益，通过科技攻关和科技服务来创新科技人才培养路径，同时培养"双师型"教学团队，解决"谁来培养"的问题。

通过平台、模式、师资等几个方面的综合改革，整合政府、企业、学校三方力量，强化科技人才资源开发服务基地建设，最终实现科技人才培养数量和质量的大幅提升。

三、科技人才培养的实践

1. 创建平台

2013 年河源市人民政府颁布《关于促进自主创新的实施意见》（河府〔2013〕49 号），根据这个意见，2014 年河源市科技局修订了《河源市工程技术研究中心建设管理办法》，依托企业类和公益类工程技术研究中心，组织工程技术人才培训，创造良好的工作条件，建立有效的人才激励机制和分配机制，吸引人才以各种形式为河源服务。市财政给予工程中心一定的经费资助，主要用于项目规划调研、考察、专家咨询、人员培训、人才引进、制度建设、知识产权申请维护等方面。至 2017 年河源市已组建市级工程技术研究中心 56 个，获批省级工程技术研究中心 28 个。同时，为贯彻落实市委市政府《河源市加强技能人才队伍建设的实施意见》（河委办发〔2013〕12 号），进一步加快河源市高技能人才队伍和高技能人才实训平台建设，河源市人社局先后开展了两批市级技师工作室认定，共有 14 个技师工作室得到认定。每个技师工作室由市级财政给予 3 万元资金作启动经费。对于入驻技师工作室的技能大师，每年为该室培养 5 名及以上技师级人才的，当年给予 5 000 元奖励。2013 年 6 月，河源科技人才资源开发服务基地主体——河源职业技术学院牵头，联合政府职能部门、中职学校、行业协会和骨干企业成立"校企合作办学理事会"。目前理事会成员已达到 136 家，为共同培养科技人才开辟了新的平台。在这个平台下，实现了中高职有效衔接、校企资源全面整合。此外，河源职业技术学院还和全国 10 多所综合性大学联合开展研究生、本科教育，培养高层次科技人才。

2. 制定制度

科技人才的培养需要科学合理的激励制度，在监控绩效的同时激发创造力与活力，同时为选人用人提供科学依据。河源市已意识到了这一点，出台了一系列管理制度。如《河源市加强技能人才队伍建设实施意见》《河源市引进创新科研团队和领军人才的实施意见》《河源市专业技术拔尖人才选拔管理的实施意见》《河源市加强高层次人才队伍建设的实施意见》（河委办发〔2013〕12号）《河源市促进人才优先发展若干措施》（河委发〔2016〕8号）等文件，提高科技人才待遇，营造尊重科技人才的氛围。同时，要求各部门、各单位制定相应的制度，将科技人才培养政策贯彻到具体工作中。河源职业技术学院作为河源科技人才资源开发服务主要基地，根据市文件精神，出台了《河源职业技术学院校企合作办学理事会章程》《河源职业技术学院关于"双师"双向交流的实施意见》《河源职业技术学院科技特派员工作管理程序》《河源职业技术学院高层次人才培养与管理办法》等制度，为实施"产教融合"的科技人才培养模式提供制度保障。

3. 健全机制

有了平台和制度，就需要健全机制，将平台功能实效化、制度实践化。为此，河源市在贯彻落实《河源市中长期人才发展规划纲要（2012—2020）》（以下简称《纲要》）时，组织实施了十大人才工程，其中就有"高技能人才培养工程""人才创新创业服务平台建设工程"等。从宏观上，《纲要》提出要完善6项人才工作机制，即完善党管人才工作机制、人才选拔任用机制、人才评价考核机制、人才激励保障机制、人才流动配置机制、人才优先投入机制。微观上，校企合作是科技人才培养最有效的途径。为此，政府、企业和学校致力于校企协同育人长效运行机制的建设，完善了校企合作办学理事会日常工作机制、校企"双师"双向交流机制、校企实践基地共建共享机制、校企双向服务机制、校企合作创业就业机制、校企合作激励机制、人才培养评价机制等，形成了一套较为完善的校企协同培养科技人才的机制体制。在机制的作用下，各校根据专业需求构建"校企合作、产教融合"的特色人才培养方案，将科技人才培养理念付诸实践。如河源职业技术学院模具设计与制造专业构建的"校企双链、嵌入培养"培养方案、应用电子技术专业构建的"校企联动、层次递进、双元贯穿"的人才培养方案。

4. 强化服务

一是加强知识产权保护。知识产权是科技人才立身之本，关系到他们的切身利益。河源市高度重视知识产权保护，除了采用灵活多样的方式开展每年固定的知识产权宣传周活动，还出台政策，提供热线，为河源科技人才提供知识产权方面的咨询服务。河源职业技术学院成为广东省事业单位知识产权试点示范单位，为河源市事业单位知识产权工作提供了大量经验。二是加强公共技术服务平台建设，提升服务质量与服务水平。河源市技术与知识产权服务平台成立于1985年2月，是全国首批成立的公益性专利信息情报服务机构，现在功能扩展到专利信息传播利用、知识产权维护援助、举报投诉案件受理、产权战略预警研究等。如今，河源市已有公益和私营科技服务平台几十家，基本上能满足科技工作需求。三是促进科技成果转化和利益分配的法律服务。大多数科技人才对于相关的政策法规并不熟悉,以至于踩了"红线",丢了利益,甚至进了监狱。近期不少著名科技人才因科研经费问题被判刑,其中不乏因不知法而犯法者。所以,要有专业机构提供法律咨询和服务,避免带来负面影响。河源职业技术学院就利用自有律师事务所,对科技合同等提供法律审查和咨询服务,有力地保护了科技人才的利益。

5. 培养团队

随着科技的发展,任何个人都不能穷尽一个学科的知识技能,团队在科技创新中的作用日益突出。在培养团队方面,河源科技人才资源开发服务基地实施科技特派员制度,"政企校"共建"工作站"。为实现无障碍社会服务而设立的科技特派员工作与联络站点,主要包括驻地工作站、驻厂工作站和专家工作室三种形式。工作站建设的目标是:以项目开展为载体,通过考察、评估、引进、交流、合作等途径,承担学校和理事单位在产教融合、学生就业、顶岗实习、基地建设、社会服务及科技成果转化等方面的建设任务。科技特派员不仅是企业生产的参与者、信息咨询和科技开发的工作者,而且是自身专业建设与教学活动的开发者、建设者。科技特派员制度在实践中形成了五大特点:一是首任负责制。谁第一个委派到企业服务,谁就肩负第一责任,任内负全责。二是定向服务。科技特派员一对一定向服务企业,与服务企业建立长期、稳定和全面的工作关系,积累成果,为我所用。三是灵活驻点。科技特派员实施定期和不定期驻点相结合的形式,要求每周进驻工作站一天以上,团队驻点两天以上。四是项目化管理。对科技特派员的工作,全程按项目实行合同管理,培养契约精神,规范行为,保护教师利益,规避风险。五是联动考核。"政企校"三方共同对科特派员工作进行综合考核,考核内容涉及"四大块",高度契合"双师"素质培养规律。通过进工作站,师生成长为真正的科技人才,并依托项目,在项目建设中培养团队。

四、科技人才培养的成效

1. 育人体系基本形成

经过多年努力,现在河源科技人才资源开发服务基地建设卓有成效。政、企、校在科技人才培养上分工较为明确,形成了一个较为稳定的育人体系架构。政府在科技人才培养中主要负责制定人才培养政策,进行人才培养统筹调控和服务指导,维护公平的竞争秩序,为学校和企业提供政策支持和良好的外部环境;学校响应政府的人才政策,改革人才培养模式,着力提升人才培养质量,为企业培养具备科学素养和相关技能的科技人才;企业成为科技人才培养的主体,注重开发多种培训方式,采用灵活多样的方式培养科技人才,构建公平、公正的人才评价机制,为选人用人提供依据,给科技人才提供用武之地。同时,积极与政府和学校建立协同育人机制。这样,学校因培养的人才受欢迎而壮大,企业因人力资源水平提高获得长足发展,政府则在企业的发展中获得财政收入,并不断反哺于学校和企业，实现科技人才培养的可持续发展。

2. 平台建设初显成效

2013 年河源市政府职能部门联合学校成立"校企合作办学理事会"，共建校企合作综合管理平台，包括校企合作信息网站、校企协同工作平台、企业资源库、学校资源库及校企合作成果库，实现校企协同培养科技人才的资源共享。在校企合作办学理事会的统筹和指导下，河源市各县（区）产业园管委会和科技局等与学校签订合作协议，根据校企协同培养科技人才的需要，"政企校"共建"科技服务工作站""工程技术研发中心""技师工作室"等服务平台 30 多个。同时，"政企校"共建"混合所有制二级学院"育人平台，深入实施创新驱动发展战略，创造更大人才红利。如河源职业技术学院分别与广州金霸建材有限公司、广东雅达电子有限公司共建"金霸学院""雅达学院"，进行精准培养科技人才。2016 年为了给广大科技人才提供创新创业平台，河源市科技局、河源江东新区管委会与河源职业技术学院共建"河源众创空间"等一大批创新创业基地，奠定了河源科技人才成长的坚实基础。

3. 技术储备效果显著

通过科技特派员培养制度，实现了科技人才的技术储备。仅河源职业技术学院就由最初的单个科技特派员（6 个）发展到科技服务团队（150 余人），服务领域由科技领域拓宽到教育、旅游、文化等，服务范围从源城区、高新区覆盖全市"三区五园"。近年来，这些科技特派员为企业开展技术服务项目 150 多项，培训企业员工数 6 万多人次，开设订单班、现代制学徒、特色班 20 多个；校企联合申报市级以上科技攻关项目 150 多项，获得市级以上科技进步奖 8 项，转化成果 20 余项，为 21 家企业提供了高新技术企业培育业务。同时，带动 500 多名学生参与科技开发与服务，新培养高级职称科技人才 30 名、中级职称科技人才 122 名、省级专业领军人 1 名、省级技术能手 1 名、省级高层次技能型兼职教师 3 名。

4. 人才培养质量增强

通过育人平台建设、人才培养模式改革，河源市的科技人才数量和质量都有了大幅提升。例如，河源职业技术学院建立"以赛促学"的科技人才培养模式，出台创新学分制度，充分利用数学建模竞赛、电子设计竞赛、ACM 设计竞赛、"挑战杯"竞赛等科技竞赛活动，锻炼学生实践能力和创新能力，一批优秀学生脱颖而出，近三年就获得省级以上奖项 512 项。现在，河源职业技术学院和中职学校每年培养理工农医等科技人才 1 万多人。2016 年河源申报国家专利 2 969 项，获得专利授权 1 294 项，分别比上一年增长 96.5% 和 55.5%；全年实施国家、省级各类科技项目 25 项，获得省科技进步二等奖 2 项，三等奖 4 项，较之往年都有很大进步。

第三节　高职院校"政园企校"协同育人、协同创新科技人才培养模式及其创新实践

高职院校承担着为经济社会输送高素质、高技能人才的使命，能否精准有效地提供适应经济发展方式转变和产业结构调整的各行业急需的一线人才，已成为衡量高职院校办学质量水平高低的重要标准。《国家中长期教育改革与发展规划纲要（2010—2020）》明确指出，职业教育应将提高质量作为重点，以就业为导向，推进教育教学改革。高职教育应以培养适合当前企事业单位所需的合格人才作为目标，这就决定了高职教育应在有效整合校内各种资源的同时，也要与学校系统外的其他各种相关的实体单元产生广泛的联系，通过协调校内外各种知识、资源、行为、绩效诸要素，探索适合高职院校发展的人才培养模式，完成高职教育所赋予的使命。基于此，教育部颁布的《关于全面提高高等教育质量的若干意见》明确提出，各高职院校应探索建立校所协同、校企（行业）协同的人才培养模式。因此，协同创新、协同育人是深入推进高职教育人才培养模式的内在发展逻辑和必然要求。

一、协同育人、协同创新理念与高职科技人才培养模式的契合

所谓"协同"，简单来说，就是指为了完成某一目标，处于同一个集群中的个体通过相互深入合作、共享业务行为和特定资源，协调一致完成这一目标的过程或能力。最早提出协同论的德国学者哈肯（Hermann Haken）在其著作《系统论》中指出，协同是促成复杂系统本身从无序向有序转变的一种固有的自组织能力。因此，从系统论、信息论、控制论等理论的角度出发，协同的目的或协同效应指的是通过子系统之间的有效协调、彼此合作和相互促进，产生高于各子系统单独性功能之和的整体倍增功能，即实现1+1>2的整体正效应。

1. 协同育人理念

协同育人理念是协同论的观点在高校人才培养改革领域的具体运用，国内很多学者对此进行了研究。如李忠云、邓秀新认为，协作育人，指的是高等院校"通过科教协同、校内协同、学校与行业、地方有关部门、企业等协同，努力将优质科研资源和校外资源转化为育人资源，共同承担育人的职责"。王素君等则认为，"校企合作育人是指以高校、企业和科研院所为主体，以政府及行业机构为中介，按照教育教学规律和市场规律相结合，通过人才、知识、物质资源交换与共享，将提高高校人才培养质量作为根本目的的系统性活动。"

培养适合区域经济发展和产业需求的高技能人才是高职教育的目的所在。协

同育人人才培养模式能融合高职教育的最新理念和企业发展理念，有效整合高校、企业、政府和相关行业的优质资源，培养学生贴近于行业、企业职业岗位所需的技能素养，实现"产学结合、校企双赢"的目标。

2. 协同创新理念

美国学者彼得·葛洛（Peter Gloor）最早提出现代意义的协同创新概念，他从网络型组织架构的角度出发，认为协同创新是"由自我激励的人员所组成的网络小组形成集体愿景，借助网络交流思路、信息及工作状况，合作实现共同的目标。"其后，国内外很多学者从不同角度对此进行了深入的研究。如陈劲、阳银娟认为，"协同创新是企业、政府、知识生产机构（大学、研究机构）、中介机构和用户等为了实现重大科技创新而开展的、知识增值为核心的、大跨度整合的创新组织模式。"熊励、孙友霞则从企业主体的角度出发，认为协同创新属于企业管理的范畴，是一种管理关系。龚成清认为协同创新本质上是一种重要的管理创新。

高职院校协同创新，是协同创新理念在高职院校人才培养中的具体应用，它是以促进区域经济发展进而全面提高高职院校办学质量为目标，根据高职院校自身的实际，联合与之密切相关的外部组织（企业、政府、行业等），打破各创新主体之间的壁垒，建立协同创新平台，充分发挥各创新组织在人才、资本、知识、信息、技术、创新等方面的优势，形成高效互动、合作有序、富有创新力和竞争力的创新主体，实现重大项目的突破，促进当地经济社会的发展，进而全面提高高职院校的办学质量。

二、基于"政园企校"协同育人、协同创新的高职院校科技人才培养模式及其创新实践

广东河源市地处粤北地区，经济发展水平跟临近的珠三角地区相比，还有较大差距。由于经济基础较为薄弱，各行业组织发展较为缓慢，实力也较为薄弱。近年来，随着广东省"双转移战略"的深入实施，河源市积极承接珠三角地区产业转移项目，大力发展园区经济，初步形成了电子信息、机械磨具、太阳能光伏、电子电器、新型材料、钟表制造、电子科技、光学眼镜、绿色食品加工等各具特色的主导产业园区经济发展模式，现有的"一区六园"，规模以上工业增加值全市占比接近70%，成为全市经济社会发展的主力军。基于此，河源职业技术学院协同育人、协同创新战略将园区作为合作的主体之一，受到了河源市政府及相关部门的大力支持。同时，学校积极拓展市内外企业合作资源，先后建立了众多的市内外合作企业。

1. 组建"政园企校"四方联动校企合作理事会，搭建科技人才培养平台

为提高科技人才培养质量和办学水平，加强政府、园区、院校、行业及企业的合作，整合河源市职业教育资源，充分发挥职业教育为经济社会发展服务的作

用,河源职业技术学院于 2013 年 6 月组建了校企合作理事会,构建了以校企合作办学理事会、二级学院校企合作办学委员会、专业教学指导委员会为基础的三级组织机构(见图 1)。

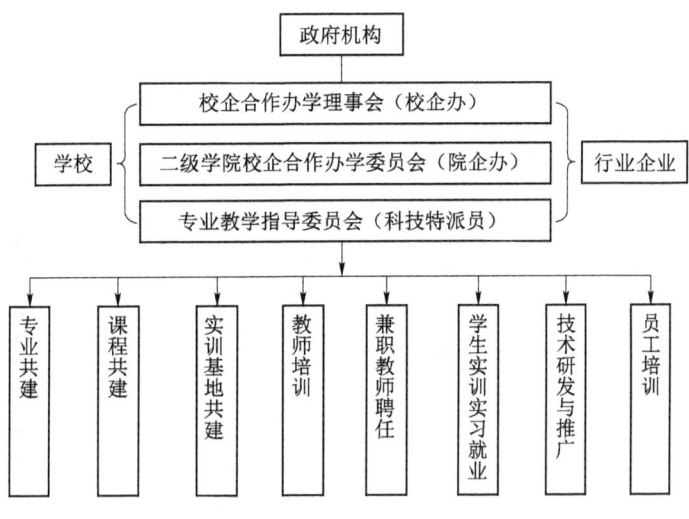

图 1　校企合作组织机构

为打通"学校、二级学院、专业(群)企业"在校企合作中的良性循环通道,保证校企合作更加有序和高效,校企合作理事会组织架构在设计中兼顾了顶层设计与实际操作层面的对接问题。政府、园区、行业及企业与学校在顶层设计层面、平台搭建方面进行对接,企业与二级学院在具体合作项目中进行对接,企业与专业(群)在操作实施层面进行对接。

2. 建立"互联网+"校企合作综合管理平台,保证科技人才培养可持续发展

利用"互联网+"技术,建立面向行业及企业、地方职业学校、园区和有关政府职能部门的校企合作综合管理平台(见图 2),建设"一个网站,一个平台、三个信息库",不仅有效解决了学校与企业间的沟通障碍,实现"政园企校"有效协同,而且通过利用校企合作平台积累的各项大数据资源,提升了校企合作的运作效率和服务水平,保证了科技人才培养的可持续发展。

3. "政园企校"四方协同育人,积极探索科技人才培养创新模式

(1)共建特色学院,创新科技人才培养模式

为整合各类教学资源,共同培养河源市支柱产业、战略性新兴产业和社会建设重点领域的急需人才,河源职业技术学院积极探索校企合作模式,通过政府、园区、行业及企业共建特色"学院",走深度融合之路。目前河源职业技术学院已完成组建特色"特色学院"4 个(见表 1),仅 2016 年就为行业企业培养急需人才 300 多名,开发课程 11 门,共同实施教研科研项目 20 多项,企业为学校提供兼职教师 11 名。

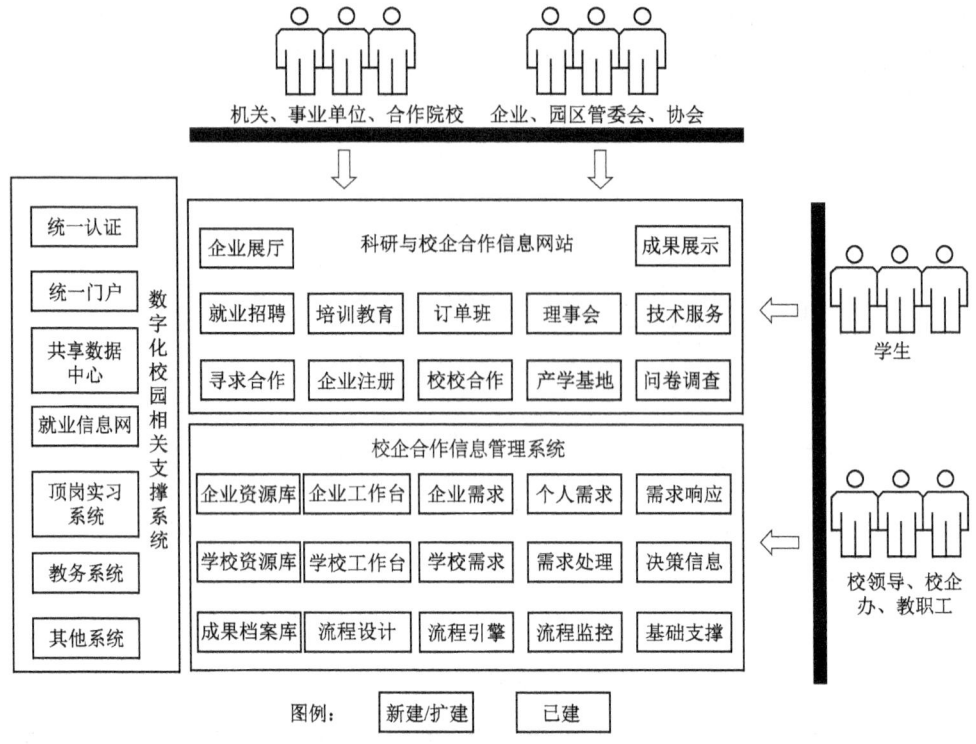

图 2 校企合作综合管理平台架构

表 1 河源职业技术学院特色学院共建情况

序号	特色学院	合作单位	合作类型
1	金霸学院	广州金霸建材有限公司	工业制造
2	客家文化学院	广东三友集团	酒类制造与客家文化
3	三农学院	河源市委组织部、仲恺农业工程学院	农业发展
4	社区学院	河源市社工委	社会发展

（2）深度融合，开展"订单式"人才培养

"订单式"人才培养是校企深度合作的重要形式，近年来，河源职业技术学院积极与理事会多家成员开展"订单式"人才培养（见表2），仅 2016 年培养学生人数就达 500 多名。

（3）深度合作，强化创新创业人才培养

河源职业技术学院积极挖掘校内外教育实践资源，一是在校内建立大学生创业园，并邀请校内外企业管理资深专家提供咨询和培训，提升学生创业创新能力，二是积极推进与政府、园区、行业及企业共建创新创业教育实践基地（见表3），完善创新创业教育培训体系，开展创业大赛、创业实践活动。

表 2　2016 年"订单式"人才培养情况

序号	名称	合作单位	覆盖专业
1	长鸿班	广东长鸿事业集团有限公司	理工、文管、艺术等专业
2	景旺电子班	景旺电子科技（龙川）有限公司	电子信息等专业
3	航嘉班	河源航嘉实业有限公司	数控模具、设计等专业
4	汉能储备干部班	广东汉能薄膜太阳能有限公司	电子信息、文管等专业
5	金霸班	广州金霸建材有限公司东源分公司	模具专业
6	三友班	广东三友集团	管理专业
7	巴伐利亚储备干部班	河源巴登新城投资有限公司	旅游、管理等专业
8	百果园订单班	深圳市百果园实业发展有限公司	市场营销、工企、物流等专业
9	定向培养农村中小学教师	博罗县教育局、河源市教育局	语文、数学、英语等专业

表 3　"政园企校"共建创新创业教育实践基地

序号	名称	合作单位或合作者	目标
1	客家黄酒传习基地	广东三友集团	培养黄酒制作加工及管理人才
2	美术创作高研班	版画、雕塑大师骆文冠	培养美术创作高级人才
3	红色文化研究中心	河源市委党史研究室	传承和弘扬河源红色文化
4	创意创新科技文化节和创业文化节	广东翰智科技实业有限公司等	强化大学生自主创新创业意识
5	河源市电子商务创业首期培训班	河源市人社局、河源市商务局	创业能力系统培训
6	大学生电子商务创新创业实践基地	广东雄达实业发展有限公司	提供河源农产品电商方面的创新创业平台和机会
7	河源众创空间	河源市科技局、江东新区管委会、深圳市中科创客学院有限公司、深圳中科创梦科技有限公司	打造新型的创新教育、科研实践、创新交流和创业孵化基地

（4）校企资源整合，共建实践教学基地

依托校企合作办学理事会，河源职业技术学院积极开展"政园企校"共建实践教学基地，为学生提供真实的工作环境和技能实操平台。一是与理事会成员企业深度融合，共建"校中厂""厂中校"实践基地（见表4），二是积极与行业企业共建大学生校外实践教学基地。目前，河源职业技术学院已拥有校外实践教学基地280多个，其中省级大学生校外实践教学基地10个。

表4 "政园企校"共建"校中厂""厂中校"实践基地

序号	实践基地	共建单位
1	大益爱心茶室	大益茶爱心基金会
2	模具技术开发基地	河源市鸿宇机械设备有限公司
3	汽车服务中心	河源鼎杰汽车服务有限公司
4	SMT贴片装备车间	河源市绰铿电子有限公司
5	智慧电器设备联合研发中心	深圳润唐发明科技有限公司
6	商务服务中心	河源市东浩企业管理咨询服务有限公司
7	服装设计中心	东越以纯（河源）服装有限公司
8	万绿湖旅行社大学城营业部	万绿湖旅行社
9	河源邮政大学城营业部	中国邮政速递物流股份有限公司河源分公司

4. "政园企校"四方协同创新，积极探索科技型教师社会服务创新模式

从某种程度上讲，高职院校办学水平取决于师资队伍的建设。高职院校的教师不仅应具有深厚的学科理论知识，更应具有利用本学科理论解决实际问题的应用能力及创新能力。因此，探索高职院校教师尤其是科技型教师的社会服务能力，不仅能解决经济社会发展过程中的各种问题，而且对教师自身应用能力及创新能力的发展有着更为重要的促进作用，最终将全面提高高职院校的办学水平。

（1）发挥专业技术优势，搭建工程技术研究中心等产学研平台

根据地方产业需要和河源职业技术学院专业优势，谋划布局、整合资源，积极培育、建设搭建集产品开发、技术服务、科技成果转化和人才培养等多项功能为一体的工程技术研究中心（见表5），为地方乃至全省相关产业发展提供有力的技术支撑。

（2）实施科技特派员机制，主动开展校企合作

河源职业技术学院秉承"服务地方"办学理念，实施科技特派员机制，选拔具有扎实的专业知识和技术、较强社会服务能力、组织协调能力和工作责任心的

表5　市级以上工程技术研究中心

序号	级别	名称
1	省级	广东省粤北山区（河源）现代农业科技服务工程技术研究中心
2	省级	广东省自动化与智能控制应用工程技术研究中心
3	市级	河源市安全与环保工程技术研究中心
4	市级	河源市电子信息工程技术研究中心
5	市级	河源市机电一体化工程技术研究中心
6	市级	河源市现代农业科技服务工程技术研究中心

教师，面向河源市"五县三区"各类企业开展科技服务、培训及艺术展演等。2016年，科技特派员为本地90多家企业或政府、事业单位提供技术服务，开展项目合作120余项，其中，协助或联合15家企业申报省、市工程技术研究中心，协助7家企业申报高新技术企业入库，校企联合申报专利20项，科技计划项目17项，科技进步奖5项。

（3）构建"政园企校"四方协同创新新模式，共建"工作站"深度服务园区及企业

河源职业技术学院在实施科技特派员机制的基础上，推进"政园企校"四方协同创新驱动发展新模式，依托数控模具、材料加工、电子信息等优势专业，发挥河源职业技术学院在人才、技术、信息、设备等方面的优势，与河源市各县（区）的产业园管委会和科技局共建"工作站"，为企业提供技术或智力咨询服务，深度服务河源市战略性新兴产业等支柱产业的创新驱动发展。目前河源职业技术学院已与河源市科技局、源城区科技局、和平县科技局、龙川县科技局和紫金县科技局共建科技特派员工作站，为企业提供"科技体系建设""高新技术企业培育和入库""工程技术研发中心建设""重大项目课题联合攻关""新产品、新工艺开发""技术改造和成果转化"等科技服务；与龙川县产业园、和平县产业园共建"产学研战略合作基地"和科技特派员工作站，与园区及企业开展教学、实习、师资企业培训、科技攻关等全方位的合作。

5. 多方支持，建立"政园企校"协同育人、协同创新科技人才培养保障机制

高职院校协同育人、协同创新科技人才培养模式的实践与创新，离不开政府、园区、行业及企业的支持和学校自身的制度保障。从外部层面看，中央、省、市先后出台了《国务院办公厅关于深入推行科技特派员制度的若干意见》《广东省人民政府办公厅关于深入推进科技特派员制度的实施意见》和《河源市促进科技创新的若干政策措施》，这为当前河源职业技术学院科技人才培养提供了有力的保障。从学校内部层面看，河源职业技术学院结合实际，制定了《河源职业技术学院科研体制改革实施办法（试行）》《河源职业技术学院订单

班管理办法》，修订了《河源职业技术学院科研成果管理及奖励办法》《河源职业技术学院科技项目经费管理办法》《河源职业技术学院大学生创业园管理办法》《河源职业技术学院可言项目管理办法》等一系列文件，从操作层面保证了协同育人、协同创新科技人才培养的顺利实施。

第四节 以河源职业技术学院为例，探索地方高职院校产教融合发展模式

当前，地方经济的转型与发展对地方高校的人才、技术、信息等方面的依赖程度大为增强。如何推进高职院校与工业园区有效对接，实现提升高职教育办学水平和促进园区经济发展的双赢局面，是亟待研究和解决的问题。

一、地方高职院校"产教融合"现状

近年来，许多地方高职院校都在积极推进产教融合、校企合作，探索与实践校企合作育人模式，人才培养的针对性和有效性得到了强化，产学脱节情况有所改善。但由于没有建立一个健全、长效的合作机制，导致校企双方对责、权、利认识不足，大多只是一时的热情或停留在较浅层次的合作（如学生实习），校企合作的深度和广度不够，也缺乏持续发展力。由于经济发展的不平衡，区域差异较大，欠发达地区高职院校更是处于较低层次的校企合作阶段，主要表现在合作不稳定、合作模式单一、合作内容不深入、师资队伍建设滞后、质量保障体系和监控评价体系缺失等。企业参与校企合作的目的往往在于学校的廉价劳动力（如学生顶岗实习），而不是真正的合作育人，产教融合、校企合作、工学结合、知行合一难以全面、深入、持久地进行。

二、地方高职院校难以"产教融合"的成因

1. 政府导向性政策不完善

一是企业参与职业教育的鼓励政策欠缺。造成企业缺乏参与职业教育积极性的一个主要原因是地方政府鼓励政策的缺失。虽然近年来政府有关职业教育的政策性文件陆续出台，但是这些政策性文件在鼓励企业参与职业教育方面还不够系统和完善，也缺乏操作性，尤其缺乏相应的经济鼓励政策。《职业教育法》第37条，《国务院关于大力发展职业教育的决定》第10条、第16条和第21条分别对企业接纳职业教育学生实习和教师实践以及承担职业教育经费作了原则性规定，但没有对企业可获得的相应经济激励（如税收减免、政府奖励）等作出明确、具体的规定。企业以追求利益最大化为目标，而学校以人才培养为基本定位，校企双方追求的目标不尽一致，利益诉求存在差异，在校企合作过程中还缺乏平衡各

方利益的有效机制。要想充分调动企业参与职业教育的积极性，地方政府必须出台系统的、完善的、可操作性的鼓励政策，尤其要给予企业足够的经济鼓励政策。

二是校企合作混合所有制的政策不明晰。目前，学校与行业、企业大多只能建立较浅层次的合作，只要涉及产权和经济问题便无章可循，合作很难深入。双方利益分配和资产分割问题是目前校企合作难以全面、深入、持久地进行下去的一个关键问题。2014年发布的《国务院关于加快发展现代职业教育的决定》提出，"探索发展股份制、混合所有制职业院校，允许以资本、知识、技术、管理等要素参与办学并享有相应权利"，为解决当前学校和企业在校企合作过程中涉及的产权和经济问题提供了方向和可能，但还不够明晰，也缺乏可操作性配套政策。

三是高技能人才的招聘与待遇政策不完善。地方高职院校普遍存在高技能人才严重不足问题，教师队伍的总体结构、能力和水平远不能满足"产教融合、校企合作"背景下技术技能人才培养及社会服务能力建设的需要。由于办学经费不足、教师待遇相对较低、地方人才政策不完善等问题，地方高职院校高层次高技能人才往往是留不住、招不来。高技能人才的培养与引进问题单靠学校本身无法解决，更需要地方政府加大办学投入，制定力度大、优惠多的人才支持政策，营造良好人才发展环境。

2. 师资队伍技术开发和咨询的能力不高

大多地方高职院校的科研水平及技术创新能力有限，师资队伍普遍存在总量及高层次高技能人才双双不足问题，未能有效解决企业技术一线难题，学校与企业无法建立优势互补、共赢发展的合作关系。由于原有基础薄弱、办学经费不足、高职称高技能教师补充困难等因素，地方高职院校师资队伍尚未能达到在校企合作、产教融合背景下现代高职教育对教师的"三能"要求，即能胜任理论教学，又能指导学生实训，还能为企业提供技术开发和咨询。教师队伍技术开发和咨询能力的欠缺已然成为制约地方高职院校开展校企合作、产教融合的主要瓶颈之一。

三、"产教融合"的理念探索与实践

1. "产教融合"有利于新的职教体制机制建设

积极开展体制机制创新研究与实践工作，探索一种行之有效的校企合作模式，对推动职业教育产教融合发展有着重要意义。通过创新高等职业教育办学体制机制，加强顶层设计，整合优化现有体制机制，有利于打破制约高职院校产教融合的制度性壁垒；有利于广泛汇聚政府、行业、企业等各类资源；有利于激发高职院校和企业开展校企合作、产教对接的积极性，校企之间形成良性互动，实现教学链和产业链的有效对接，切实提高人才培养质量。

一是搭建产教融合平台。作为广东省河源市唯一一所高校和高职院校，河源职业技术学院以主动服务工业园区为突破口，在创新校企合作办学体制和完善工学结合长效机制方面作了积极的探索。学校成立由河源市高新区管委会、龙川县工业园管委会、河源市科技局、河源市企业家协会、河源市旅游协会、广东雅达电子股份有限公司、河源市华达集团有限公司等涵盖"政、企、行、校"的120多家单位构成的校企合作办学理事会，构建了以校企合作办学理事会、二级学院校企合作委员会、专业建设指导委员会为基础的三级校企合作办学组织机构。校级理事会设常务理事会和办公室（秘书处），并在各二级学院设置了校企合作办公室，专门配置了办公室主任，理事会的运行组织得到了完善。

二是构建理事会长效运行机制。理事会在市政府的指导和监督下开展工作。理事会、常务理事会形成了定期的交流和沟通机制，理事会每年召开一次，常务理事会每季度召开一次，有效加强政府、院校、行业、企业的沟通和联系，为校企合作办学达成了共识也奠定了基础。学校出台了《河源职业技术学院校企合作办学理事会章程》，明确了理事会的性质、宗旨、机构设置、工作任务以及成员单位的权利和义务。配套出台了《校企合作实施办法》及《校企合作工作奖励办法（试行）》，构建了基于理事会章程的制度体系。

三是基于理事会的产学研结合。运行组织的完善和制度保障，有效打通了"校、院、专业、企业"在校企合作中的良性循环通道，以往容易出现的"肠梗阻"现象几乎消失，基本实现了企业与学校顶层设计的对接，企业与二级学院在具体合作项目的对接，企业与专业在操作实施层面的对接，搭建了"政、企、行、校"四方合作办学、合作育人、合作就业、合作发展的平台，建立了较为健全、长效的校企合作机制。依托校企合作办学理事会，学校加强与河源市五县二区工业园管委会及大中型企业的合作，以专业群主动对接地方支柱产业，服务地方发展。学校先后与龙川县工业园管委会、和平县工业园管委会合作建立"产学研战略合作基地"，双方签订《产学研战略合作框架协议》。双方按照"优势互补、资源共享、互惠双赢、共同发展"的原则，建立校企合作伙伴关系，发挥各自优势，在学生实习实训、顶岗就业、专业建设、员工培训、科技攻关、教师下企业锻炼等方面展开全方位的合作。工业园管委会根据校企双方合作需求，积极牵线搭桥，努力撮合企业和学校达成合作，为校企合作深度开展提供有力的支持和保障。学校、工业园管委会和企业优势互补、资源共享，达到了三方共赢的局面。

2. "产教融合"有利于强化高职院校服务导向的社会责任培养

社会服务能力建设既是高职教育服务于经济社会发展的责任，也是高职院校产教深度融合的迫切需要。高职院校要加强自身"内功"修炼，提高教师的科研能力和水平，使学校能够站在技术发展的前沿，同时积极、主动地为企业开展应用性技术研发、技术服务、技术咨询和新技术推广等方面的项目合作。通过技术服务合作，学校及时获知新技术的发展和应用，并及时将技术的发展和变化引入教学，也有效加强校企信息互通，增强校企互信及深化合作，从而促进产教融合。

一是实施科技特派员机制，主动服务社会。学校立足河源产业发展需要，实施科技特派员机制，是学校主动服务社会的举措之一。出台《河源职业技术学院科技特派员工作管理程序》，明确科技特派员的选派条件、服务对象、工作任务与绩效考核，并将科技特派员专项工作经费列入学校年度预算。科技特派员是具有扎实的相关技术领域专业知识、较强的社会服务能力、组织协调能力和工作责任心的教师，被派驻到工业园区、专业村镇、行业协会等，开展校企合作、人才培养、调研和联络工作。

二是传递校企需求信息，形成产教融合的纽带，构建校企合作长效运行机制。根据学校专业特点，结合实际情况，充分发挥桥梁和纽带作用，根据企业（单位、园区）技术需求和发展战略，努力促成企业（单位）与学校的有效对接，提出机制建设内容需求、合理建议与方案，建立产学研合作的长效机制。利用校企合作平台，联合培养人才。通过推动校企共建联合研发平台、实训基地、订单培养等形式，共建教师研发中心、学生生产实习基地、工厂人才培养基地，为企业培养技术人才，为学校提供学生实训场所。充分利用各种校企合作平台，促进学校、企业、工商联、行业协会、工业园区等多方联合，促成建立"整建制"实习基地和行业、企业员工培训基地，推进跨学校跨专业的"整建制"学生实习和就业，和校企合作进行行业、企业员工短期培训。建设校企（单位）合作创新平台，提升企业自主创新能力。帮助企业建设或共建研发机构、工程（技术）研究中心、检测服务中心、产学研结合示范基地等研发平台和产业化基地，推荐学校专业教师与企业合作申报各类各级科技项目，争取国家财政资金支持。根据行业（工商联、行业协会）和区域（工业园区）企业的需求，负责协调校内资源，组建跨学院跨专业科技服务教师团队，通过联络和纽带作用，促成校企合作技术攻关项目，解决企业（行业）技术难题。

三是调研、分析、策划，为政府和学校决策提供依据。特派员深入行业、企业一线，了解企业（单位）生产经营状况，考察企业（单位）技术和人才需求，收集企业产品信息与技术资料，分析、研究企业所在行业发展状况，为学校制订相关专业人才培养计划提供一手资料。根据技术和行业发展趋势，特派员要在充分摸清企业（单位）技术需求基础上，收集新工艺、新技术、新产品信息以及国内外市场动态信息，了解相关技术领域的发展态势和资源布局，分析和研究有待攻克的关键技术和共性技术难题，协助企业制定技术发展战略，推荐学校有关专业教师与企业一起协同攻关。调查研究地方行业发展状况，为地方政府出谋划策。

3. "产教融合"有利于强化高职院校行动导向的人才培养模式

行动导向的人才培养模式强调做中学、做中教，通过任务明确、组织形式合理、与理论结合紧密的工作（训练）项目，实现学生职业能力的培养和职业素质的训导。相对于传统教学，该模式的教学内容发生了根本性变革，教学内容不再是传统的学科知识，而是按照工作过程的实际需要来设计。产教融合可以将生产实践和生活实践方面的直接经验，如新知识、新技能、新工艺和新方法等，融入高职教育，从而实现课程内容与职业标准对接、教学过程与生产过程对接。这将大大提高学生的岗位适应能力，使学校培养目标和企业需求对接，增强人才培养的针对性和适应性。可见，产教融合有利于强化高职院校行动导向的人才培养模式，提高人才培养质量。

一是机电类专业的"校企双链、嵌入培养"现代学徒制。学校机电类专业群主动适应模具行业结构优化及新技术、新工艺升级战略要求，与企业实施紧密合作，积极探索"现代学徒制"，形成"校企双链、嵌入培养"的特色人才培养模式。将企业的行业规范、职业标准与专业教学标准相对接，企业的真实岗位、工作任务与教学项目相匹配（校企双链）；由专业教师与企业技术人员联合组成教学团队，以真实产品作为教学的主要载体，将教学环节嵌入生产流程，校企双方联合进行人才培养（嵌入培养）。

典型案例是学校与金霸建材（河源）有限公司的合作。校企双方于2012年11月签订校企战略合作协议，共同制订了由浅入深的校企合作计划，即一期"顶岗实习"模式、二期金霸班"订单"模式及三期金霸学院"现代学徒制"模式。校企合作建立"厂中校"——金霸建材公司生产车间挂牌"产学研基地"，由金霸建材公司负责管理，并承担学徒指导、顶岗实训全面管理责任，学校派驻专职领队教师，教师同时兼职企业管理人员。学生利用学生与学徒双重身份，通过教室与岗位的学习——实践——再学习——再实践，这种螺旋式学习实训实岗育人机制，让学生经过教师、师傅的联合传授知识与技能，在毕业后更好更快地进入与胜任相应的职业岗位。校企合作建立"校中厂"——工程技术研发中心，金霸建材公司将其产品研发、试制、实验中心设在学校，学校提供场地，企业负责设备投入和运行管理，师生参与产品研发、试制、实验的全过程。

二是餐旅类专业的"内外交替、全岗培训"工读结合育人模式。在产教融合过程中，学校餐旅类专业群逐步形成了"内外交替、全岗培训"的特色人才培养模式。即以培养高素质餐旅服务与管理的高级技术技能型人才为目标，与河源餐旅企业深度合作，针对现代服务类专业突出职业岗位实务操作能力培养的要求，以校外实习基地提供的全岗位真实环境训练为平台（全岗培养），通过校内模拟实训室、虚拟实训室、生产性实训基地提供的服务与管理岗位虚拟仿真训练与校外岗位训练的交替进行（内外交替），逐步提高学生的职业技能和职业素质。

典型案例是依托东源县万绿湖旅游发展有限公司，校企合作共建了集学生顶岗实习、生产性实训、旅行社计调人员岗位培训与课程项目教学于一体的"校中厂"——万绿湖旅行社大学城营业部。根据《万绿湖旅行社大学城营业部合作协议》,设立了"校中厂"管理机构,安排一名专业教师配合企业人员具体负责日常运营。校企双方共同制订学生实习实训、员工培训及技能鉴定方案,共同开发《旅游服务礼仪与形体训练》教材,并制定"实训基地管理办法"和"学生实习实训考核办法"。

三是电子信息类专业的"三层递进、两线贯穿"产教融合育人模式。在产教融合过程中,学校电子信息类专业群逐步形成了"三层递进、两线贯穿"的特色人才培养模式。即以培养电子产品设计、生产管理、产品销售及技术支持等工作岗位的高级技术技能人才为目标,依托校企合作办学理事会平台,校企充分联动,将电子行业企业的职业岗位能力要求按照能力递进规律分层,根据能力层次关系将人才培养过程分为专业基本能力培养层、专业核心能力培养层、专业综合能力培养层三个递进层次(三层递进),同时实施创新能力培养和职业素质训导,将其贯穿整个人才培养过程(两线贯穿)。

典型案例是学校与龙川县工业园多家企业开展产学研合作。龙川县工业园是以电子信息为主导产业的省级产业转移工业园,其电子信息产业资源优势为学校电子信息类专业群提供了一个很好的实习实训基地及产学研平台。如学校先后与园区龙头企业景旺电子科技(龙川)有限公司合作订单培养电子信息类专业学生300多人,企业累计在校企合作项目中投入300多万元;学校先后为企业开展员工培训200多人次,承接科技开发项目"机床设备监控系统网络版累时器"等。

4. "产教融合"有利于强化高职院校问题导向的创新思维养成

在高职教育中,为提高学生分析问题和解决问题的创新思维能力,教师往往采用问题导向教学模式,即根据课程在人才培养中的目标定位,设计一系列理论和实践问题,并将问题转化为工作任务或教学项目并分配给学生完成。问题导向教学模式强调理论实践一体化和工学结合,要求教师既具备理论知识,也具备生产实践经验。产教融合,可把生产和教学合为一体,充分发挥企业和高校、企业技师和专业教师的"双主体"作用,提高问题导向教学模式中问题设计的实践性和开放性,强化学生创新意识与创新能力。

典型案例是学校与企业共建电子创新工作室,依托电子创新工作室实施创新能力培养,在提升教师技术研发能力的同时,强化学生的创新意识与创新能力。充分利用校内软硬件和合作企业资源,发挥电子协会、卓越工程师等科技创新小组的积极作用,构建并逐步完善电子专业创新能力培养体系和学生选拔与培训体系。从大学第一学期到第五学期开设了学期项目综合实践课程,同时注重学生的个性发展,开展各类课外创新小组科技活动、技能竞赛、项目开发。成功开发"学生宿舍热水水箱监控系统""网络同步电子时钟"等多个科研项目。通过课内课外有机地相结合,把创新能力教育纳入人才培养方案,贯穿整个人才培养过程,提高学生的创新意识与创新能力。

第五节 "互联网+"背景下高职校企精准对接研究与实践

近年来，随着"互联网+"信息网络技术及其应用持续创新发展，各高职院校不断加大投入，积极推进数字化、智慧化校园建设。通过各类业务信息系统的建设与应用，实现教育管理信息化，提高工作效率和决策能力，助推教育教学改革。在此背景下，如何利用"互联网+"技术，促进"政府、行业、企业、学校"供需各方的有效覆盖与精准对接，提升产教融合、校企合作运作效率和服务水平，是一个值得研究的课题。

一、校企难以精准对接的现状

习近平总书记在党的十九大报告中明确提出"完善职业教育和培训体系，深化产教融合、校企合作"。落实十九大精神，高职教育关键要推进"校企精准对接、精准育人"。企业需求是导向，院校要跟从，企业需求就是高职院校努力的方向和目标。然而，从目前的情况看，高职校企难以精准对接，产教难以深度融合情况普遍存在。例如，高新技术企业、龙头企业、标志性大企业招不到技术精湛的高端制造人才，高职院校毕业生找不到理想的工作，中小微企业缺乏研发体系和科研人员，难以科技创新、转型升级，高职院校科研资源没有得到充分利用，为中小微企业科技服务有待深入，等等，这是高职教育的主要问题。而高职院校自成一体的封闭性思维以及传统的沟通对接方式是职业教育和企业需求"两张皮"的症结所在。

二、"互联网+"背景下影响校企精准对接的不利因素

在"互联网+"背景下，传统校企对接方式显得有诸多不足，往往成为影响校企精准对接的不利因素。

一是对接效率低下，需求响应不及时。在对接方式上，传统校企合作往往通过第三方牵线搭桥进行对接，第三方可能是熟人、政府或行业机构。因为要依赖于第三方，校企合作对接效率相对低下。尤其当第三方牵线搭桥作用得不到充分发挥时，企业有合作需求却不知道该联系哪个部门或哪个负责人，高职院校所需的企业资源也难以得到丰富和拓展。在沟通渠道上，传统校企合作大多以电话、会议、书面文件等方式进行，这种传统方式存在过程信息反馈不及时、信息载体杂乱、信息整理繁杂等缺点。

二是合作需求信息不对称，资源共享度不足。企业在人才招聘时，往往需要查阅学校的专业设置、毕业生简历等信息，需要将人才招聘需求推送给学校就业部门或相关专业的学生，在科研合作时，需要将需求信息推送给学校科研部门

或科研老师。同样，学校也需要将应届毕业生信息、兼职教师招聘信息或科研资源信息推介给企业。但由于缺少信息资源库建设，无法实现企业、学校的信息共享，使各方的需求传达不到位、不及时，信息共享度低，重复工作时有发生，极大地提升了沟通成本。

三是管理手段粗放，缺乏跟踪评价。校企合作涉及面广，项目量大，专职人员缺乏，传统管理手段难以基于项目或合作对象进行过程管控，缺乏跟踪评价。并且，项目合作过程中产生大量的资料和数据，传统管理手段难以有效整理和分析，难以形成有用的、可供决策参考的分析性数据和考评性数据。

三、"互联网+"背景下高职校企精准对接的策略

1. 组建职教集团或理事会，健全治理机构

顶层设计上，由高校或政府牵头组建职教集团或理事会，建立政府、行业、企业、学校、科研院所和社会组织等多元主体共同决策的组织结构和决策模式，内部治理结构和决策机制完善。具体操作层面上，常设学校、二级学院、专业（群）三级校企合作组织架构。校级层面和二级学院层面分别设立校企合作办公室，配备专职人员；专业层面配备专业主任及科技特派员。政府、行业、企业与学校在顶层设计、平台搭建方面进行对接，企业与二级学院在具体合作项目中进行对接，企业与专业（群）在操作实施层面进行对接，校企良性循环通道有效被打通。

例如粤北山区高职院校——河源职业技术学院按照"战略合作、校企一体、产学链接、共建共享"的原则，于2013年牵头组建了校企合作办学理事会。理事会成员单位涵盖"政、行、企、校"共140家，其中政府部门、工业园区、科技部门12家。理事会形成了"上半年召开常务理事会，下半年召开理事大会"的定期交流和会商机制，构建了以《校企合作办学理事会章程》为核心的制度体系。理事会成员单位在"双师"双向交流、实践基地共建、校企双向服务、合作就业、校企合作激励及人才培养质量评价等方面共建共享，校企合作规范、高效、持续进行，逐步形成了"人才共育、过程共管、成果共享、责任共担"校企合作长效机制。

2. 实施特派员运行机制，提供全过程精准对接服务

实施特派员运行机制，以此作为开展校企合作的主要纽带和形式，为合作方提供全过程精准对接服务。从而建立起职责明确、统筹有力、有机衔接、高效运转的运行机制，强化产教融合、校企合作，强化校校合作、贯通培养，强化区域合作、城乡一体。具体而言，就是选拔具有较高专业水平和实践经验的科技人员作为特派员，派驻到工业园区、专业村镇、行业协会等，开展校企合作、人才培养、调研和联络工作。特派员根据政府、行业（工商联、行业协会）和区域（工业园区）企业的合作需求，负责协调校内资源，组建跨学院跨专业服务团队，提

供校企合作全程跟踪、精准对接服务。

例如河源职业技术学院实施特派员运行机制已有5年，常态化设立了特派员工作基金，建立了特派员"储备培养——遴选派驻——定向服务——考核评价——激励保障"一体化工作机制。以特派员为纽带，发挥学校在人才、技术、信息、设备等方面的优势，与地方产业园区和科技部门实施"战略合作""政行企校"协同建立"科技工作站"，从"科技体系建设""高新技术企业培育和入库""工程技术研发中心建设""重大项目课题联合攻关""新产品、新工艺开发""技术改造和成果转化"等方面深度服务河源市支柱产业、战略性新兴产业的创新驱动发展。仅2017年，派出特派员38人，特派员助理或相关科研团队人员160人，主动为本地90多家企事业单位提供技术服务，服务区域覆盖河源市"五县二区"，承担横向科研项目80多项，横向科研经费近200万元。

3. 建立协同工作平台，提升校企精准对接信息服务能力

利用"互联网+"技术，建设校企合作信息管理系统，为政府、行业、企业、学校提供一个协同工作平台。一方面，合作单位有合作需求时，可随时提交需求单，如企业招聘岗位、科技合作、订单班、捐赠、培训员工、文化等需求。学校接收、分发、转发、处理、归档各合作单位的需求单，跟踪、评价、查阅需求单的处理情况，完成企业需求的响应。另一方面，学校也可以根据需要主动发起需求单，如兼职教师招聘、科技项目合作、应届毕业生推荐等需求，进行登记、发送到相应需要的单位。需求单的处理角色主要有校企办，相关行政部门，二级学院院企办、专业主任、辅导员、教师等。这有效打通了学校与企业的沟通障碍墙，实现"政行企校"协同工作，也更好地积累和共享资源，促进供需双方的有效覆盖、交流与对接，提升了校企精准对接信息服务能力。

根据这个理念，河源职业技术学院历时两年多，定制开发了"校企协同工作平台"。此平台应有以下特点：一是畅通无阻的沟通工作平台。平台可供机关、事业单位、企业、园区管委会和协会发布需求信息，与学校多方沟通、协同工作，并将各单位的各类合作需求进行快速登记、办理、落实、跟踪、查阅、反馈和评价，并最终归档。二是舒适便捷的移动终端体验。通过与学校移动APP、"I河源职业技术学院"企业公众号的应用集成，为用户提供及时的通知服务，简单的信息查询服务，快捷的单据处理服务，校企合作的相关用户可以随时随地处理相关业务，体验随时移动办公的乐趣。三是高效率、可视化的流程体验。引进业界成熟的、低成本、可插拔的流程引擎平台，实现业务流程处理的高效率、可视化，进一步提升用户体验。截至2018年8月，河源职业技术学院"校企合作协同工作平台"已上线运行半年，注册合作单位达227家，登记、处理合作需求单44条，便捷、有效的"互联网+"对接方式得到了企事业单位的认可。值得一提的是，短短半年，通过网络渠道新增注册合作单

位就达 47 家，有效丰富了学校的校企合作资源。

4. 建立"三资源库一网站"，完善资源共建共享机制

建立"三资源库一网站"，即企业资源库、学校资源库、合作成果库，校企合作信息网站。通过"三资源库一网站"建设与运行，有效整合协调行业优势教育资源，发挥积极的组织协调作用，推进校企合作成员之间各类资源共建共享。企业资源库主要用于收集整理企业基本信息，技术与设备资源，兼职教师资源；登记企业招聘计划、员工培训计划、订单班计划等。通过信息共享，将企业的资源与学校产学研活动进行有效结合。学校资源库提供学校专利成果、科研平台与团队、应届毕业生信息等信息资源服务。合作成果库将各类合作项目的过程材料、验收材料进行归档，形成档案库，为学校和企业后续的产学研合作进一步提供知识库服务。信息网站用于发布校企合作热点新闻、政策法规、科研技术服务信息、员工培训、订单班等信息，为学生提供企业招聘岗位信息查询和简历投递服务，也为企业和社会提供人才简历信息查询服务。

在"互联网+"背景下，对接效率低下，需求响应不及时，合作需求信息不对称，资源共享度不足，管理手段粗放，缺乏跟踪评价等都会成为影响校企精准对接的不利因素。粤北山区高职院校——河源职业技术学院通过组建校企合作办学理事会，健全治理机构；实施特派员运行机制，提供全过程精准对接服务；建立协同工作平台，提升校企精准对接信息服务能力；建立"三资源库一网站"，完善资源共建共享机制等举措，在"互联网+"背景下校企精准对接方面作了有益的探索与实践。

第六节 新时代高职院校"双师型"教师队伍建设的有效路径

当前，新一轮科技和工业革命正在孕育，世界进入大发展大变革大调整的新时代。在新时代背景下，高职院校的内涵式发展，需要一支"德技双优"高素质"双师型"教师队伍，才能适应新时代人才培养需要。中共中央、国务院印发的《关于全面深化新时代教师队伍建设改革的意见》中提出，全面提高职业院校教师质量，建设一支高素质"双师型"的教师队伍。有学者指出，建设"双师型"专业化师资队伍，必须体现高职教师职业的专业性、技术性和规范性。然而，高职院校大部分新教师"从学校到学校"，缺乏企业工作经历（认知）。进校工作后，定期到企业实践的制度也普遍难以落到实处。实践教学及技术服务能力不足正成为影响教师"双师型"成长的主要因素。因此，探究新时代背景下高职院校"双师型"教师队伍建设的有效路径问题具有重要的实践意义。

一、高职院校"双师型"教师的素质结构

高职院校"双师型"教师，应具备何种素质结构？职业教育发达国家对职业院校教师的素质结构有着独特理解。例如，德国的"职业教育+学历+企业"模式，还有澳大利亚的"教育学学士+实践经验+技能证书"模式，都要求职业院校教师既要善育人，还要有理论、强实践。有学者提出，高职院校"双师型"教师，不仅要具备普通高校教师所需的基本素质，还应具备相关行业从业人员所需的职业知识和技能。《师说》中写道："师者，所以传道授业解惑也。"作为一名普通高校教师，品德教育和理论教学能力是应具备的基本素质，高职院校的技术技能人才的培养目标及服务区域经济社会发展的办学定位，又要求其要具备实践教学及技术服务能力。因此，新时代背景下，高职院校"双师型"教师的素质结构要体现"德技双优"，不仅要厚基础、会教书、善育人，还要强实践、跟前沿，具备四种能力，即品德教育能力、理论教学能力、实践教学能力及技术服务能力。高职院校教师要通过职后实践和学习，进一步优化自身能力结构，逐步具备"四种能力"，努力成为一名高素质"双师型"教师。

二、高职院校"双师型"教师队伍建设的现状分析

1. 从新教师来源看，绝大部分教师缺乏企业工作经历

高职院校新教师主要来源有应届毕业生、外校调入人员及企业技术人员等，其中以应届毕业生和外校调入人员占绝大多数。在我国，由于人事制度的制约和高校自身的"学历职称情结"，新教师招聘往往青睐于全日制硕士研究生（少量博士研究生）及外校高级职称教师，很难或不愿意招收来自行业企业的"能工巧匠"和"大师"。以广东省为例，根据教育部"人才培养工作状态数据采集与管理平台"的统计数据，2017年全省高职院校新增教师中，有企业工作经历的新教师比例不足20%。大量的新教师都是"从学校到学校"，学历很高，基础很扎实，经过教师资格证培训和校本培训后，其品德教育能力和理论教学能力有较大提升，但是，因为职前缺乏实践工作经历，职后也没有经历真岗位、真融入、真场景的实践和学习，其实践教学能力就缺乏或处于较低水平。

2. 从教师队伍结构看，"双师型"教师比例不高

根据教育部"人才培养工作状态数据采集与管理平台"统计数据，全国高职院校"双师型"教师数占专任教师数的比例，2012年、2015年、2018年中位数分别为51.32%、54.13%、56.36%，广东省的中位数分别为42.31%、52.04%、59.19%。可见，在过去六年里，随着《职业院校教师素质提高计划》及《职业学校教师企业实践规定》等制度的出台，政府和高校鼓励和支持专任教师进企业实践锻炼，"双师型"教师比例逐年提高。但是，总体而言，"双师型"教师比例还

不高，各省发展不平衡不充分问题依然存在，离中共中央、国务院提出的"建设一支高素质'双师型'教师队伍"的目标还有较大差距。

3. 从职后培养机制看，定期到企业实践制度难以落到实处

2018年1月，中共中央、国务院印发《关于全面深化新时代教师队伍建设改革的意见》，提出建立"校、行、企"联合培养"双师型"教师的机制，推进教师定期到企业实践，不断提升实践教学能力。早在2016年6月，教育部等七部门印发《职业学校教师企业实践规定》，要求高职院校教师每5年必须累计不少于6个月到企业或生产服务一线实践。然而，由于种种主客观因素，高职院校教师定期到企业实践制度普遍流于形式，没有落到实处，严重影响了教师的成长。究其原因，主要在于：一是学校搭平台"牵线搭桥"的赋能作用发挥不充分。学校往往是制定制度了事，少了搭建合作平台、汇聚企业资源、为教师"牵线搭桥"的主动作为。部分教师有进企业实践的意愿，但因为缺乏企业资源或难以取得企业信任，苦于找不到合适的企业或实践岗位。二是教师到企业实践的自身动力不足。教师到企业实践普遍还停留在职业认知、调研了解的层面，企业实践对教师能力提升和专业成长作用就不大，一定程度上影响了教师的积极性。三是企业接纳教师实践的意愿不高。教师到企业实践往往不是全脱产，时间不长、零碎，难以安排真岗位实践，又没有参与具体的合作项目，对企业而言就变得可有可无。企业经营讲究实效，追求效益，自然是意愿不高的。

三、科技特派员制度的创新设计

科技特派员是指从教师中选拔，派驻到区域、行业、企业开展产学研工作的科技人员。一名合格的科技特派员，既要有扎实的相关产业领域专业知识，还要有较强的实践操作和研发能力。部分教师，尤其是新教师缺乏实践操作和研发能力，可作为科技特派员助理参与相关团队，在深入生产一线，切实解决企业各类技术问题的过程中，不断提高自身能力，逐步成长为合格的科技特派员。在此过程中，教师带动企业资源走进专业、走进课程、走进课堂，有效提高自身的实践教学能力，助力高技能人才培养。这有力补充了学校资源不足、项目来源困难、成果转化不具备充分条件等局限，其作为"双师型"教师培养的有效路径，具有另辟蹊径之妙。

1. 搭建"教育集团—信息系统—工作站"三级平台，为科技特派员"牵线搭桥"

从现实情况看，大部分高职院校教师"从学校到学校"，没有企业工作经历，进入高校工作后，圈子基本停留在高校内部的小天地，也习惯于师生之间的语境，极少接触社会和企业。这就导致大部分教师要么缺乏与企业合作的意识，要么缺乏与企业对接的信心，要么缺乏可对接的企业资源。因此，高职院校通过组建和运行合作平台，一方面要当好"红娘"，为教师进企业实践和为企业技

服务提供必要的信息和资源；另一方面要当好"见证人"，促进教师和企业尽快建立互信关系，消除双方的合作顾虑。这里指的合作平台，包括职业教育集团、"互联网+"校企信息平台及科技特派员工作站，分别从顶层设计、信息化赋能及项目落地三个层面为科技特派员牵线搭桥。

一是共建职业教育集团。《教育部关于深入推进职业教育集团化办学的意见》提出，积极鼓励职业院校围绕区域发展规划和产业结构特点，积极争取政府、行业及龙头企业的支持，牵头组建区域型职业教育集团。实践证明，开展集团化办学能很好地汇聚区域优质教育资源，有效促进产业链、岗位链、教学链深度融合，是深化职业教育办学体制机制改革的重大举措。职业教育集团组建后，要致力于校企协同创新、协同育人的长效运行机制建设，使集团服务能力纵深化、实效化。职业教育集团要形成定期的交流和会商机制，努力加强"政行企校"之间的沟通和联系，及时了解各方的合作需求，精准提供有效的对接和服务。

二是搭建"互联网+"校企信息平台。当前，我们正处于"互联网+"时代，无论是提供商品还是服务，都讲究足不出户的便捷、及时响应的高效以及线上线下的融合，校企合作也一样。现实情况往往是，有迫切合作需求的企业，苦于不知道联系哪个部门或哪个老师；"养在深闺"或"初出茅庐"的教师，苦于没有可合作的企业资源，校企合作的供给侧和需求侧无法精准、有效对接。传统校企对接方式还存在对接效率低下，需求响应不及时；合作需求信息不对称，资源共享度不足；管理手段粗放，缺乏跟踪评价等诸多不足。因此，利用"互联网+"技术，建立面向政府、院校、行业、企业的校企信息平台就显得非常有必要。具体而言，校企信息平台的建设内容可以包括"一网站一平台三资源库"（含APP端）。即信息网站、协同工作平台、企业资源库、学校资源库及合作成果资源库。政府机构、行业及企业等需求方通过手机或电脑就能发出合作需求单。需求单在学校内部进行流转，匹配出最合适的科技特派员或科研团队，并通过校企协同工作平台给予企业及时的反馈。这就打通了学校与企业的沟通障碍墙，实现"政行企校"协同工作，也能更好地积累和拓展合作资源，促进科研与社会服务供需双方的有效覆盖、交流与对接，提升校企合作运作效率和信息服务水平。

三是共建科技特派员工作站。在职业教育集团的统筹和指导下，根据合作需求，基于一定的科技特派员工作基础，学校层面与区域内的政府机构（如工业园区管委会、县（区）科技局、专业村镇）、行业（如工商联、行业协会）及龙头企业签订框架合作协议，共建科技特派员工作站。工作站以科技特派员为纽带，充分发挥学校在人才、技术、信息、设备等方面的优势，以就近服务、团队服务、精准服务为特点，定向为区域、行业或企业提供技术或智力咨询服务，凝聚一支稳定的技术服务团队，形成科技特派员工作的长效机制。

2. 建立"储备培养与遴选派驻、驻点服务与团队协作、考核评价与激励保障"体系化制度，为科技特派员保驾护航

（1）科技特派员的角色定位与工作任务。

立足区域产业发展需求，从教师中选拔，由学校统一派驻到区域内的政府机构（如工业园区管委会、县〈区〉科技局、专业村镇）、行业（工商联、行业协会）及龙头企业等开展产学研结合工作的科技人员，称为科技特派员。科技特派员作为"政行企校"四方多元的混合角色，与服务企业建立长期、稳定的信任关系，全面参与服务企业的生产、经营及研发活动，开展与自身专业紧密相关的科技咨询、科技创新体系建设、新产品新工艺研发、成果转化等业务。通过扎实开展科技特派员工作，可以有效地提升个人实践教学和技术服务能力，也能充分利用技术服务成果，转化为自身专业技术的积累和成果，较快地把自己培养成为"双师型"教师及至高层次人才。

（2）科技特派员的储备培养与遴选派驻。

在成为科技特派员之前，学校鼓励教师先申请科技特派员助理。科技特派员助理是科技特派员的助手，在工作站或驻点企业协助特派员开展工作，并在工作中提高实践能力。学校每学年组织一次科技特派员遴选，拟定一定的资格条件，由教师自愿申请，自行联系企业或由学校协助对接企业。驻点单位、派出学校及科技特派员达成派驻意向后，签订三方派驻协议，明确各方的责任、权利和义务。遴选派驻环节有以下要点：一是首任负责制，谁第一个派驻到服务对象单位，谁就肩负第一责任，任内负全责。二是科技特派员应具备扎实的相关产业领域专业知识，较强的研发能力、组织协调能力和工作责任心。三是派驻单位应具备一定的条件。如具有相当规模的园区管委会和专业村镇企业，具有相当数量会员单位的专业学会、行业协会，代表行业先进技术水平的龙头企业等。驻点单位还应有人才培养、员工培训、技术服务等方面的合作需求，且认可校企合作、产教融合理念，能积极配合科技特派员开展工作等。

（3）科技特派员的驻点服务与团队协作。

驻点管理有以下要点：一是灵活驻点。教师在完成学校的工作任务之余，尽可能多安排时间进驻企业。原则上每周要求科技特派员进驻一天以上，团队累计进驻两天以上，以便深度参与实践活动，及时对接合作需求。二是协议管理。科技特派员派驻时间为1年以上，具体派驻时间和派驻形式在派驻协议中进行约定。三是团队协作。科技特派员遇到个人无法独立承担的合作项目时，向学校相关部门（如校企合作办公室）反馈，由学校相关部门统筹、协调校内资源，组建跨部门、跨专业科技服务团队，共同承担合作项目。

（4）科技特派员的考核评价与激励保障。

科技特派员派驻期间的工作成效与个人年度绩效挂钩。科技特派员派驻期

满，开展联动考核，由学校与派驻单位联合考核特派员的工作成效。考核结果分为优秀、良好、合格和不合格四个等级。考核优秀者给予绩效奖励，评优评先、职称评定等优先考虑；考核不合格者取消下一学年科技特派员申报资格。此外，学校还要设立科技特派员专项经费，纳入单位年初预算，从而保障科技特派员派驻期间的交通费、用餐费及住宿费等日常工作经费支出。

四、科技特派员制度促进"双师型"教师队伍建设的实践成效

以河源职业技术学院为例，跟大多数高职院校一样，其存在着"双师型"教师队伍来源不足、职后培养困难的问题。而且因为地处欠发达地区，情况就更为严重。作为一所地方高职院校，学校始终坚持"厚德强技，服务地方""重视教师、重视学生、重视课堂"的办学理念，充分发挥人才是科学发展的第一资源的作用，主动服务地方经济与社会发展，适应地方或行业发展的需求。

自 2013 年起，学校在社会服务领域嵌入科技特派员制度，利用"政行企校"共建的教育集团——校企合作办学理事会，尤其是依托"互联网+"校企信息平台和科技特派员工作站，与政府机构、行业协会及龙头企业建立驻点服务形式，实施双向交流，把社会服务同时转型升级为"双师型"师资队伍建设，有效解决了"双师型"教师来源不足、职后培养困难的问题。科技特派员制度试行三年后得到了全面推广实施。由试点三个理工类专业推广到学校全部专业；由初始派出科技特派员 6 个发展到团队 20 个，100 多人次；储备了科技服务团队 26 个，成员 160 多人。新培养高级职称教师 30 名，中级职称教师 122 名，省级优秀教学团队 4 个。

科技特派员制度实施几年来，学校多名教师实现了从讲师到副教授、教授，从青年骨干教师到教学名师、"河源市职工技术能手""广东省经济技术创新能手"，再到"南粤优秀教师"的华丽转变。在学校科技特派员制度的推广实施下，一个个普通教师一步步成才成长，进而带动更多的人成才成长。例如，学校电子信息工程学院电气自动化专业李老师，自 2013 年至今以科技特派员身份派驻到河源高新区龙头企业——广东雅达电子股份有限公司。短短六年多时间，扎实开展科技特派员工作，主持或联合企业承担省市科技计划项目 4 项，获科技进步奖 4 个、国家专利授权 6 个，发表高水平论文 16 篇；个人也从讲师快速成长为副教授、教授、南粤优秀教师及较大行业企业影响力的领军人物和专家，享受国务院特殊津贴。

高职院校教师特点决定了科技特派员制度可以成为新时代高职院校"双师型"教师队伍建设的有效路径。高职院校应充分认识到这一制度创新的重大意义，并在实践中因地制宜加以完善落实。

第七节　职业能力视域下高职院校工科专业"双师型"教师队伍建设的三重路径

职业教育是一种教育类型，与普通教育相比，更具有实践性、应用性的特点。这就要求职业教育教师要具备理论教学和实践教学的双重能力。2019年1月，国务院印发《国家职业教育改革实施方案》（以下简称《方案》）。《方案》明确提出，多措并举打造"双师型"教师队伍。《方案》对"双师型"教师的内涵予以明确，即同时具备理论教学和实践教学能力的教师；对教师实践能力提升给出了路径，即每年至少1个月在企业或实训基地实训，5年一周期全员轮训；对"双师型"教师队伍结构提出了指标，即到2022年"双师型"教师占专业课教师总数超过一半。可见，《方案》对职业教育"双师型"教师队伍建设做出了顶层设计，提出了总体要求。然而，不同专业大类教师的职业能力构成差异性大，结合产业、行业实际，其职业能力提升的有效路径也极为不同。因此，高职院校在具体操作层面，还应考虑工科、文科及师范等不同专业大类教师职业能力构成的差异性，有针对性地按专业大类实施"双师型"教师队伍培养方案，以期达到更好的培养效果。

一、高职院校工科专业教师职业能力的现状分析

1. 缺乏师范教育背景，教育教学能力不足

众所周知，目前高职院校教师主要来源于应届毕业生。从来源类型看，应届毕业生来源可分为职业技术师范大学（学院）、普通师范大学和综合性高校三类。其中，没有师范教育背景的综合性高校应届毕业生占大多数，有普通师范教育背景的应届毕业生次之，有职业技术师范教育背景的应届生最少。以广东省为例，据不完全统计数据，2014—2018年全省高职院校工科专业新增教师中，有师范教育背景的教师（含普通师范和职业技术师范）占比仅有25%。以地方高职院校河源职业技术学院为例，2014—2018年工科专业新增教师中，具有师范教育背景的教师占比仅有17%。可见，高职院校工科专业大部分教师没有师范教育背景或职业技术师范背景，他们职前教育接受的大多是传统学科教育，没有系统接受过《教育学》《教育心理学》或《职业教育学》《职业教学论》等教育理论的熏陶和教育方法的训练，而这恰恰是作为职业教育教师必须掌握的教育理论和教育方法。尽管在岗前培训或教师资格培训中会补上这一课，但因为学习时间短、学习不系统，事实上大多是"走过场"。以河源职业技术学院机电工程学院为例，缺乏师范教育背景教师的教育教学能力大多数不如有师范教育背景教师，这可以从历年教师教学大赛和学生评教结果得出结论。可见，缺乏师范教育背景，已然

成为制约高职院校工科专业教师教育教学能力提高的重要因素。

2. 缺乏企业工作经历,实践教学能力不足

以广东省为例,根据教育部"人才培养工作状态数据采集与管理平台"的统计数据,2014—2018年全省高职院校工科专业新增教师中,有企业工作经历的新教师比例不足19%。以河源职业技术学院为例,情况就更不理想,2014—2018年工科专业新增教师中,具有企业工作经历教师占比仅有13%。因为职前缺乏实践工作经历,所以实践教学能力缺乏或处于较低水平。且因为缺乏与行业企业的实时互动,没有跟踪产业前沿信息,所以其技术服务能力就更谈不上。

二、高职院校工科专业"双师型"教师职业能力体系的构建

所谓职业能力,简而言之,就是个体在职业活动中,运用自身的知识、技能及素养,完成一定职业任务所需的能力。从心理学视角而言,职业能力是影响职业活动成效的个体心理特征的总和。从结构学视角而言,职业能力包括素质、精神、道德及技能等职业活动所需的一切内容。当前,我国经济社会处于发展新阶段,产业升级和经济结构调整不断加快,各行各业对技术技能人才的规格要求不断调整,授课对象(学生)的智能特点和已有经验不断变化,这都对高职院校工科专业教师职业能力的水平和结构提出了更高要求。

在新时代背景下,高职院校工科专业"双师型"教师职业能力的构成有四个方面,即职业教育能力、理论教学能力、实践教学能力及技术服务能力,其中职业教育能力是基本素养,理论教学和实践教学能力是核心素质,技术服务是进阶要求(见表6)。与文科或艺术类专业相比,工科专业"双师型"教师核心职业能力有共同的地方,也有学科性差异的地方。共同的地方,如职业教育教学理念、教学设计的方法与技术以及教学组织、教学评价和沟通能力等。学科性差异的地方,如与企业沟通能力,专业实训设备操作能力,技术开发和成果转化能力等。

表6 工科专业"双师型"教师核心职业能力体系

能力定位	能力构成	能力内容
基本素养	职业教育能力	树立先进的高职教育教学理念;熟练掌握高职教育课程教学设计的方法与技术;教学组织和沟通能力
核心素质	理论教学能力	专业人才培养调研能力;专业课程体系重构能力;理论知识归纳、分析和讲授能力;理实一体化课程教学能力
核心素质	实践教学能力	实训设备操作能力;实训项目开发与实施能力;实训室开发建设能力;学期项目指导能力;毕业设计项目指导能力
进阶要求	技术服务能力	与行业企业沟通能力;技术咨询能力;科技服务能力;技术开发能力;成果转化能力;团队合作与建设能力

三、高职院校工科专业"双师型"教师队伍建设的三重路径

1. 职前教育：加强职业技术师范教育，增加优质师资的源头供给

目前，我国开展职业技术教育领域教育硕士试点的职业技术师范院校、普通师范大学和综合性高校共 48 所，其中专门独立设置的职业技术教育师范院校 8 所，例如天津职业技术师范大学、江西科技师范大学、广东技术师范大学等。随着 2015 年专业学位研究生培养中新增"职业技术教育"专业方向，我国逐渐形成"本硕博"多层次职业教育师资培养格局。改革开放 40 年，我国职业教育师资培养体系不断完善，培养规模不断增长，培养结构不断优化。然而，随着近几年职业教育的跨越式发展，当前职业教育师资培养的数量、层次和专业门类，已不能满足职业院校的实际需求。供需矛盾突出，在客观上造成了职业院校，尤其是高职院校工科专业招聘师范背景教师难的局面。职业技术师范教育供给不足，成为当前制约高职院校工科专业教师队伍建设的一个因素。职业技术师范教育，使"准教师们"职前接受了系统的职业教育理论熏陶和职业教育方法训练，职后就具有或更容易具有较高的职业教育能力和理论教学能力。因此，政府层面要加强职业技术师范院校建设，引导一批高水平工科高校举办职业技术师范教育，逐步增加专业门类，扩大"硕博"层次职教师资培养规模。高职院校层面，要意识到师范教育背景对工科专业教师教育教学能力培养的重要性，在面向应届毕业生招聘工科专业教师时，应优先录用有师范教育背景，特别是职业技术师范教育背景的高学历人员。

2. 校本培训：实施职教能力培训与测评，提升教师职业教育教学能力

一是把握职教能力培训与测评的宗旨。通过培训与测评，可使教师的教学观念发生明显的转变，从传统的教学理念逐步转变为先进的职业教育观念；使教师熟练掌握高职教育课程教学设计的方法与技术，基于工作过程系统化开发课程，依据职业岗位所需要的能力、知识、素质要求整合教学内容；使教师灵活运用"项目导向""任务驱动"等"教、学、做"一体化教学方式。在教师教育教学能力提高的同时，增强学生动手实操能力，活跃课堂教学氛围，提高教育教学质量。

二是把握实施职教能力培训与测评的要点。职教能力培训与测评的对象是全体教师，允许每位教师自选一门正在讲授或已安排要讲授的课程，进行课程整体教学设计和单元教学设计。培训环节采取集中培训和指导教师"一对一"指导相结合的方式。教师根据学校的条件实际，设计最恰当的训练项目和教学任务，在完成项目设计后参与测评。学校组建二级学院、学校两级专家评委库，负责培训指导和测评打分。测评过程分为说课和讲课两个环节（见表 7）。其中说课环节包含课程设计、课例设计及说课表现 3 项评价指标，说课环节包含教学目标、教学内容等 5 项评价指标。通过测评的教师，给予奖励，发放证书，作为职称评审和评优评先的依据。未通过测评的教师，必须继续参与下一轮的职教能力培训与

测评，直到通过为准。为巩固培训测评成果，防止出现上课与测评"两张皮"的现象，学校可实施"回头看"复评机制，或通过随堂听课的方式，随时督查教师的教学情况、教学效果。

表7 职教能力测评评价指标

评价指标		具体内容	分值比例
说课	课程设计	包含课程地位、目标、内容、学情分析等	20%
	课例设计	包含教学目标、内容、过程、手段及考核评价	25%
	说课表现	仪态端庄、语言精练、答辩准确，层次清楚	5%
讲课	基础能力	教学文件齐备，教学准备充分	5%
	教学目标	贯穿教学活动始终，注重能力培养和素质养成	10%
	教学内容	以模块、任务或者工作过程为依据，体现"教学做"一体化的教育教学理念	20%
	教学策略	灵活运用任务导向、案例分析、角色扮演、探究性学习、自主学习、合作学习等教学方法	10%
	教学效果	达成教学目标要求，师生互动充分，效果良好	5%

实践证明，实施职教能力培训与测评，可有效提升教师职业教育教学能力。以河源职业技术学院为例，在教师校本培训环节，倾力实施了"教师职教能力培训与测评"工作，形成了培训、测评与复评的常态化机制。实施十几年以来，有效提高了教师教育教学能力，促进了学校课程教学由教师为中心的传授模式向"行动导向"的"教学做"一体化模式的转变，带来了一系列的改革成果，对学校教改产生了深远的影响。

3. 职后实践：实施科技特派员制度，提升教师实践教学和技术服务能力

一是把握科技特派员的角色定位。科技特派员作为"政行企校"四方多元的混合角色，一旦与服务企业建立长期稳定的信任关系，全面参与到企业的创新驱动、生产研发，能够充分利用企业的优势资源、设备设施、环境条件等，开展与自身专业紧密相关的科技咨询、科技创新体系建设、技术攻关、项目开发、新产品新工艺应用、产业化成果转化等业务，其作用是不能小觑的。科技特派员乃至团队，在帮助企业转型升级，提高企业核心竞争力，助力区域经济发展质量的同时，带动企业资源走进专业、走进课程、走进课堂，有效提高自身的实践教学能力，助力高技能人才培养。而且，科技特派员在提高自身技术服务能力的同时，能够充分利用服务成果，转化为自身专业技术的积累和成果，较快地把自己培养成为高层次人才。

二是建立科技特派员一体化工作机制。要完善相关制度配套，实现科技特派员工作机制一体化，包括保障机制、赋能机制、评价机制及成长机制。保障机制

要求学校设立专项经费，保障科技特派员日常工作经费支出；还要求职能部门做好宣传发动、储备培养与遴选派驻等日常管理工作。例如，河源职业技术学院出台《科技特派员工作管理程序》，明确了科技特派员角色定位、工作任务及经费保障等相关事宜。赋能机制要求学校通过搭建各类合作平台，汇聚校企合作信息和资源，充当"红娘"，为教师，尤其是青年教师的科技特派员工作赋能。河源职业技术学院通过组建职业教育集团、"互联网+"校企信息平台及科技特派员工作站，分别从顶层设计、信息化赋能及项目落地三个层面为科技特派员牵线搭桥。评价机制要求学校建立科学、有效的评价考核机制，充分调动教师参与的积极性。例如，由学校与派驻单位联合考核特派员的工作成效，考核结果与个人绩效奖励和职称晋升挂钩等。成长机制要体现"能力为本"，推广"科技特派员助理——科技特派员——专家型科技特派员"成长机制，鼓励教师通过开展科技特派员工作实践，不断提升实践教学和技术服务能力。

在新时代背景下，高职院校要深入分析、研究工科专业"双师型"教师核心职业能力的内涵与构成要素，青年教师培养和教师队伍建设才能做到有的放矢、精准施策。从以上分析可见，职前教育加强职业技术师范教育，增加优质师资的源头供给；校本培训实施职教能力培训与测评，提升教师职业教育教学能力；职后实践实施科技特派员制度，提升教师实践教学和技术服务能力，成为高职院校工科专业"双师型"教师队伍建设的有效路径。

参 考 文 献

［1］胡锦涛. 坚定不移沿着中国特色社会主义道路前进，为全面建成小康社会而奋斗［N］. 人民日报，2013-08-01.

［2］习近平. 决胜全面建成小康社会 夺取新时代中国特色社会主义伟大胜利［N］. 人民日报，2017-10-28.

［3］习近平. 高举新时代改革开放旗帜 把改革开放不断推向深入［EB/OL］. ［2018-10-25］. http：//www.xinhuanet.com.

［4］习近平. 在庆祝改革开放40周年大会上的讲话［M］. 北京：人民出版社，2018.

［5］习近平. 决胜全面建成小康社会 夺取新时代中国特色社会主义伟大胜利［M］. 北京：人民出版社，2017.

［6］习近平. 之江新语［M］. 杭州，浙江人民出版社，2007.

［7］习近平. 习近平谈治国理政［M］. 北京：外文出版社，2014.

［8］中共中央，国务院. 乡村振兴战略规划（2018—2022年）［EB/OL］. ［2018-09-26］. http：//www.people.com.cn.

［9］中共中央宣传部. 习近平新时代中国特色社会主义思想三十讲［M］. 北京：学习出版社，2018.

［10］中共中央，国务院. 关于实施乡村振兴战略的意见［EB/OL］. ［2018-02-04］. http：//www.xinhuanet.com.

［11］中共中央，国务院. 粤港澳大湾区发展规划纲要［EB/OL］. ［2019-02-18］. http：//www.xinhuanet.com.

［12］中共中央，国务院. 关于积极发展现代农业扎实推进社会主义新农村建设的若干意见［EB/OL］. ［2017-02-06］. http：//www.xinhuanet.com.

［13］科技部. 国家创新驱动发展战略纲要［EB/OL］. ［2017-01-17］. http：//www.most.gov.cn.

［14］广东省统计局，广东省科学技术厅. 各地区科技活动人员［Z］. 2014广东科技统计年鉴，2014.

［15］河源市统计局. 2016年河源市国民经济和社会发展统计公报［EB/OL］. ［2017-05-06］. http：//www.heyuan.gov.cn.

［16］河源市统计局. 2017年河源市国民经济和社会发展统计公报［EB/OL］.［2018-03-29］. http://www.heyuan.gov.cn.

［17］河源市人民政府. 2018年河源市经济运行简况［EB/OL］.［2019-01-31］. http://www.heyuan.gov.cn.

［18］河源市统计局,国家统计局河源调查队. 2018年河源国民经济和社会发展统计公报［EB/OL］.［2019-03-29］. http://www.heyuan.gov.cn.

［19］河源市政府. 河源市进一步支持农业龙头企业加快发展实施方案［N］. 河源晚报,2017-11-27.

［20］河源市人民政府办公室. 河源市国民经济和社会发展第十二个五年规划纲要［DB/OL］.［2011-03-18］. http://www.heyuan.cn.

［21］河源市委市政府. 河源市促进人才优先发展若干措施［EB/OL］.［2017-01-13］. http://www.heyuan.gov.cn.

［22］河源市人民政府办公室. 河源市全民科学素质行动计划纲要实施方案（2016—2020年）［EB/OL］.［2016-11-22］. http://www.heyuan.gov.cn.

［23］河源市科技局规产科. 河源市科学技术发展"十三五"规划［EB/OL］.［2017-11-06］. http://www.hysti.gov.cn.

［24］河源市政协文史资料编辑委员会. 河源名山录——河源文史第二十三辑［Z］. 2018.

［25］河源市地方志编纂委员会. 河源市志（下册）［M］. 北京：方志出版社,2012.

［26］龙川县地方志办公室. 龙川县志（1979-2004）［M］. 广州：广东人民出版社,2012.

［27］河源市政府. 市委七届五次全会召开 丁红都作报告 叶梅芬部署经济工作［EB/OL］.［2018-09-10］. http://www.heyuan.gov.cn.

［28］董伟伟,敖海冲. 举全市之力实施乡村振兴战略［N］. 河源日报,2018-05-11.

［29］丁笑天. 形成全面开放新格局 助推河源振兴发展［N］. 中国改革报,2019-04-03.

［30］河源市信息中心. 推动十九大精神转化为河源率先振兴的强大动力［EB/OL］.［2017-10-29］. http://www.heyuan.gov.cn.

［31］王丕君. 读懂习近平的人才思想［N］. 学习时报,2016-06-29.

［32］陈希. 培养选拔干部必须突出政治标准［EB/OL］.［2017-11-06］. http://news.12371.cn.

［33］何勇. 立体考察把"两面人"挡在门外［N］. 人民日报,2017-07-19.

［34］陈浙闽. 决胜全面建成小康社会［EB/OL］.［2017-10-30］. http://www.npopss-cn.gov.cn.

［35］任宗哲. 社会主要矛盾转化是新时代重大科学论断［EB/OL］. ［2017-10-30］. http://www.npopss-cn.gov.cn.

［36］鹿心社. 坚定不移走中国特色社会主义道路［EB/OL］. ［2017-10-30］. http://www.npopss-cn.gov.cn.

［37］郭广银. 新时代：我国发展历史方位的科学判断［EB/OL］. ［2017-10-25］. http://www.npopss-cn.gov.cn.

［38］何宪. 人才工作的新定位新要求新任务——学习十九大报告关于人才工作论述体会［N］. 中国组织人事报，2017-11-10.

［39］丁旭光. 创新是引领发展的第一动力［N］. 南方日报，2016-02-20.

［40］徐光春. 深刻领会、把握习近平新时代文化思想［N］. 光明日报，2017-11-03.

［41］南方日报评论员. 把"四个走在全国前列"要求落到实处［N］. 南方日报，2018-06-11.

［42］光明日报评论员. 思想再解放改革再深入工作再落实——六论深入贯彻落实习近平总书记广东考察重要讲话精神［N］. 光明日报，2018-11-01.

［43］本报记者. 深入学习贯彻习近平新时代中国特色社会主义思想 建设绿色发展示范区 争当融入粤港澳大湾区的生态排头兵［N］. 南方日报，2018-08-30.

［44］李友梅. 谈谈改革开放中的倒逼机制［N］. 人民日报，2018-10-24.

［45］J·斯坦利·梅特卡夫. 演化经济学与创造性毁灭［M］. 冯健，译. 北京：中国人民大学出版社，2007.

［46］吴德星. 以整体政府观深化机构和行政体制改革［EB/OL］. ［2018-01-15］. http://www.mlt.com.cn.

［47］方健. 加快建设法治政府［N］. 经济日报，2014-11-25.

［48］陆峰. 加快数字政府建设的七大要点［N］. 光明日报，2018-04-26.

［49］赵银平. 习近平的改革之"诺"［N］. ［2018-12-06］. http://www.xinhuanet.com.

［50］刘洋. 人才体制机制创新：以人才管理改革试验区为例［EB/OL］. ［2017-11-02］. http://www.people.com.cn.

［51］袁曙宏. 建设法治政府［N］. 人民日报，2017-12-27.

［52］人民日报评论员. 牢牢把握农业农村现代化这个总目标［N］. 人民日报，2018-09-30.

［53］李鲁奇，马学广，鹿宇. 飞地经济的空间生产与治理结构——基于国家空间重构视角［J］. 地理科学进展，2019（03）：346-356.

［54］吴飚. 支持现代农业发展的思考［J］. 农业发展与金融，2018（12）：24-29.

[55] 本报记者. 北京政务服务中心不搬副中心[N]. 北京青年报电子报（04版），2018-12-11.

[56] 邱远. 试论新时代河源实践人才工作新思想和新方略[J]. 广东经济，2018（02）：66-71.

[57] 桑士达. 常格不破，人才难得[J]. 今日浙江，2013（05）：40.

[58] 邱远. 略论"广东绿谷"战略下河源绿色经济发展之短[J]. 广东经济，2016（01）：65-70.

[59] 李树杰. "善谋事"更要"多谋才"[N]. 人民日报，2017-11-24.

[60] 韩秉志. 人才，迎来最好的时代[N]. 经济日报，2017-10-23.

[61] 周任重. 论粤港澳大湾区的创新生态系统[J]. 开放导报，2017（6）：53-56.

[62] 王志刚. 谈加快建设创新型国家[N]. 人民日报，2017-12-29.

[63] 潘建红. 我国当代创新文化的反思与建构[J]. 中国矿业大学学报（社会科学版），2009（02）：42-45.

[64] 王茹. "互联网+"重燃经济活力[N]. 中国经济时报，2015-08-31.

[65] 何新安，邱远. 河源市绿色经济发展问题及对策研究[J]. 重庆科技学院学报（社会科学版），2014（07）.

[66] 邱远. 试谈高职院校科技职能部门的服务及其践行——以河源职业技术学院为例[J]. 四川职业技术学院学报，2011（05）.

[67] 俞海. 绿色转型新浪潮下的世界与中国[J]. 人民论坛·学术前沿，2015（01）.

[68] 彭斯震，孙新章. 中国发展绿色经济的主要挑战和战略对策研究[J]. 中国人口资源与环境，2014（03）.

[69] 邱远. 高职校企科技合作思路设计与实施模式研究[J]. 四川职业技术学院学报，2012（02）.

[70] 管平. 企业技术创新与创新型高技能人才培养[J]. 黑龙江高教研究，2011（07）：145-147.

[71] 徐静. 产业转型升级中科技创新人才培养模式研究[J]. 科学管理研究，2013（01）：101-104.

[72] 方阳春，黄太钢，薛希鹏，李帮彬. 国际创新型企业科技人才系统培养经验借鉴——基于美国、德国、韩国的研究[J]. 科研管理，2013（12）：230-235.

[73] 周秀玲，王信东. 文化创意产业发展模式研究——兼论文化创意产业促进其他产业的升级与发展[J]. 当代经济，2009（21）：48-51.

[74] 邓丽姝. 文化创意产业的高端化发展[J]. 湖北社会科学，2010（07）：80-83.

[75] 苏玉娥. 我国政府支持文化创意产业发展的政策选择[J]. 学术交流 2011（06）: 128-131.

[76] 陈世松. 论客家文化资源的开发与利用——以成都市龙泉驿区洛带镇为例[J]. 成都大学学报（社会科学版），2006（05）: 104-107.

[77] 蔡荣生，王勇. 国内外发展文化创意产业的政策研究[J]. 中国软科学，2009（08）: 77-84.

[78] 王丽. 我国文化创意产业品牌化发展的战略依据探析[J]. 社科纵横（新理论版），2011（02）: 81-82.

[79] 牛维麟. 文化与科技融合促新兴文化创意产业发展[J]. 北京观察，2012（01）: 15-18.

[80] 扶小兰. 论重庆地域文化资源与文化创意产业的发展[J]. 重庆行政，2007（04）: 90-93.

[81] 王素君，吕文浩，刘阳. 校企协同育人的机制和模式研究[J]，现代教育管理，2015（02）: 32-35.

[82] 蒋心亚，杨善江. 协同创新：高职院跨越式发展的必然选择——以常州高职园区为视角[J]. 常州大学学报（社会科学版），2013（04）: 56-60.

[83] 邵云飞，曾勇，汪腊梅. 高校协同创新视角下的复合创新型人才培养模式探索——以电子科技大学为例[J]. 电子科技大学学报（社科版），2017（02）: 48-65.

[84] 叶仕满. 协同创新：高校提升创新能力的战略选择[J]. 中国高校科技，2012（03）: 16-19.

[85] 陈劲，阳银娟. 协同创新的驱动机理[J]. 技术经济，2012（08）: 60-65.

[86] 熊励，孙友霞. 协同创新研究综述——基于实现途径视角[J]. 科技管理研究，2011（14）: 15-18.

[87] 龚成清. 高职院校校企协同创新的探索[J]. 江苏广播电视大学学报，2013（04）: 56-60.

[88] 李忠云，邓秀新. 科教融合、协同育人、提升人才培养质量[J]. 中国高校科技，2012（09）: 6-8.

[89] 刘安华，陈德清，邱远. 基于校企合作办学理事会架构的办学体制机制创新——以河源职业技术学院为例[J]. 广东教育（职教版），2013（06）: 14-16.

[90] 黄世军，欧阳瓒. 河源38家企业获评重点农业龙头企业[N]. 河源日报，2018-05-11.

[91] 刘彦随. 中国乡村发展研究报告[M]. 北京：科学出版社，2011.

[92] 危旭芳. 从20字新要求看新时代乡村振兴的内涵深化[J]. 南方，2018（08）: 8.

[93] 徐绍峰. "田园综合体"载起乡村未来[EB/OL]. [2018-02-27]. http://www.financialnews.com.cn.

[94] 谢玉梅. 我国乡村振兴战略的实施路径[N]. 光明日报, 2018-03-21.

[95] 乔金亮. 乡村振兴的五大战略目标与途径[N]. 经济日报, 2018-02-28.

[96] 陈家喜, 刘王裔. 我国农村空心化的生成形态与治理路径[J]. 中州学刊, 2012（09）: 103-106.

[97] 杨新荣. 乡村振兴战略的推进路径研究——以广东省为例. 农业经济问题[J]. 2018（6）: 108-117.

[98] 周会明. 地方高校转型背景下农业类人才培养模式研究, 安徽农业科学[J]. 2018, 46（12）: 232-234.

[99] 彭仲文. 新时代新型职业农民培养现状、问题及对策研究——以广东河源为例.[J]. 农村经济与科技, 2018（29）: 213-214.

[100] 贺雪峰. 关于实施乡村振兴战略的几个问题[J]. 南京农业大学学报（社会科学版）2018. 18（3）: 19-26.

[101] 陈杰. 中国乡村振兴的五大误解[EB/OL]. [2019-3-12]. http://www.ftchinese.com.

[102] 蔡永飞. 乡村振兴关键在于振兴农村教育[N]. 人民政协报, 2017-11-06（06版）.

[103] 钟焦平. 乡村振兴必先振兴乡村教育[N]. 中国教育报, 2019-03-11.

[104] 叶晓楠. 望海楼: 总书记再谈乡村振兴为了啥[EB/OL]. [2019-03-09]. http://www.people.com.cn.

[105] 邱耕田. 十八大以来的整体性发展战略[N]. 学习时报, 2015-07-21.

[106] 马涛. 强化乡村振兴的人才支撑[N]. 学习时报, 2018-06-11.

[107] 李含琳. 加快构建现代农业三大体系[N]. [2017-12-22]. http://www.gmw.cn.

[108] 张帆. 加强农村公共文化服务体系建设[EB/OL]. [2017-06-14]. http://www.cssn.cn.

[109] 本报记者. 河源振兴发展"作战图": 展望未来, 一幅蓝图催人奋进[N] 河源日报, 2017-03-30.

[110] 河源市人民政府. 河源市2019年国民经济和社会发展计划[EB/OL]. [2019-02-22]. http://www.heyuan.gov.cn.

[111] 人民日报评论员. 抓住大机遇建好大湾区[EB/OL] [2019-02-18]. http://www.xinhuanet.com.

[112] 南方日报评论员. 深刻认识大湾区建设的重大意义[N]. 南方日报, 2019-02-20.

[113] 南方日报评论员. 加快大湾区基础设施互联互通[N]. 南方日报, 2019-

02-26.

[114] 刘彦华. 营商环境的十大难题 [J]. 小康, 2018-08-06.

[115] 杜燕. 北京持续优化营商环境 税务做"减法"让服务"加速度" [EB/OL]. [2018-08-21]. http://www.chinanews.com.

[116] 张效羽. 从法治建设入手深入优化营商环境 [N]. 学习时报, 2018-12-17.

[117] 南方日报评论员. 构建具有国际竞争力的现代产业体系 [N]. 南方日报, 2019-02-27.

[118] 南方日报评论员. 建设生态安全环境优美的美丽湾区 [N]. 南方日报, 2019-02-28.

[119] 南方日报评论员. 建设宜居宜业宜游的优质生活圈 [N]. 南方日报, 2019-03-01.

[120] 本报记者. 推动河源全域全面融入粤港澳大湾区建设 [N]. 河源日报, 2019-04-30.

[121] 曾宪明. 论企业参与职业教育激励机制缺失的原因与对策 [J]. 职业技术教育, 2008, 29 (22).

[122] 洪颖. 国外职业教育对我国职业教育的启示 [J]. 职教论坛, 2010, (5).

[123] 赵向军, 吕同斌, 胡进. 高职院校社会服务能力建设的实践与思考 [J]. 安徽警官职业学院学报, 2009, (3).

[124] 刘长灵, 林七七. 高职模具专业"校企双链、嵌入培养"人才培养模式探究 [J]. 中国科教创新导刊, 2009, (20).

[125] 唐燕妮, 戴卫军. 基于"新电子"产业背景下的高职人才培养模式研究 [J]. 科教文汇, 2013, (4).

[126] 黄利琴. 用"互联网+"改造提升科技服务业 [N]. 宁波日报, 2015-07-14 (A09).

[127] 冯海波. 我省组建一批示范职业教育集团 [N]. 广东科技报, 2018-07-06 (007).

[128] 涂华锦, 邱远. 地方高职院校产教融合发展模式的探索与实践——以河源职业技术学院为例 [J]. 职业教育研究, 2016 (11): 28-32.

[129] 邱远, 何新安. 基于协同理念的高职院校"政园企校"科技人才培养模式与创新实践——以河源职业技术学院为例 [J]. 太原城市职业技术学院学报, 2017 (10): 200-203.

[130] 涂华锦, 邱远, 田景富. "互联网+"背景下高职校企精准对接探究 [J]. 职教通讯, 2018 (18): 10-13.

[131] 王宇苓. 高职院校师资队伍的职业化建设 [J]. 职业技术教育, 2011, 32 (26): 93-95.

[132] 李德方, 王明伦. 高等职业教育发展新论 [M]. 北京: 知识产权出版社,

2017.

[133] 徐颖. 高职院校"双师型"教师队伍建设：内涵变迁与实践意义[J]. 中国职业技术教育，2017（24）：81-86.

[134] 孟凡华. 新时代职教教师队伍建设的三重路径[J]. 职业技术教育，2018, 39（12）：1.

[135] 涂华锦, 邱远, 赖星华. 欠发达地区科技人才培养模式创新与实践——以广东河源科技服务基地建设为例[J]. 太原城市职业技术学院学报，2018（02）：10-12.

[136] 胡建波等. 高职院校教师职业能力研究[M]. 成都：电子科技大学出版社，2012.

[137] 吴卫荣, 丁慎平, 孙海泉. 高职院校机电专业"七步法"师资培养模式探索[J]. 教育理论与实践，2012, 32（36）：35-36.

[138] 平和光, 程宇, 岳金凤. 推进职业教育师资队伍建设 夯实职业教育立教之本——改革开放40年我国职业教育师资队伍建设综述[J]. 职业技术教育，2018, 39（27）：6-15.

[139] 刘晓, 沈希. 我国职教师资培养：历史、现状与体系构建[J]. 河北师范大学学报：教育科学版，2013（11）：71-76.

[140] 向琼, 刘安华. 高职教师校本培训探索与实践[J]. 广东教育（职教版），2014（07）：47-49.

[141] 涂华锦. 职业能力视域下高职院校工科专业"双师型"教师队伍建设的三重路径[J]. 职教通讯，2019（04）：60-64.